JN078473

図解でわかる

コンタクト
センター
の
作り方・運用の仕方

有山裕孝・仲江洋美・市瀬 眞

Contact Center

日本実業出版社

はじめに

　近年、電話のみならず、Webホームページ、メール、チャット、SNS等の様々なチャネルを利用した顧客と企業との情報のやりとり／コンタクトが急速に一般化してきました。

　顧客との関係作りのためのこのような情報交換をシステマティックに実現するために活用されるいわゆる「コールセンター／コンタクトセンター」は、**企業活動の中で重要な戦略的拠点**として位置付けられています。

　そして、**コンタクトセンターの品質向上と効率向上／コスト削減をいかにバランス良く実現するか、コンタクトセンターの課題改善とさらなる高度化の実現によっていかに付加価値を高めるか**、がその運営の重要な鍵となっています。

　また、新型コロナウィルス感染拡大の社会情勢の中で、**働き方そのものを見直す必要に迫られ、コンタクトセンターは重要な社会インフラの一つとして改めて認識される**結果となりました。

　本書では、コンタクトセンターを最初に立ち上げる際に熟慮しておくべきこと、日々の運用の中で次々と出てくる課題の改善や高度化要望の実現を効率的に進めていく手法を、手順に沿って説明します。

　また、コンタクトセンターの品質向上と効率向上／コスト削減を支援する様々なシステム／ソリューション導入・有効活用のポイントやノウハウ、期待される効果等についても説明します。

　筆者らの長年のコンタクトセンター業界での経験を基に、豊富な事例を交えながらできるだけ具体的に、コンタクトセンター構築・運用に初めて携わる方にもわかりやすく説明しています。

　本書第1部では、自社の企業ミッションとビジネススキームを意識し、その中で、コンタクトセンターが果たすべきミッション／役割を明確に意識して位置付けることの重要性を説明します。

第2部では、コンタクトセンターで実施する業務内容の設計、組織体制の確立、運用マネジメント手法、設備の構築、BCPの考え方等、コンタクトセンターを立ち上げて、安定した運用を維持していくために考慮すべきことを運用面・システム面を含め全体的に説明します。

　第3部では、そのようにして構築したコンタクトセンターを運用していく過程において、品質や効率の向上、サービスの拡充や付加価値の向上、チャット・SNS・ナレッジ・音声認識・AI等の新しいサービス・技術の効果的な活用等、コンタクトセンターの運用マネジメントと顧客応対をより良いものへと改善・高度化していくための手順や手法について説明します。

　コンタクトセンターに関わるマネジメント手法や人材育成手法、サービスや技術の領域は非常に広く、誌面の都合で取り上げられなかったものもあることをご容赦ください。

　なお、本書の執筆は、第1部〜第2部の5章まで、及び、第3部の8章の事例の一部は仲江が、第3部の9章は市瀬が、その他の部分は有山が、それぞれ担当しました。

　素晴らしいコンタクトセンターは、**人とシステムのバランスの取れた協調により実現**されます。

　本書が貴社の素晴らしいコンタクトセンターの効果的な構築、運用、改善、高度化を実現するためのご参考となれば、たいへん光栄に存じます。

2021年2月吉日

　　　　　　　　著者代表
　　　　　　　　アドバンス・コンサルティング株式会社
　　　　　　　　代表取締役　有山裕孝

 **Contents**

第2部　コンタクトセンターの作り方と運用の仕方

3／章　コンタクトセンターのオペレーション設計

4 / 章 組織作りと コミュニケーターの育成

5／章 コンタクトセンターの マネジメント

6 / 章　コンタクトセンターを支援する　ソリューションを知る

7章 コンタクトセンターの運用では、日々、改善と改革の努力を怠らない

8/章 様々なサービス・技術を いかに活用するか

9 / 章　最新のコンタクトセンターを支えるテクノロジー

コンタクトセンターの将来展望を考える

カバーデザイン／萩原睦（志岐デザイン事務所）
本文デザイン・DTP ／初見弘一

第 1 部

コンタクトセンターは
どうあるべきか

新しくモノを買おうと思った時、多くの方が「Web で調べる」ことから始めるようになりました。企業の公式ホームページに限らず、レビューや SNS、ブログに書かれた世間の評価を調べ、Web から申し込んで完結することもあります。

顧客が企業に直接コンタクトを取るケースの多くは、豊富な情報を入手した上で、それでも困った時や悩んだ時です。話した方が早いと思えば電話で、文章で記録が欲しければメールで、外出のついでに店舗に立ち寄って質問したり買ったりする等、「どのチャネルがベストか」をあまり意識することなく、その時、その顧客にとって最も便利な方法を選びます。

困ったことがあった時、速やかに正確に対応して欲しい、そして安心したい。これが、顧客がコンタクトセンターに望むことです。

DX（デジタルトランスフォーメーション）に加え、新型コロナ感染防止が後押しとなり、金融機関をはじめとした多くの企業が非対面のビジネスモデルへ転換を図ろうとしています。企業によっては店舗数を大幅に縮小し、顧客との接点を Web サイトやコンタクトセンターに集約する流れもあります。

　このように時代とともに、企業の方針も大きく変化しようとしている中、顧客はコンタクトセンターに何を求めているのでしょうか。そして、企業は、顧客の期待に応えるために、どのようにコンタクトセンターを構築し、運営していくべきでしょうか。第1部では、企業ミッションをいかにコンタクトセンターへ浸透させるか、そして企業はカスタマーエクスペリエンス（顧客体験）をいかに向上させるかについて考えます。

1/章

企業ミッションと
センターミッション

企業ミッションを
浸透させるには

コミュニケーターは企業の想いを顧客に伝える最前線

コンタクトセンターの使命は何か

　コンタクトセンターの使命は、顧客の困っていることや要望に対して、速やかかつ正確に応対し安心していただくことです。そして、その応対により、直接的または間接的に企業の収益、顧客との信頼関係構築に貢献することが求められています。

　コンタクトセンターのコミュニケーターは、企業のブランドを背負っているといっても過言ではありません。**コミュニケーターの応対が良ければ、企業イメージは上がりますが、逆もまた然りです。コンタクトセンターは、その言葉が示す通り、企業と顧客の「コンタクト」を担っているのです。**

●コンタクトセンター活用の効果

顧客への効果		企業への効果
・自分に合う製品に出会えた ・自分に最適なプランを案内してもらえた ・スムーズに手続きができた ・不安が解消できた ・気軽に相談できたから、これからもずっと利用したい ・率直に意見を言えた ・店舗に行かずに購入できた	コンタクトセンター	・売上維持・拡大 ・ブランド力の向上 ・顧客との長期的関係の構築 ・顧客満足の向上 ・ファン層の拡大

企業ミッションとセンターミッション

　コンタクトセンターの使命を考える上で、もう一つ重要な要素がありま

す。それは「企業ミッション」と「センターミッション」です。**業務ルールや商品知識に沿って適切な応対をするだけでなく、その企業らしく応対することが重要です。そのためには、各企業のコンタクトセンターが目指す「理想の応対」とはどのような応対かを考える必要があります。**顧客一人ひとりに時間をかけて丁寧に対応するのか、多くのお客様の要望を迅速に正確に解決するのか、平等を重んじるのか、顧客をよく知り親しみを持って対応するのか等、「理想の応対」は企業の考え方やサービスの特性により異なって当然です。

　企業のミッション・ビジョン・バリュー（MVV）に照らし合わせて考え、日々の応対において、それを体現することが、顧客接点の最前線にいるコミュニケーターの使命です。

ミッションを行動につなげるために

　多くのセンターでは、入社時の研修で、企業ミッションを説明することと思います。但し、たった一度の説明を聞くだけでは、その真意は伝わらず、コミュニケーターの行動に変化は起こりません。SV（スーパーバイザー）がそれらをよく理解した上で「困った時には、ミッションに当てはめて考えてみましょう。○○に当てはめると、○○という判断になりますね」等、研修や日々のエスカレーション等の会話にうまく織り交ぜることで、じっくりと浸透させていくことこそが大切です。

事例1

「親友ポリシー」が支える DoCLASSE のカスタマーサービス

　DoCLASSE（ドゥクラッセ）は、「40代からの大人、輝く服」をコンセプトにしたファッションブランドで、通信販売と店舗販売にて事業を展開しています。同社のミッション、ビジョン、バリューと、コールセンターへの浸透の取り組みについて、カスタマーサービス部長の杉山享広氏と、マネージャーの藤川伸氏にお話を伺いました。

◆DoCLASSEのMission、Vision、Valueと11ways

　DoCLASSEには「洋服を通じて日本の40〜50代の知性と好奇心を刺激し、いきいきと輝かせること」という**Our Mission**、そして日々の姿勢

を示す**Our Vision**、5つの共有すべき価値観を示す**Our Value**、価値観に基づく行動規範である**Our 11 ways**があります。コールセンターのCSR（Customer Service Representative）さんにも、その考え・文化が浸透しています。マネージャーやSVが行動や判断をする時も、CSRさんが日々の応対で迷った時も、常にこの使命と価値観に基づき、「誠心誠意、誠実に」「スピード・責任」「Win-Win」等に立ち返ることで、その答えを見出しています。

◆採用・研修・朝礼……あらゆる場面で触れるからこそ浸透する

採用は、マインド・人間性を重視しています。どのようなスキルを持っているかも大切ですが「誰かのために喜びを感じられる人」を求めています。面接では「嬉しかったエピソード」や「周囲から見た自分像」等についてお聞きし、その様子から素直さや温かさを感じたり、心が通じるコミュニケーションができた方を積極的に受け入れています。

研修では、トークスクリプトのインプットは極力少なくし、ご注文や返品交換時のお客様のお気持ちを一緒に想像しながらトークの練習を行い、講師から繰り返し「お客様の喜び・驚き・感動が私たちのミッション」と伝えていく中で、文化が浸透していくのだと考えています。

また、**朝礼**では、SVは業務の情報共有だけでなく、**11ways**に触れたフリートークをします。SVが一人の生活者として、他社のサービスを受けて感じたこと、家族との会話を通じて感じたことを話します。SV自身があらゆる場面で11 waysを意識できているからこそ、エピソードが生まれ、CSRさんへの想いのこもったメッセージが発信できているのだと思います。

◆ 「今週のOur 11 ways」で意識を高める

文化を根付かせるために、わかりやすい取り組みの一つが「今週の**Our 11 ways**」です。「今週の**Our 11 ways**は笑顔で挨拶です！」「今週は創意工夫です！」等、11の行動規範が毎週順番でまわってきます。11ways全てを毎日意識することは難しくても、1週間1つに定められているので、行動にもつながりやすく、自分自身の価値を高めることにも役立っています。

◆ルールではなく「親友ポリシー」で考える

　どのような仕事にもルールがあり、ルールに沿った判断も必要ですが、「目的から考えよう」「お客様のお気持ちに寄り添って判断しよう」が優先されます。私たちは洋服を売るためだけにいるのではない、お客様に想いと笑顔で接することの方が大切なのであり、こういった独自の文化こそが競争優位だと考えています。カスタマーサービス部には創業からのメンバーや10年以上のCSRさんも多数在籍していますが、Our Visionの中にある「一期一会の縁を大切に、お一人おひとりのお客様と親友のように向かい合います」について、創業時から「**親友ポリシー**」と呼んでいます。「このお客様が親友だとしたら、大切な人だとしたら、どうしてあげたいか」に沿って判断することを、最も大切な考え方としています。

◆アウトソースではなく「事業パートナー」として

　BCPの観点もあり一部をビーウィズ株式会社の福岡センターにアウトソースしています。企業文化が根付いている中、アウトソースへの抵抗はありましたが、今は「事業パートナー」として、「Win-Win！」の関係を築けています。「クライアントに迷惑がかかる」という考え方は一切排除していただき、お客様満足を軸にした様々な取り組みを共有しています。

　東京センターと福岡で距離は離れていても、お互いのニックネームで呼び合う関係性を築きながらミニDoCLASSEを作り上げていただいています。

◆大切な仲間であるCSRさんのために

　現在、350人のCSRさんが在籍しています。文字通り、会社を代表したCustomer Service Representativeとして最前線でお客様と親友のように向き合っていただいていることに心から感謝しています。

　職場環境の整備やシステムサポート等、まだまだ活躍を支援する施策を行っていきます。さらにDoCLASSEのCSRさんは、40～50代の方が多く、私たちの顧客層と重なる存在でもあります。代表取締役である林との定例ミーティングや、商品部との情報交換会などを通じてCSRさんの意見やお客様の声をダイレクトに事業に反映させる取り組みも加速していければと思っています。DoCLASSEでの仕事を通じて成長を実感して欲しいし、会社に行くのが楽しいという毎日であり続けたいと思っています。

2 / 章

コンタクトセンターと
カスタマーエクスペリエンス

カスタマーエクスペリエンスについて考える

コンタクトセンターに連絡する前、あなたはどうするか

📁 カスタマーエクスペリエンス（顧客体験）とは

　最近の私の話を紹介します。愛用していたお掃除ロボットが動かなくなってしまった時の話です。まずは公式サイトで調べ、その通りにやってみても動きません。説明はとても簡易なもので「もっとできることがあるのではないか」と思った私は、別のサイトを見たりYouTubeを見たりもしましたが、それでも直りませんでした。コンタクトセンターに電話を架けるには気が進まず「数日経てば直るかも」と根拠もなく数日待ってみたりもしました。しかし、やはりダメでした。結果、その翌週、私はコンタクトセンターに電話を架けることになります。顧客はこのように、コンタクトセンターに連絡する前に、説明書、公式サイト、YouTube等、あれこれと自発的に行動し、様々な想いを抱えています。こういった**顧客の全ての体験に注目し、その体験価値を高めていこうとする考え方を、「カスタマーエクスペリエンス」（Customer Experience, CX, 顧客体験）**と言います。

　チャネルは多様化し、顧客は様々なチャネルを使いこなすようになり、モノ（製品・サービス）だけでなく、それにかかわる「体験」を重要と考えるようになりました。そして企業は、顧客の行動をデータで大量に把握することが可能になりました。様々な場面で顧客が何を思うのか、どう行動するかという顧客体験の向上が、ますます重要になっています。

📁 カスタマーエクスペリエンスを高めるには

　それでは、コンタクトセンターにおいて顧客体験を高めるとは、どういうことでしょうか。電話を架けてきた顧客に丁寧に応対することはもちろんですが、それだけで顧客体験の価値を、高めることができるでしょうか。

　先ほどの私の話で考えてみます。コンタクトセンターでは、いくつかのことを試すように言われましたが、事前に調べ尽くしていた私にとっては、

どれも既に試したことばかりでした。そして残念なことに私の「色々と自分でも試してみたんですが」の一言は、コミュニケーターには聞き流されてしまいました。とはいえ、とてもスムーズな案内で、丁寧に事情を説明され「故障」であることが告げられれば、「仕方がないな」と諦めがつくものです。しかし私が電話をする前の「顧客体験」に少しでも触れてくれる一言があれば、満足度はもう少し上がったかもしれません。そして、Webサイトの説明がもっとわかりやすければ、公式サイトに動画があれば、画面上にチャット画面が出ていれば、数日を何もせずに過ごすこともなく、私はすぐに問い合わせしていたかもしれません。

顧客感情を可視化するカスタマージャーニーマップ

　顧客の「行動」や「感情」を時系列で可視化し図で示したものを「カスタマージャーニーマップ」（顧客の旅の地図）と言います。企業がマーケティングの一環として、ペルソナ（代表的な顧客像）を設定し、実際にヒアリングした顧客の事例を基に作成されます。

　コンタクトセンターでは、コミュニケーターは、その場その場の対応に追われるため、このような時系列での顧客の体験や感情への意識が薄くなってしまうことがあります。顧客の体験や感情を想起させる手段の一つとして、カスタマージャーニーマップを用いてみては、いかがでしょうか。

●カスタマージャーニーマップ例

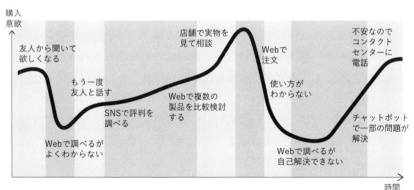

CX を高める顧客理解メソッド「ミライ転換力」

　コンタクトセンター、BPOセンターのアウトソーシング企業であるビーウィズ株式会社では、「カスタマーエクスペリエンス」と顧客の「時間軸」に注目した独自の顧客理解メソッド「ミライ転換力」を使って、コミュニケーター教育を行っています。「ミライ転換力」の考え方とその教育について紹介します。

◆ 「フレーズ」だけでは気持ちが伝わらない

　ビーウィズは、アウトソーサーとして、多種多様な業種業態の顧客企業のコンタクトセンターを運営しています。これまでは、コミュニケーターの応対スキル向上のため、質問力を上げる「質問フレーズ集」や、傾聴力を高める「共感フレーズ集」を作り、教育を行ってきました。当然、何を目的にお客様に質問をし、なぜ共感することが必要なのかを併せて伝え、教育をしてきましたが、教えられたコミュニケーターは「フレーズを使う」ことが目的になってしまい、結果としてお客様にご満足いただける応対ができないことがありました。そのような経験から、カスタマーエクスペリエンスの大切さについて教育する必要性を感じていました。

◆お客様の時間軸「イマ・カコ・ミライ」に注目

　お客様がコンタクトセンターにお電話をくださる背景には、お客様それぞれの理由があるはずです。その理由にはカコの想いや経験が関係しています。つまりカコを聞くことは、お客様のニーズを深く知ろうとする行為なのです。そして、お客様が電話をする理由はもう一つあります。それは「これからの生活を良くしたい」というミライへの希望です。「ミライ転換力」では、企業にコンタクトを取るお客様の想いのきっかけはカコにあり、そして、お客様はそれをミライで叶えたいと思っていると考え、時間軸に注目しています。

●「ミライ転換力」お客様の時間軸

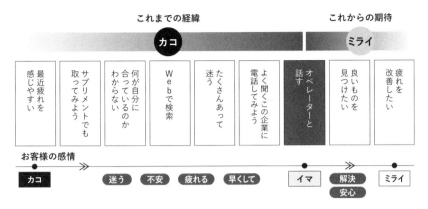

◆ミライ転換力は応対の地図

　ミライ転換力の考え方は、お客様との接点である「イマ」から始まり、「カコ」に遡ります。お客様の背景や感情を知るための質問をすることで、お客様の想いやこれまでの出来事を知ることができるからこそ、お客様に合った共感の言葉を伝えることができると考えます。そして、お客様のカコの背景を知ったからこそ、それぞれのお客様が望む「ミライ」に向かった寄り添いの言葉、期待に合った提案ができるのです。ミライ転換力は、コミュニケーターが自らフレーズを紡ぎだす力を付けるための「応対の地図」です。

●「ミライ転換力」は応対の地図

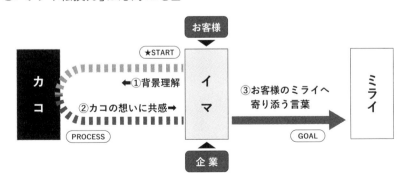

第2部

コンタクトセンターの
作り方と運用の仕方

　第2部は、コンタクトセンターの立上げや安定運用のために考慮すべきことを、オペレーション設計、組織作りと育成、マネジメント、システムソリューションの4つの章に分けて説明します。

　3章 コンタクトセンターのオペレーション設計では、コンタクトセンターの業務範囲、業務仕様、チャネルを決定する際の考え方、運営の基盤となる業務フローやコンタクトセンターの品質の要であるトークスクリプトの作り方を説明します。

　4章 組織作りとコミュニケーターの育成では、組織の在り方、職務定義、キャリアパス等の制度設計について説明します。また、人材の採用、研修、定着については事例を含めて紹介します。

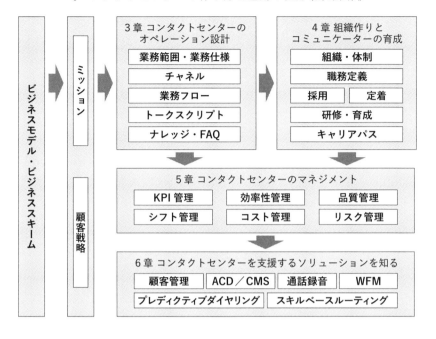

《コンタクトセンターの作り方と運用の仕方（鳥瞰図）》

5章 コンタクトセンターのマネジメントでは、KPI 管理、効率性管理、品質管理といった顧客満足に直結するマネジメント手法と、コンタクトセンターを安定的に運用するために必要なシフト管理、コスト管理、リスク管理について説明します。

6章 コンタクトセンターを支援するソリューションを知るでは、コンタクトセンター運用に最も基本的な ACD や DB、応対品質管理を支援する通話録音、稼働管理を支援する WFM 等の役割、活用方法、効果を説明します。

3 / 章

コンタクトセンターの
オペレーション設計

コンタクトセンターの オペレーション設計

サービス・製品の特徴、顧客の特徴を捉え、顧客の期待を探る

オペレーションの基本仕様を設計する

　本章の前半では、コンタクトセンターの構築にあたり、**業務範囲、業務仕様、チャネル**をどのように決定するか、その考え方について説明します。運営は自社かアウトソーサーへの委託か、どこで実施するか、チャネルは何をどれくらいの比率にするか等は、一度決定すると、簡単には変えることができませんので構築段階で慎重に決定する必要があります。本章の後半では、運営の基盤となる**業務フロー**、コンタクトセンターの品質の要である**トークスクリプト、ナレッジ・FAQ**について説明します。サービスや製品の特徴、顧客の特徴、企業のミッション等を捉え、適切に反映します。

競合他社との違いを知り、仕様に反映する

　業務仕様を固めるにあたっては、**価格**（高いか安いか）、**機能の充実度**（多いか少ないか、スペック）、**製品ラインナップ**（種類の多さやカバーする範囲）、**企業イメージ**（伝統的か革新的か）等の項目で整理し、競合他社との違いを明確にします。加えて、サービス・製品の**必要性**（ないと困る、あれば便利、なくても困らない）、**利用頻度**（毎日使う、毎週使う、季節限定で使う）、**購入頻度**（一生に一回、時々買う、繰り返して買う）を整理すると、自ずと「顧客がカスタマーサポート、コンタクトセンターに期待していること」が見えてきます。

　また、顧客層については、**年代**や**性別、地域、家族構成、所得、ライフイベント、生活スタイル**等も含めて想像することで「顧客が誰なのか」だけでなく「顧客はどのような行動を取るか」といったカスタマージャーニーマップ視点の想像をすることができ、チャネル選定や営業時間の決定に役立ちます。

コンタクトセンターの
対応範囲と仕様を決める

自社サービス・製品・顧客と向き合い、決定する

対象サービス・対応内容を決める

　コンタクトセンターは、次ページの図のように様々に分類され、この組合せにより、全く異なる形態のコンタクトセンターになります。自社の顧客に合ったコンタクトセンターを設計するために決定すべき事項について、本項では①から⑥について説明し、⑦以降は次項の3章3（コンタクトチャネルを決める）で説明します。

①対象となるサービス群・製品群を決める

　まずは、自社のサービス群・製品群の中で、どのサービス・製品がコンタクトセンターでの対応の対象となるのかを明確にします。製品群により特徴が大きく異なる場合は、製品群Aはチャット対応をメイン、製品群Bは電話対応をメイン等、製品群によりチャネルを変えることもあります。

②対応内容を決める

　次に顧客と企業の接点を洗い出し、その中からコンタクトセンターで対応する範囲を決定します。

③アプローチの方向

　顧客からのコンタクトを企業が受けることを**インバウンド（受信）**、企業から顧客にコンタクトすることを**アウトバウンド（発信）**と言います。②で決めた対応内容を、インバウンド・アウトバウンドのどちらかまたは両方を行うかを決定します。

④コンタクトセンター運営の目的

　売上や収益に直結するセンターを**プロフィットセンター**と言い、顧客満足を高めることで間接的に売上や企業価値に貢献するセンターを**コストセンター**と言います。例えば「通信販売の注文を受けるインバウンド」や「販売勧奨をするアウトバウンド」はプロフィットセンターの代表例です。「解約受付のインバウンド」は、顧客の申し出通り正確に承ることが方針であればコストセンターですが、解約阻止を前提とするのであればプロ

フィットセンターに分類されます。

●コンタクトセンターの様々な形態

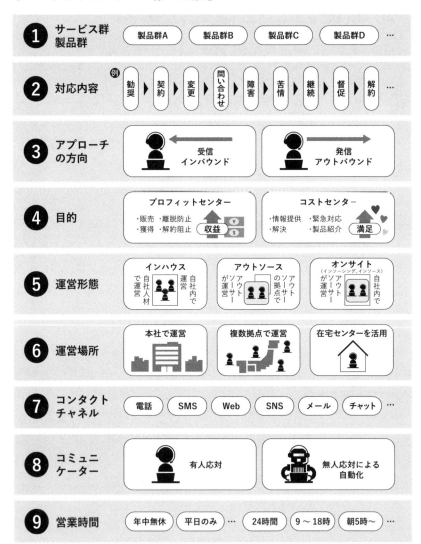

⬛ 自社運営か委託か、集中か分散か

⑤運営形態

　コンタクトセンターを自社内で運営することもあれば、専門のアウトソーサーに委託することもあります。

　自社内で自社人材により運営する形態を**インハウス**と言います。**自社の意思を迅速に反映しやすい**ことや、**業務運営ノウハウが蓄積できる**ことがメリットです。一方、設備投資が必要であること、運営ノウハウをゼロから築き上げる必要があること、人材確保や専門人材の育成の難しさが課題といえます。

　コンタクトセンター運営の専門会社（アウトソーサー）に委託する運営形態を**アウトソース**と言います。**運営を効率化することでコスト削減**が見込めること、**自社人材が戦略業務に集中できる**こと、**設備投資や人材確保の必要がない**こと等がメリットです。しかし自社組織ではないため、ミッションの浸透には工夫が必要です。また契約によっては、突然の方針転換に対応できないこともあるかもしれません。アウトソースでの運営は実態がブラックボックス化しないように、アウトソーサーをマネジメントする必要があります。

　また、アウトソーサーは全国に複数拠点を有していることも多いため、BCP（事業継続計画）として第二センターをアウトソースする、業務繁忙時期のみアウトソーサーを使って増席する等、インハウスと併用として利用されることも多くあります。業務構築ノウハウを持ち、設備を常備していることから、緊急対応、リコール対応等のセンターを数日で立ち上げることも可能です。

　そして、インハウス、アウトソース双方のメリットを活かし、人材確保や運営はアウトソースしながら、設備は自社を利用する運営形態を、**オンサイト（インソーシング、インソース）**と言います。

⑥運営場所

　運営場所は、本社機能や関連部署との連携のしやすさ、人材確保のしやすさで決定します。かつては複数拠点を持つのは大規模センターに限られていましたが、東日本大震災後には、災害時にも事業継続を行えるようにBCPの観点から**複数拠点運営**が主流となりました。さらに、新型コロナ感染症の影響により、**在宅コンタクトセンター活用**が進んでいます。

コンタクトチャネルを決める

チャネルは多いほど、顧客にとってもメリットになるのか?

各チャネルの特徴

　企業と顧客の接点（チャネル）には、それぞれ特徴があります。下図のように、顧客が製品・サービスの存在を知り、購入や申込をし、問い合わせをしたりサポートを受けるには、様々なチャネルを利用する可能性があるでしょう。本項では各チャネルの特徴と組合せ方、コンタクトセンターの営業時間やルーティングについて考えていきます。チャネル別の運用の留意点や導入事例については、8章1（多様なコンタクトチャネルの活用を図る）で詳細に説明します。

●顧客の行動とチャネルのマッピング

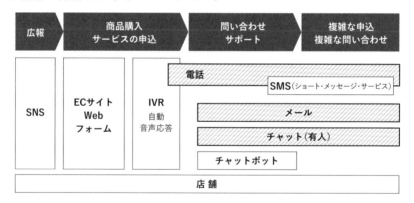

■ SNS

　Twitter、Facebook、Instagram等に代表されるSNSは、私たちの日常に定着しており、企業と顧客をつなぐ大変強力なチャネルの一つであると言えます。主に、新規顧客やファン獲得を目的に、新製品やキャンペーンの情報を一斉展開する等、ブランディング活動、マーケティング活動に使われています。そのため、SNSはマーケティング担当者が運用するケー

スが多く、顧客一人ひとりの問い合わせに対応するチャネルとしては、それほど浸透していません。

■ EC サイト、Web フォーム

　商品注文、申込、予約等、定型化できる手続きは、EC サイトや Web フォームに顧客自ら入力することが主流です。**人を介すことなく、好きな時間に手続きできる**ことが顧客のメリットであり、企業にとってもコスト削減のメリットがあります。

■店舗

　実際に**商品を手に取り確認できる**ことが店舗の最大のメリットです。商品を気に入ったとしても「他の店と値段を比べたい」、「商品が大きくて持ち帰りたくない」等の理由から、店舗では購入しないケースも増えていますが、店舗は試していただくためのショールーム的な役割と割り切っている企業もあります。

■電話

　電話は、**複雑な問題解決**に適しています。顧客が状況をうまく伝えられなくても、コミュニケーターが的確に質問することで、必要な情報を速やかに整理し、解決に導くことができるためです。そのため、メールに比べ一次解決率が高いチャネルです。顧客もコミュニケーターも互いに顔は見えませんが、声で表情を伝えることができるため、顧客の不満や不安を和らげる等、**心理的解決**にも適しています。但し、一部の 24 時間営業のコンタクトセンターを除いては、営業時間が限られているため、好きな時にコンタクトを取ることができません。また、混み合う時間には待たされることがあるため「電話＝つながらない」というイメージがあることも事実です。

■ IVR（自動音声応答、Interactive Voice Response）

　指定の電話番号に電話を架け、アナウンスの指示に従って電話のプッシュボタンを押すことで、商品注文、申込、予約等を受け付けます。最近は、音声認識技術を使うことで、用途の幅が広がってきたものの、それでもできることは限定的であるため、主要チャネルとしてではなく、コンタ

クトセンターの呼減対策やピーク対応対策として使われます。

■ SMS（ショート・メッセージ・サービス）

　電話番号がわかれば文字を送信できるため、「電話」とセットで使われることが多く、「文章で確認できない」「口頭での説明では長くなる」という**電話の欠点を補完**します。但し文字数制限があるため、メールのような長い文章は送ることができず、「予約時間確認」「説明のURL」等、限定的な情報を発信するに留まります。

■メール

　顧客にとっては、**24時間いつでも好きな時間に送れること、やりとり全てが文章で残る**ことが、メールの特徴です。

　他チャネルに比べると、回答のリアルタイム性は低く即時解決は期待できませんが、記録が残り読み返しが可能なため、事細かな事情を書けるのは良い点です。但し、書き手の力量に依存するため、意図が伝わらない場合は、何度もやりとりを往復する必要があります。メールの返信期限は「24時間以内」が一般的であり、即時返信の必要がないため、稼働管理が複雑にならないことは、企業にとってのメリットです。

■チャット（有人）

　メールに比べるとリアルタイム性が高く、顧客は数秒後には返信がくることを期待しています。**簡単に1文から問い合わせしやすい**ため、メールよりも手軽で、電話離れの若い世代に定着しています。

　電話は1人のコミュニケーターが1人の顧客の応対をすることが基本ですが、チャットは複数の顧客に同時進行で応対することができます。

■チャットボット

　画面の見た目は「有人チャット」と変わりませんが、**AIが自動で回答**します。定型的な質問には答えることができますが、個々の特別な事情に合わせた回答はできません。自動返答が難しい場合は、「コンタクトセンター」の番号を案内したり、「有人チャット」に切り替えたりします。主に、有人対応への問い合わせ量を減らすための対策として使われます。

メインチャネルをどう選ぶか、何と組み合わせるか

　顧客の利便性を考えれば、あらゆるチャネルのコンタクトセンターを持つことが望ましいようにも思えますが、一部には顧客にとって便利とは言い難いチャネルも存在します。また、企業にとっても、複数のチャネルを持つことは、システム投資等によるコスト増、人材教育やノウハウ蓄積の分散という難点もあるため、戦略的にチャネルを絞る必要があります。

　例えば、**ECサイトをメインチャネル**とする場合、パソコンやスマホからの手続きに抵抗が無い顧客層が多ければ、ECサイトのみの運営に踏み切っても大きな機会損失や顧客の不満にはなりません。しかし顧客が何かに迷い「相談して決めたい」と思った時、相談できる環境がある他社に顧客が流れてしまうことはあるかもしれません。

　テクニカルサポートや故障相談等「今、困っている」という緊急性が高い問い合わせ、顧客により状況が異なり詳細まで聴取する必要がある窓口は、**電話をメインチャネル**とするのが良いでしょう。メールでは、何往復もやりとりしないと解決できず、かえって顧客に迷惑をかけることがあります。例えば修理受付窓口の場合、顧客は「絶対に故障している、修理するしかない」と思っていても、実は修理の必要はなく、電話で解決できることもあるからです。Webサイトから申込ができてしまうと、かえって顧客の解決を遠ざけてしまうことがあります。

　販売チャネルがECに限られている場合、**メールをメインチャネル**とします。緊急度の高い問い合わせが含まれる場合は電話の窓口も開設し、補完することもありますが、メールの問い合わせボタンをWebサイトのわかりやすい位置に配置する一方で、電話番号を目立たないところに記載する等して、チャネル比率をコントロールします。

　チャットをメインチャネルとする企業も増えてきました。チャットはメールに比べてリアルタイム性を維持できるため、電話を好まない世代に浸透しています。しかし、複雑な内容の場合は、書くことが煩わしく感じられるため電話窓口も併設し、補完することがあります。

番号の持たせ方とルーティングの決定

　コンタクトセンターでは、顧客の電話を受信してからコミュニケーターにつながるまでのルートをどのようにするのか、**ルーティング**を決定する必要があります。主に検討すべきは「窓口＝電話番号」をいくつ持つか、

「IVR」を入れるか、どのように分岐させるかです。

ルーティングには主に、スキルを持つコミュニケーターにコールを割り当てる**スキルベースルーティング**と、高度な技術で対応に最も適したコミュニケーターにつなげる**インテリジェントルーティング**がありますが、本項ではスキルベースルーティングについて説明します。

●ルーティングの例

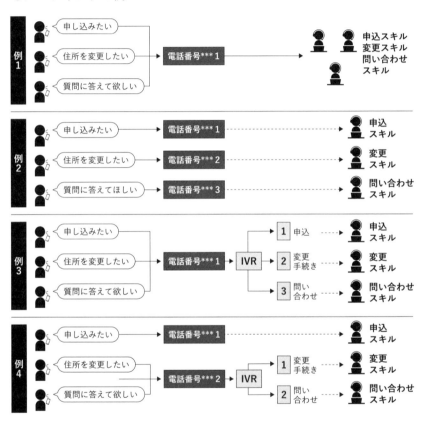

例1はシンプルなパターンです。窓口は1つ、IVRを入れないため、コミュニケーターは全てのスキルを持っている必要があります。また入口が1つであるため、混み合った場合に「申込」のみを優先する等のコントロールができないため、企業としては機会損失になる可能性があります。

例2は、顧客の目的に合わせて、窓口を分けています。この場合、窓口

ごとに営業日・営業時間、課金先（着信課金か発信課金か）を変えることができ、チームを分けて運営することができます。

例3は、窓口は1つですが、IVRを入れることで、3チームに分けた運営を可能にしています。IVRは、顧客が電話をすると自動で音声が流れるため、高齢の方が切ってしまうことがあり、顧客層が高齢なコンタクトセンターでは好まれず、導入には慎重になる必要があります。また、通信サービスや金融サービス等、商材・手続きが多岐にわたる企業ではIVRの分岐が複雑になるため、全体図をWebサイトに掲載している例もあります。

例4は、複合的なパターンです。申込窓口は、機会損失のないように年中無休で運営し、その他の窓口は平日のみの運営とするケースが見られます。

ルーティングには業種による違いもありますが、考え方は企業により様々です。顧客の利便性やサービスとの相性、そしてコミュニケーターのスキル習熟等の観点で総合的に考え、決定します。

コンタクトセンターの業務フローを作る

業務の可視化の第一歩は業務フロー

業務フローの必要性

　読者のみなさんはコンタクトセンターで、どのような時に「業務フロー」を使っていますか。お恥ずかしい話ですが、私はSV時代に実は「業務フロー」には触れたことがありませんでした。それでも運営できていたのはコミュニケーターには「業務マニュアル」「トークスクリプト」「FAQ」が、SVには「SVマニュアル」が整備されていて、日々の業務の手順が十分に可視化されていたからです。「業務フロー」らしきものを初めて作ったのは、新規のコンタクトセンター構築に関わった時だと記憶しています。

　「業務フロー」は、私たちが日常使う「業務マニュアル」「トークスクリプト」「FAQ」の上位階層にあたります。一人のコミュニケーターがどのように対応を進めるのかという細かい視点ではなく、部門やチャネルを超えた全体の流れを可視化するのが「業務フロー」です。「業務フロー」に、コンタクトセンターの仕事が集約されているからこそ、その下位にあるマニュアル同士の整合性が取れるのです。

　既に運営が軌道に乗っているセンターでは頻繁には使いませんが、新しくコンタクトセンターを立ち上げる時、システムをリプレイスする時、そして最近では、**AIやRPAによる自動化を進める時**に「人とロボットでどのように分担するか」、**在宅コンタクトセンター化を進める時**に「場所を超えた情報のやりとりをどのように行うか」を可視化する必要があり、業務フローが活用されます。

業務フローとは

　業務フローとは、業務の流れや手順を、2軸（時間／プレイヤー）で示したものです。「業務プロセス」や「プロセスマップ」と呼ばれることもあります。**フローチャート記号を用いて処理を示す**ことで、**業務全体の流れを俯瞰して確認できる**ことが特徴です。

●業務フローイメージ

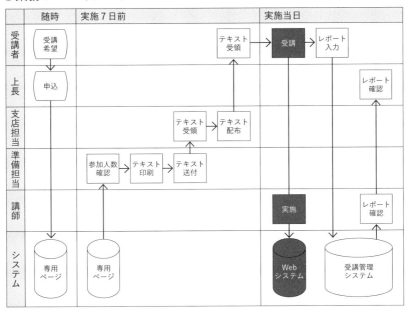

　上の業務フローでは、横軸は「時間」を、縦軸は「プレイヤー」を表しています。縦横どちらに配置するかの決まりはありません。俯瞰して見ると「最も作業の多いプレイヤーは誰か」「システムは何種類使っているか」「デジタル化できる作業はないか」が自然と見えてくるのではないでしょうか。

業務フローはどのように作るのか？

　業務フローを作成するには、何から手を付ければ良いでしょうか。本項では簡単に作成のステップを紹介します。作ったことが無いという読者の方は、ぜひ身近な例で作ってみてください。

■まずは、やってみることから始める

　まずは、想定できる範囲で実際の業務をやってみると良いでしょう。新規にコンタクトセンターを構築するのであれば、手元には十分な情報はないかもしれませんができる限りの想像をし、実際の処理に近いシミュレーションを行います。これにより、作業の洗い出しができ、顧客や他部門への影響も把握することができます。

●業務フロー作成の情報整理の方法

プレイヤー \ 時間		随時				
顧客		架電				改善を確認
修理受付センター	コミュニケーター	受電	状況を聴取	故障かどうか ※分岐	※故障以外	説明
					※修理不可	説明・お詫び
					※修理必要	顧客情報聴取
	SV					
修理担当（支社）						
システム						入力

●業務フロー図の例

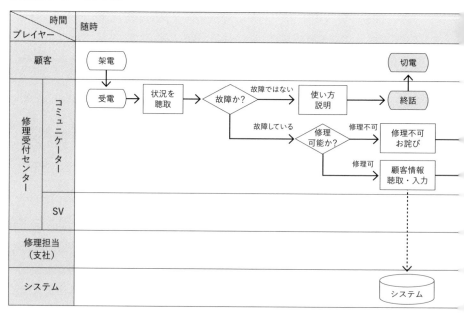

			修理前日			当日
終話	希望日回答	終話			訪問時間確認	動作確認
終話						
終話						
症状詳細確認	修理希望日聴取	終話				
			翌日予約情報	訪問時間決定	SMS 送信	修理
入力	入力		出力	入力	出力	

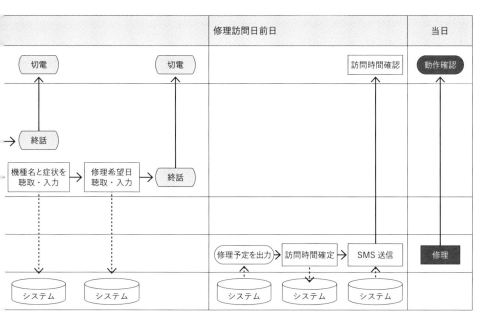

また、既存の業務フローを改善する場合は、まずは現状のフロー通りに動いてみることも大切です。今のフローを「改善」することだけを目的にしてしまうと、これまでのフローをなかったことにして、全てをゼロから構築したくなりますが、これは間違いです。なぜならば、今の業務フローに至った経緯、理由があるはずだからです。まずは、現状フロー通りに動いてみてから、改善のステップに入ることを勧めます。

■情報を整理する方法

　まずは、一つひとつの作業を表形式で整理していきます。

　はじめに縦軸と横軸を決めます。前ページの上図の例では、縦軸に「プレイヤー」を、横軸に「時間」を置いています。次にマス目を埋めるように、該当するプレイヤーの行に作業を入れていきます。この時に同じタイミングで発生する作業は列を揃えます。

　次に、重要な「分岐」にはひし形、要となる「書類」には書類の記号等、フローチャート記号を書き加えると、さらに視覚的にわかりやすくなります。このように表形式で、情報を整理するだけでも、作業を俯瞰して見ることができ、業務フローの原型が見えてきます。

■フローチャート記号を使ってマッピングする

　次にフローチャート記号に置き換えていきます。フローチャート記号には、様々な方式と種類がありますが、前ページの下図では開始と終了を示す端子（角丸四角形）、分岐（ひし形）、処理（四角形）、システム（円柱）のみを使って表現しています。

■可視化することの効果

　可視化することで、新規業務構築時には、「実はフローが完結していない」「判断基準が曖昧である」「責任範囲が不明確である」等の問題に早期に気付くことができます。既存フローでは、「プレイヤー同士の行き来の多さ」や「プレイヤー間での作業量のバランス」、「手作業の多さ」をより実感することができ、改善のきっかけを掴むことができます。改善の進め方は、7章1（業務改善の手順）で詳細に説明します。

ナレッジの構築と維持管理

膨大な情報をどのように整理し活用するか

ナレッジとは

　ナレッジとは、直訳すれば「知識」や「知見」のことで、ビジネスにおいては、企業にとって有益な情報・事例・ノウハウのことを言います。コンタクトセンターには、サービス・製品に関する膨大な情報があり、それらの情報は日々更新されていきます。コンタクトセンターのナレッジの代表格は、基礎知識を習得する教科書にあたる**業務マニュアル**、顧客との会話の流れとしてまとめた台本にあたる**トークスクリプト**（メール業務ではメールテンプレート等）、顧客からの質問に対して一問一答で回答できるようにまとめられた**FAQ**です。そして、情報を整理した一覧表や、毎日の朝礼での周知事項、顧客向けに発信している情報（パンフレット、Webサイト）等もナレッジです。これらの情報は、運営の経験値を積むことによっても更新されていきます。

●ナレッジとは

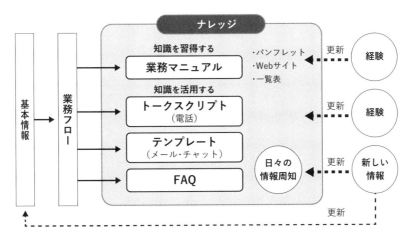

ナレッジの構築と定着のステップ

　FAQをはじめとするナレッジシステムは音声認識やAIの活用により日々進化しているため、ナレッジの理想的な在り方そのものも変化しています。最新情報については、9章の最新のコンタクトセンターを支えるテクノロジーにて説明することとし、本項では、その導入として、ナレッジを構築し定着させるための7つのステップを説明します。

❶ナレッジの全体像を設計する

　業務マニュアル、トークスクリプトの作成は当然として、それ以外にどのようなツールが必要か、その情報源は何かを整理します。

❷課題を洗い出し、目的を整理する

　情報更新の頻度やスピード感、問い合わせの傾向等、コンタクトセンターの特徴から、それぞれのシステムやツールの役割と導入する目的を整理します。

❸システム・ツールの導入

　コンタクトセンターのナレッジは膨大で、紙の管理では限界があり、システム導入は欠かせません。複数のナレッジシステムを比較検討します。

❹ナレッジを作成する

　ナレッジを作ること自体の苦労もありますが、真の苦労はその整理の仕方にあります。例えばFAQ。コミュニケーターやSVの希望通りにFAQを追加していくと、たちまち膨大な量になることでしょう。構築段階では、FAQを作ることよりも、どのようにカテゴライズするか、タグ付けするかといった検索性やメンテナンスの観点からの整理が重要です。

❺ナレッジを定着させる

　ナレッジはSVが苦労して作っても、定着させるための一工夫がなければ活用されません。研修や朝礼等を利用して、効果的な活用方法のレクチャーを行います。また、一定期間は強制利用させることも検討します。

❻評価・分析

「いいね」機能や、利用頻度を常時測定する機能を使い、日常的に評価・分析を行います。

❼メンテナンス

　評価・分析結果を元に、常に最新状態に保てるようメンテナンスを行います。

コミュニケーターの
トークスクリプトを作る

成果の出るトークスクリプトの作り方とは

🗐 トークスクリプトの効果

　代表的な問い合わせに対して会話を流れで書いた台本にあたるものを「トークスクリプト」と言います。スクリプトは、日々の応対でコミュニケーターが繰り返し使うため、この完成度がコンタクトセンターの効率や品質に大きく影響します。スクリプトには、主に次の効果があります。

・**オペレーションの標準化**：新人でもベテランでも、案内を統一できます。
　そのためには、言葉の選び方や案内の順序を練り上げます。

・**応対品質の担保**：新人やスキルの低いコミュニケーターであっても、スクリプトに沿って案内することで一定水準の品質を保つことができます。日々繰り返し使うことで、謝辞やクッション言葉を使うことが習慣となり教育効果も期待できます。

・**KPI達成に向けての改善**：案内の順番を統一することにより案内漏れをなくし、ミス率削減に貢献します。また顧客にとって伝わりやすい言葉やフレーズを入れることで、平均通話時間を削減します。

🗐 トークスクリプトの作成手順

　次の7つのステップに沿ってトークスクリプトを作ります。

■ 1. 運用方法の決定

　紙で印刷するか、Webサイト等パソコンを使って確認するか、運用を決定します。スクリプトの使用頻度が高ければ、紙で印刷し手元に置く方がコミュニケーターにとっては安心でしょう。但し更新が多ければ、差し替える手間を考えると紙での配布は適しません。また、スクリプトをパソコンで見る場合は、他のツールを開くことを考慮すると、1画面では見づらく、操作しづらいとも言えます。

■ 2. 要件確認

　次に、対応姿勢や言葉選びに関わる「スクリプトの目的」「製品・サービスの特徴」「顧客像」「コミュニケーターのスキル」を確認します。

- **目的**：案内漏れや誤案内をなくす、成約率や売上を上げる、平均通話時間を削減する、応対品質を改善する、苦情（クレーム）を減らす等、スクリプトの目的は様々ありますが、中でも特に改善したいのは何かを定めます。
- **製品・サービスの特徴**：購入頻度や利用頻度、製品やサービスの必要性、価格、類似製品・サービスとの違い等を確認します。
- **顧客像**：顧客がコンタクトを取る目的は何か、どういった感情が想定されているのか、どのような年齢の顧客が多いのかを確認します。
- **コミュニケーターのスキル**：新人向けかベテランのみが使うのか、スキルに関係なく使うのかを確認します。

■ 3. 設計図作成

● 手書きの設計図の例

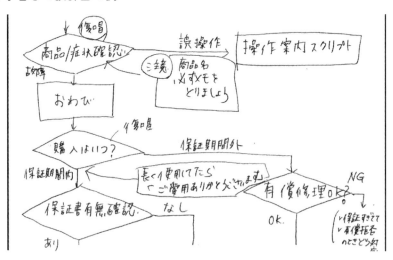

　次にスクリプトの設計図を作ります。設計図と言うと大げさに感じるかもしれませんが、**ポイントはセリフ（フレーズ）から書くのではなく、パーツ名で洗い出し、これを並べる作業から始める**ことです。はじめに設計図があることで、応対全体の流れを把握することができ、作成途中の手

戻りを防ぎます。図に示すように、手書きで粗めに書くくらいで十分です。

■ 4. レイアウト

パーツを洗い出したら、並べ替えます。その際、次のことに注意します。

①理想パターンや最も多い会話パターンを左寄せで直線上に置く

②YESは左、NOは右等、できるだけ統一する

③縦横をできるだけ揃え、並列関係や対立関係をわかりやすくする

④1つのボックス内は100文字程度とする

⑤矢印の基本の方向は上から下とし逆流させない

■ 5. 話し言葉への置き換え

次に話し言葉に置き換えます。正しい日本語・敬語で書くことはもちろんですが、視覚的に見やすいことも大切です。

・**漢字とかなのバランス**：例えば「御案内致します」では漢字が続いて見づらいため「ご案内いたします」と表記します。

・**タイトル**：そのボックスの内容を端的に表すタイトルが付いていると良いでしょう。タイトルの付け方は58ページ以降の事例を参照してください。

・**発声しやすさ**：早口言葉のように噛みやすいフレーズや、歯の浮くような気取った言い回しはコミュニケーターには好まれず、スクリプトを使わなくなる原因にもなります。

・**クッション言葉・謝辞**：入れなくともスクリプトは成立しますが、応対品質向上、習慣化の観点から、適宜入れることを勧めます。

■ 6. 検証

スクリプトは読み上げて確認しなくては、完成とは言えません。顧客役とコミュニケーター役に分かれて、ロールプレイを行い読み合わせることで、たくさんの気付きを得られます。次の3つの視点で検証します。

・**顧客視点**：伝わりやすいか、誤解を生まないか、流れは自然か。

・**コミュニケーター視点**：迷子にならないか、見やすいか、言いやすいか。

・**企業視点**：KPI達成に貢献するか、コンプライアンスやルールを順守しているか、企業ミッションを体現できているか。

■ 7. 公開

コミュニケーターへの公開にあたって重要なことは、スクリプト作成・改善の目的・意図をしっかり伝えることです。「なぜこの順番で案内するのか」「なぜこの言い回しをするのか」等、作成者の意図が正しく伝わらなければ、使われなくなってしまいます。

■ 8. メンテナンス

スクリプト運用開始後は、スクリプトが目的達成のために機能しているかを、モニタリングやコミュニケーターへのヒアリングにより調査し、速やかに改善します。

🚚 トークスクリプトを一緒に作りませんか

一般社団法人日本コールセンター協会が主催するCCAJスクールでは、筆者が、作成手順について講義を行います。また講座の後半では、スクリプト作成を体験することで実践的にスクリプト作成スキルを習得することができます。詳しくは、一般社団法人日本コールセンター協会のWebサイトにてご確認ください。

（CCAJスクール「スクリプト・FAQ作成講座〜効果的なスクリプトを、効率よく作成する〜」年2回程度開催）

続けて、タイプの異なる4つのスクリプトについて、特徴を解説し、58ページ以降で事例を紹介します。

🚚 トークスクリプト例①　通信販売（インバウンド）

最もスタンダードかつ理想的と言えるスクリプトで、次の点を工夫しています（図は58ページ参照）。

- 全て話し言葉で作成しているので、読むことで応対が成立する。
- 句読点や改行の位置を工夫し、棒読み感を防ぐ。
- 各フレーズに項目名（タイトル）を入れることで、コミュニケーターは「何を案内しているか」を視覚から自然と意識できる。
- 謝辞やクッション言葉を入れ、日々繰り返し使うことで習慣付ける。
- 右側に、フレーズに連動する業務知識・情報を入れる。
- 話しながらパソコン操作できるように、操作についても記載する。

トークスクリプト例②　テクニカルサポート（インバウンド）

　分岐が重要であるテクニカルサポート業務では、全てを話し言葉にすると、かえって使いづらくなる可能性があるため、フローチャート型での作成を推奨します。このスクリプトでは、次の点を工夫しています（図は59ページ参照）。

- 応対冒頭の状況確認や、最後の不明点確認は、丁寧な話し言葉で書き、マナーを徹底する。
- 分岐は、ひし形のフローチャート記号で強調する。
- 分岐内は、丁寧な敬語表現にはしないが、そのまま読んでも差し支えない話し言葉とする（「付いているか」ではなく「付いていますか」等）。

トークスクリプト例③　苦情（クレーム）応対（インバウンド）

　苦情（クレーム）の応対は、顧客一人ひとりの状況や気持ちにあった共感、提案が求められるため、全てをスクリプトで定型化することはできません。とはいえ、苦情であっても「聴取すべき事項」の聞き忘れはさらなる苦情につながるおそれがあります。また、苦情対応をするコミュニケーターにとって、ヒントとなるフレーズがスクリプトに記載されていることは、大きな支えです。このスクリプトでは次の点を工夫しています（図は60ページ参照）。

- 聴取項目は、漏れのないように、また適切な表現で聴取できるように、丁寧な話し言葉で表現する。
- スクリプトの流れ通りに会話が進まないことを想定し、右側に追加のフレーズを記載する。

トークスクリプト例④　販売勧奨（アウトバウンド）

　販売勧奨スクリプトの目的・成果は「成約率」であり、会話を通して顧客からのイエスをもらうことです。だからといって一方的に製品・サービスをアピールしても、顧客の気持ちを動かすことはできません。顧客に質問をし、回答に共感を示しながら、会話を丁寧に積み上げ、根気強くイエスに近づけていくことが大切です。このスクリプトでは次の点を工夫しています（図は61ページ参照）。

- 想定される顧客の悩みに対するアピールフレーズを載せる。
- 顧客の心情に対する共感の言葉を入れる。

●①通信販売（インバウンド）の例

■ご注文受付スクリプト（既存会員様）

情報欄

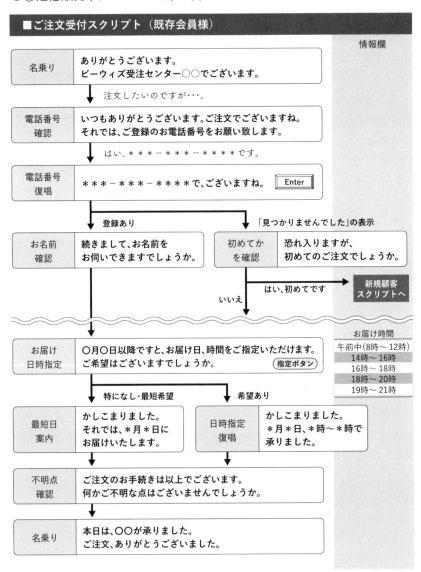

お届け時間
午前中（8時～12時）
14時～16時
16時～18時
18時～20時
19時～21時

●②テクニカルサポート(インバウンド)の例

■「動かない」

お電話ありがとうございます。ビーウィズサポートセンター、○○でございます。

動かなくなりました

ご不便をおかけしております。動かなくなってしまったということですね。
それでは、まずはじめに、製品の型番を伺いしてもよろしいでしょうか。

型番がわかりません

失礼いたしました。製品の右横に数字とアルファベットで
5文字で記載しております。ご確認をお願いいたします。

＊＊＊です

＊＊＊＊＊ですね。確認いたしますので、少々お待ちくださいませ。

お待たせいたしました。それでは、一緒にご確認をお願い致します。
お時間を5分ほど、いただきますがよろしいでしょうか。

電源は入りますか？　　　　電源が入らない　　　　「電源が入らない」
スクリプトへ

電源は入る

充電マークは
何色ですか？
点灯ですか
点滅ですか？　　　　表示されていない　　　　「充電表示なし」
スクリプトへ

緑が点灯　　　　　　赤が点灯　　　　　　赤が点滅

充電は
できています　　　　充電中です　　　　充電に問題が
起きています

中央のボタンを押すと
何色になりますか？　　　緑の点灯になってから、　　　充電の接触部分に
もう一度、お試しください。　　ほこりや傷はありませんか。

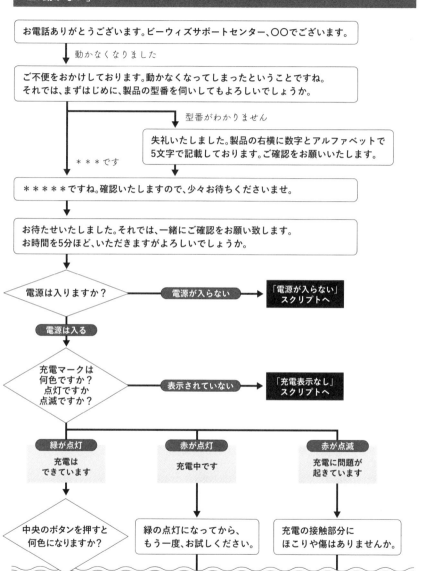

●③苦情（クレーム）対応（インバウンド）の例

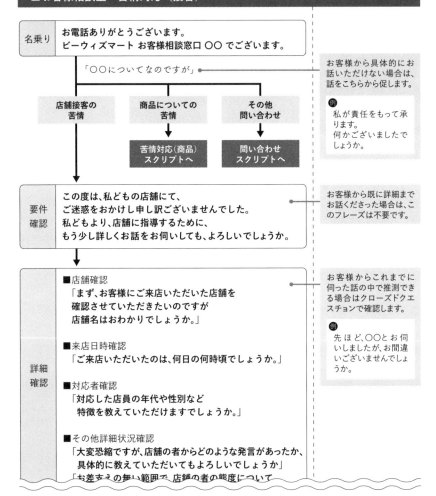

■お客様相談室　苦情対応（接客）

名乗り	お電話ありがとうございます。 ビーウィズマート お客様相談窓口 ○○ でございます。

「○○についてなのですが」

お客様から具体的にお話いただけない場合は、話をこちらから促します。

例
私が責任をもって承ります。
何かございましたでしょうか。

店舗接客の 苦情	商品についての 苦情	その他 問い合わせ

苦情対応（商品）
スクリプトへ

問い合わせ
スクリプトへ

要件 確認	この度は、私どもの店舗にて、 ご迷惑をおかけし申し訳ございませんでした。 私どもより、店舗に指導するために、 もう少し詳しくお話をお伺いしても、よろしいでしょうか。

お客様から既に詳細までお話くださった場合は、このフレーズは不要です。

詳細 確認	■店舗確認 「まず、お客様にご来店いただいた店舗を 確認させていただきたいのですが 店舗名はおわかりでしょうか。」 ■来店日時確認 「ご来店いただいたのは、何日の何時頃でしょうか。」 ■対応者確認 「対応した店員の年代や性別など 特徴を教えていただけますでしょうか。」 ■その他詳細状況確認 「大変恐縮ですが、店舗の者からどのような発言があったか、 具体的に教えていただいてもよろしいでしょうか」

お客様からこれまでに伺った話の中で推測できる場合はクローズドクエスチョンで確認します。

例
先ほど、○○とお伺いしましたが、お間違いございませんでしょうか。

「お差支えの無い範囲で、店舗の者の態度について

●④販売勧奨（アウトバウンド）の例

■夏期講習　促進アウトバウンド（5年生）

| オープニング | いつもお世話になっております。
わたくし△△さんにいつも通っていただいております。
「ビーウィズアカデミー　ご案内センター」の〇〇でございます。
恐れ入りますが、△△さんのお母様（お父様）でいらっしゃいますか。 |

| お伺い | いつも大変お世話になっております。
本日は夏期講習のご案内の件で
ご連絡させていただきました。
少しお時間をいただけますでしょうか。 |

| キーマン不在時 | さようでございますか。本日は夏季講習のご案内の件でお電話させていただきましたが、また改めて、ご連絡させていただきます。
失礼ですが、普段△△さんのお母様（お父様）は何時頃でしたらご在宅でしょうか。 |

| 確認 | ありがとうございます。
5月の連休前に△△さんにお渡しした「夏期講習のお知らせ」はご覧頂けましたでしょうか? |

| 主旨説明 | ありがとうございます。（大変失礼いたしました）
中学受験の対策として、この夏休みの過ごし方は非常に重要だと思いますが、
当校の夏期講習へのご参加はご検討いただいておりましたでしょうか? |

YES

● 検討していなかった or 自宅で勉強します
さようでございましたか。
今回の夏季講習は通常の授業とは違い、「デキル・デキタを鍛える」という問題が解ける「喜び」や「自信」を引き出すことを大きな目的としております。
また、1クラス10名の少人数制ですので、わかるまできめ細かく△△さんと向き合うことができるんです。

● 受講料が高い
さようでございましたか。そのような声は皆さまからも伺っております。
今回は4日間で計8回のコースとなりますので、1コマあたりですと1,800円程度となります。
1クラス10名の少人数制ですので、いつもとはまた違う学習の成果をご実感いただけることと思います。

● 今すぐには決められない
さようでございますね。突然のご連絡で大変失礼いたしました。
申し込みの期間は、6月18日となっております。

4 / 章

組織作りと
コミュニケーターの育成

組織作りと
コミュニケーターの育成

コミュニケーターの品質がコンタクトセンターの品質を決める

「定着」「モチベーション」に関する悩みは尽きない

　コミュニケーターの「定着」や「モチベーション」について、よく次の2つの相談をされます。一つは「新人が定着しない」という問題。採用しても研修終了時には半分しか残らず、着台後半年で1割まで減っていたといった話も珍しくありません。もう一つは「ベテランのモチベーションが低い」という問題。知識や経験は十分だが、やる気がなく応対品質が悪い。フィードバックをしても聞き入れず、改善する気が感じられないという深刻な相談です。これらの課題の影響範囲は大きく、下図に示す通り、センターの運営品質や顧客満足に大きく影響します。

●コミュニケーター育成の好循環と悪循環

コミュニケーター育成の **好循環** ○　×　コミュニケーター育成の **悪循環**

好循環	悪循環
コミュニケーターの定着率が高い	コミュニケーターが定着しない
知識が定着しエスカレーションが少ない	毎月採用し、常に新人比率が高い
生産効率も安定し応答率等、KPI達成	生産効率が悪く応答率等、KPI未達成
フォローが行き届いておりミスのない運営	エスカレーションが多くSVが多忙フォローしきれずミスが増える
QA活動や改善活動に着手でき応対品質が向上	さらにSVが忙しくなりQA活動が停滞応対品質が下がる
コミュニケーターのモチベーション向上	コミュニケーターのモチベーション低下
顧客満足度の向上	顧客満足度の低下

「組織」の作り方、「人」の育て方

　本章は、組織の作り方と、コミュニケーター・SVの育て方がテーマです。まず、4章2では、大規模センターが分割され複数拠点運営が当たり前になりつつある今、コンタクトセンターの価値を最大化するためにどのような**組織**で運営するのが良いかを考えます。

　4章3は、コミュニケーターの**採用**について。コロナ禍で求人市場が変わりましたが、それでも労働人口が減っていくことに変わりはありません。採用の秘訣と、「スマホ面接」導入の事例を紹介します。

　4章4は、育成にかかせない**研修**について、カリキュラム作成の工夫や、研修の進め方について説明します。

　4章5は、多くのセンターの課題である**定着**や**モチベーション**について、新人の定着改善の2つの成功事例を紹介します。

　4章6では、コミュニケーターの**キャリアパス**と**SV教育**について考えます。

▼
4
章

組織作りとコミュニケーターの育成

コンタクトセンターの組織の作り方

コンタクトセンターの価値を最大化するための組織とは？

コンタクトセンターの位置付け

まずは、企業の組織の中でコンタクトセンターがどこに位置付けられているかを整理します。大まかに次の4通りが考えられます。

●コンタクトセンターを持つ企業の組織の例

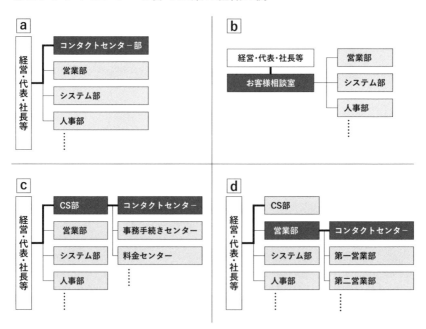

a.は「コンタクトセンター」と他部門が並列の組織で、テレビショッピング等、売上の多くをコンタクトセンターが占める企業に見られます。

b.は「お客様相談室」を経営直轄にしている組織です。VOC（顧客の声）分析を元にした業務改善に注力している企業に見られます。

c.は、CS部配下に「コンタクトセンター」を配置した組織です。公共・

ライフラインの変更手続きや、メーカーの修理受付等、コストセンターの場合は、CS部に所属することが多くあります。

d. は、金融機関によく見られます。営業の一機能として位置付けられ、プロフィットセンターもコストセンターも含まれます。

コンタクトセンターの職務

コンタクトセンターは、最前線で顧客対応をするコミュニケーターの仕事が円滑に進むように、そして効率的に管理できるように、次のように職務が分かれています。

●コンタクトセンターの職務

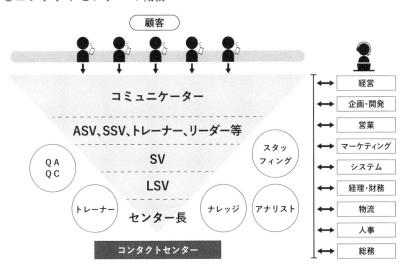

- **顧客**：電話、メール、チャット等のチャネルを通して、コンタクトセンターを利用する人のことを、本書では主に「顧客」と表記しています。お客様、カスタマー、エンドユーザー、ユーザー、コンシューマー、消費者等と表記されることもあります。
- **コミュニケーター**：電話、メール、チャット等のチャネルを通じて顧客対応を行う人のことを、本書では主に「コミュニケーター」と表記しています。オペレーター、エージェント、TC（Tele Communicator）、CSR（Customer Service Representative）、Rep（Representative ＝ 代表者の略）等、呼称は様々です。

- **ASV、SSV、トレーナー、リーダー**：SV とコミュニケーターの中間的役割として、新人育成や、エスカレーション対応（コミュニケーターからの質問に答え助言する）、ラウンド対応（対応に困っているコミュニケーターがいないかセンター内の見回る）等、コミュニケーターのフォローを行います。呼称は、ASV（アシスタント SV）、SSV（サブ SV）、トレーナー、リーダー等、センターにより異なります。
- **SV（スーパーバイザー）**：センターで取り扱う製品やサービスの幅広い知識を持ち、日々の顧客対応における複雑なケースの判断を行います。センター全体の数値管理、コミュニケーター育成、改善活動、他部門や関連会社との調整・交渉等も SV の仕事です。
- **LSV（リードスーパーバイザー）**：SV を指導・監督し、改善活動を推進することで、センターの運営力をさらに高めます。
- **センター長**：コンタクトセンター運営全体の責任者です。人材の調達・育成、効率や品質の維持、リスクの管理等あらゆる視点からセンターを管理します。適切なコストで運営すること、収益を上げることで、経営貢献できているかが問われます。

　次の役割については、それぞれの活動が着実に進捗するよう専任または兼任で担当者を任命することがあります。
- **QA（Quality Assurance）／ QC（Quality Control）**：応対のモニタリング、その結果のフィードバック等、品質管理全般を担当します。
- **トレーナー**：研修資料作成、研修講師等、教育を担当します。新人のOJT 教育を行うチームを組むこともあります。
- **ナレッジ**：トークスクリプトや FAQ 等、ナレッジを常に最新状態に保てるよう整備します。
- **スタッフィング**：稼働管理を担当します。
- **アナリスト**：日々の数値管理、レポート作成、数値分析を行います。

コンタクトセンター内の組織の作り方

　コンタクトセンターは BCP や人材調達の観点から、一か所に大規模なセンターを作ることは少なくなってきました。代表的な 3 つのケースでその特徴を説明します。

● コンタクトセンター内の組織の作り方の例

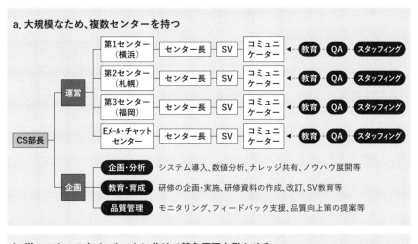

a. 大規模なため、複数センターを持つ

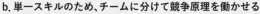

b. 単一スキルのため、チームに分けて競争原理を働かせる

c. 複数スキルのため、スキルでチームを分けるが、
　コミュニケーターはマルチスキルで協力体制ができている

　a.は、席数が多く、複数拠点にセンターを持つ例です。各センターにセンター長を配置し、それぞれのセンターに教育担当、QA担当、スタッフィング担当を配置します。日々の運営管理や育成は各センターでコントロールしますが、センター毎に効率や品質に差が出たり、運用方法がばらけたりしないよう、企画、分析、教育、品質管理等の企画機能を別組織とし、各センターの管理・監督を行います。システム改修や、新サービス・新製品の研修資料の作成等を推進し、各センターを支援します。

　b.は、単一スキルで中規模程度のセンターの例です。同一機能をあえて

複数チームに分けることで競争原理を働かせます。a.と似ていますが、同一拠点内でチームを作るため、柔軟にチームの組み換えができます。

　c.は、複数スキルの例です。メインでコミュニケーターが所属するチームを分けますが、実態として、コミュニケーターは複数スキルを保有していることが多いため、各チームは相互に助け合う関係性にあります。SVは専門性を高めるため、専任とすることもあります。

コミュニケーターの上手な採用

採用市場は激変、それでも変わらない採用の秘訣とは

雇用形態による違い

　アウトソースで運営する場合は、コミュニケーターの採用・稼働管理・教育は、全てアウトソーサー内で完結しますが、インハウス運営の場合は、自社で人材を確保する必要があります。人材確保にあたり、コミュニケーターの雇用形態を決定します。

・**正社員**：金融機関や証券会社等資格が必要な場合や、顧客の生命、身体、財産等に関わる高い技能や知識が必要な場合は、フルタイムで5日間の勤務を前提とし、正社員で雇用することがあります。この場合は、本社の人事部等が採用活動の中心を担います。

・**派遣社員**：自社で雇用しないため、雇用継続の必要がありません。また人材確保が難しいと判断すれば、依頼する派遣会社を増やすことで人材調達できないリスクを回避することができます。自社で採用しないとはいえ、無理な条件では人材確保が難しい点においては他の雇用形態と変わりません。

・**アルバイト**：週3日や午前中のみの短時間等、融通の利くシフトでの勤務が可能な場合は、自社でアルバイトを雇用することがあり、正社員や派遣社員に比べると人件費を削減することができます。アルバイト採用は需要部門であるコンタクトセンター部門が自ら行うことが多いため、本項ではアルバイト採用を中心に説明します。

人材要件の重要性

「コンタクトセンターのコミュニケーター」という同じ職種であっても、センターの特性により求める人材は異なります。スキルが十分な経験者でも「雰囲気が合わない」人もいれば、中には「簡単でつまらない」という理由で辞めてしまう人もいます。**企業のミッション、センターミッションが異なれば「優秀なコミュニケーター」の定義、「人材要件」が異なるの**

▼
4
章

組織作りとコミュニケーターの育成

71

は当然であり、「何でもできて成績優秀」な人を採用することだけが正しいとも言えません。企業のミッションを体現できる素養を持った人であること、そして共に働くコミュニケーターやSVとうまくやっていけそうであるかにも配慮します。またアルバイトであれば、スキルや経験については高いハードルを設けずに、入社してから育成できそうかという視点で人材要件を決定すると良いでしょう。

●コミュニケーターの人材要件

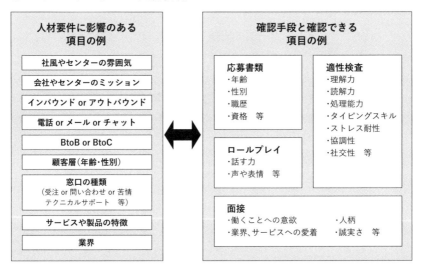

応募からデビューまでの目減り率に注目

「採用の成功」というと、**応募を増やす**ことに注目しがちですが、アルバイトとはいえ、「応募」から「入社」に至るまでにはいくつかの工程があるため、各工程での**辞退を減らす**ことが重要です。そして入社後も、研修を修了し一人前のコミュニケーターとして「デビュー」できるよう研修期間中の**脱落を減らす**ことにも配慮しなくてはいけません。本項では「応募を増やす」、「辞退を減らす」について説明し、この後に続く研修・育成、モチベーションの項で「脱落を減らす」ことについて説明します。

●応募からデビューまでの工程

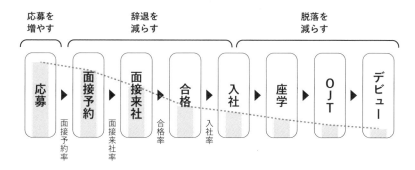

応募を増やすには、検索条件の絞り込みで勝ち残ること

　採用活動は、応募の母集団形成から始まります。求人の主流は言うまでもなくWebサイトです。求職者がまず何をするかと言えば、Yahoo! やGoogleを開いて検索欄に「アルバイト　新宿」等のキーワードを入れるか、求人サイトを開き「業種、雇用形態、給与、エリア、シフト」等の条件を設定して、たくさんの求人の中から自分の条件に見合った募集に絞り込むでしょう。まずは、ここで勝ち残らなければなりません。そのためには、どうすれば良いでしょうか。

■市場調査

　日頃から求人サイトや求人誌を閲覧し、競合募集の給与、シフト等の条件を把握しておきます。いざ、具体的に求人活動を始めることになったら、求人広告会社やハローワークの担当者と面談し、募集エリアの競合情報、時給相場、地域特性、季節要因、他社動向等について最新情報を得ます。

■募集条件

　市場調査の結果から、募集条件（雇用形態、給与、勤務時間・勤務日数等）を決定しますが、雇用形態により重視する条件は異なります。正社員募集の場合は、給与の他、企業ミッションや企業イメージが重要視されますが、アルバイト募集の場合は、勤務時間や勤務日数に融通が利けば利くほど、応募数は確保しやすくなります。

■求人広告掲載

　主流であるWeb求人媒体には大きく分けて「掲載課金型」と「成果報酬型」があります。「掲載課金型」とは、掲載期間に対して料金が発生する形態で、大量採用に向いています。一方、「成功報酬型」は、採用者が決まるまでコストがかからないことがメリットであり、採用難度が高く、数名のみの少人数採用に適しています。Web求人媒体の他、募集条件や地域の特性に合わせて、ハローワークへの求人媒体の掲載なども検討します。また、リファラル採用（紹介採用）や、アルムナイ採用（復職者採用）も注目されています。

応募から入社まで、何割が残るのか？

　求職者が「応募」してから、面接を受け、研修を受け「デビュー」に至るまでには、いくつかの工程があることは既に説明しました。各工程における目減り率をできる限り少なくするにはどのようなことができるでしょうか。

■面接予約率

　Web応募が主流のため求職者にとって応募すること自体は気軽なものになりました。名前や連絡先等、ごく簡単な項目の入力のみで応募できる上、一括応募機能を使えば、「とりあえず応募」することが可能だからです。その分、次の「面接日を予約する」というアクションにたどり着かないことがあります。せっかくの応募者を取りこぼすことのないように、少しでも早く「面接」を行える仕組みや体制を整える必要があります。

■面接来社率

　面接に来社しないケースも多くあります。来社率は、天気等にも左右され、悪い時は予約者のうち半分程度しか来社しないこともあります。中には連絡もなく欠席するドタキャンも少なくありません。その理由は正確に把握できませんが「ネットの掲示板で悪評を見た」「場所が遠くて面倒に感じてきた」「電話やメールの対応が良くなかった」「履歴書を書くのが煩わしかった」等、つかみどころのない理由による意欲の減退がほとんどなのではないかと思います。「そんな甘い人材は要らない」と考えることもできますが、人材確保のためには、背に腹はかえられず、企業側からも歩

み寄り、面接来社のハードルを下げる必要があります。

■合格率

　面接では、ロールプレイ、タイピングテスト、適性検査などを行い、苦情の多いセンターであれば、ストレス耐性検査や性格診断を取り入れることもあります。念には念を入れて、たくさんのテストを実施することもできますが、応募者の拘束時間が長くなることは懸念材料です。

■入社率

　合格を出したにもかかわらず「辞退」となる理由の大半は「他社への入社」です。給与や勤務地等、待遇面での比較が要因で辞退になった場合は、防ぎようがありませんが、入社率を少しでも高める方法がないわけではありません。一つは内定連絡を早くすること、もう一つは面接での接し方です。企業が応募者を見るように、応募者もまた面接官や担当者のことをよく見ていることを忘れずに対応します。

採用のデジタル化

　これまでの慣例もあり、思うように導入が進まなかったWeb面接ですが、コロナ禍において、急速に浸透しました。Web面接の導入事例については、次ページで紹介します。

　次に期待されているのは、AI面接です。新卒採用等、大量な応募者に対する一次選考手段として導入する企業が増えています。応募者が予め設定された質問に答えることで、その回答内容と、答える表情等をAIが分析し、合否を決定します。適切な合否結果を導くためには、教師データとして自社の採用面接に関する大量なデータを投入することが不可欠です。

　新卒採用等は、一次面接でAI面接を導入し、二次面接以降は、人が行うことができますが、コミュニケーター採用は、ほとんどの企業が「一次面接」のみで決定するため、AI面接には踏み切れていないのが実態です。

コロナ禍で「スマホ面接」が主流に

　ビーウィズ株式会社で行っている「スマホ面接」について紹介します。同社はアウトソーサーとして全国8都市13拠点にセンターを持っており、常時約80〜100業務の採用を行っています。

◆コロナ以前は当然「直接会って面接したい」がほとんど

　同社ではコロナ以前から「スマホ面接」を導入・促進していました。その目的は、面接の「ドタキャン率」の低下です。特に20代の若い世代のドタキャンを減らすため「スマホ面接」の導入を決めました。

　同社では求人広告掲載や面接予約の手続きは採用部門が行い、「面接」は各センターのSVが行っています。採用部門としてはスマホ面接を推進したかったのですが、「直接会ってみないとわからない」「適性検査ができない」の2つの理由で、導入はなかなか進みませんでした。

◆スマホ面接の進め方

　応募者がスマホ面接に至るには、まず、①応募時に「スマホ面接」か「来社面接」かを選びます。次に②応募者に招待メールが送られます。メールには面接用のURL、事前アンケートの提出依頼が書かれています。③面接当日までに応募者はアンケートに回答します。そして、当日④面接をする、という流れです。

◆スマホ面接ならではの判断基準

　面接のやりづらさはほとんどなく、リアルに会っていた時とそう変わらない感覚で面接ができます。応募者がどう感じているか本音はわかりませんが、表情を見るとリアルに会うよりも緊張せずにできているのではないかとすら思います。

　ただどうしても、操作やネットワーク環境によるトラブルは避けて通れません。当社側からもトラブルを未然に防げるよう最大限の案内はしているのですが、案内が行き届かず応募者が理解できていなかったり、操作が間違っていることもあり、「映らない」「聞こえない」は日常的に起こっています。これは改善を続けなくてはいけない点です。

しかし、興味深いのはこのトラブルが思わぬ「合否判定要素」になっていることです。「映らない」「聞こえない」という事態への応募者の対処が実に千差万別だからです。面接官が必至で対処法を説明している最中も表情一つ変えない応募者がいる一方で、音が聞こえない中、とっさの判断によりジェスチャーで反応したり、トラブル解決後は「申し訳ありませんでした。つながって良かったです。ありがとうございました」と表情豊かに言える応募者もいます。この差は明白であり、合否判定の材料にもなっています。

◆緊急事態宣言下も、スマホ面接で採用活動を継続

　同社は、ライフライン企業や金融機関をはじめ、消費者の日常生活に欠かせない機能を果たしているコンタクトセンターを多数運営しています。そのため、緊急事態宣言下においても、採用活動を継続せざるを得ませんでした。コロナ禍であっても、以前と変わらず常に採用活動を継続できたのは、既にスマホ面接を導入していたからです。

◆ドタキャン率は下がったか？

　コロナ以前の「スマホ面接：来社面接」の割合は「2：8」、コロナ禍では逆転し「8：2」になりました。「スマホ面接」を希望するのは、若い世代が中心だろうと予想していたのですが、必要に迫られたこともあり、年代による偏りはありませんでした。しかし「ドタキャン率」は、残念ながら期待していたほど下がりませんでした。「スマホ面接＝家でできる」わけですから、ドタキャンはほぼないと予想していましたが、結果は微減でした。

◆「スマホ面接」を応募者にとってもっと便利に

　導入当初課題であった「適性検査のスマホ版」も運用が始まり、「スマホ面接」でもできることが増えました。しかし「ドタキャン率」の課題は変わっていません。何が応募者にとって億劫になっているのかを検証し、応募者にとってもっと気軽に面接に進める、そして面接を受けたら「実際に働いてみたい」と思ってもらえるように様々な角度から検討し、良い人材確保につなげていきたいと思います。

コミュニケーターの研修・育成

研修の理解度はカリキュラム設計と講師の進め方がポイント

スキルの考え方

　一般的に「スキル」とは研修や訓練で身に付けた「能力」のことを言いますが、コンタクトセンターでは下図のように、各窓口の応対能力のことも「スキル」と言います。

●スキルの考え方

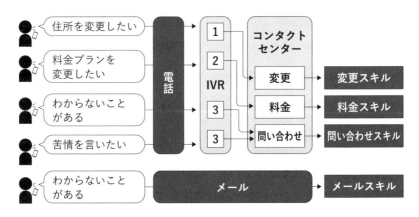

　コンタクトセンターに電話を架けるとIVR（自動音声応答）が流れ、押した番号により適切な窓口に電話が振り分けられます。顧客にとっては「すぐにコミュニケーターにつながらない」という不便さはあるものの、この仕組みのおかげで、コミュニケーターは一つの「スキル」の習得に集中できます。新人は、一つの「スキル」を受電するための必要最低限の知識を習得すれば、デビューできるようになります。

　この必要最低限のスキルのことを「ミニマムスキル」と言います。全ての質問に回答できることは理想ですが、完全・完璧を目指していては、いつまでたってもデビューできず、応対は上達しません。よって、着信する

問い合わせのうちの９割程度を「ミニマムスキル」に設定し、これらの知識を得て応対ができるようになったら、デビューさせます。

　そして、はじめのスキル（例えば「変更スキル」）の対応に慣れてきたら次の「料金スキル」、さらに慣れてきたら「問い合わせスキル」と、スキルを増やしていきます。マルチスキル対応ができるコミュニケーターが増えることが、効率的なセンター運営につながります。

段階的なスキル付与

　スキルをどのようにして段階的に付与していくか、下図のように「育成計画」としてまとめます。育成計画には、習得スキルだけでなく目安となる時期や、効率性・品質・勤怠等のKPI目標も入れます。また、コミュニケーターのレベルを、そのまま給与ランクに当てはめることもあります。

●コミュニケーターの育成計画例

項目	レベル	レベル１	レベル2	レベル3	レベル4	レベル5
期間目安		6か月	1年	1.5年	2年	3年
スキル	「変更」スキル	○	○	○	○	○
	「料金」スキル		○	○	○	○
	「その他」スキル			○	○	○
研修	スキル研修	初期研修（変更スキル）	スキル付与研修（料金スキル）	スキル付与研修（その他スキル）	―	―
	応対能力向上研修	応対基礎研修	問題解決研修	クレーム対応研修	応対を考える座談会	応対を考える座談会
テスト	知識テスト	70点以上	80点以上	80点以上	90点以上	90点以上
	システム操作テスト	70点以上	80点以上	80点以上	90点以上	90点以上
効率・品質	効率性	―	CPH5件	CPH6件	CPH6件	CPH6件
	ミス率	3%以下	1%以下	1%以下	0.5%以下	0.5%以下
	モニタリング結果	55点以上	60点以上	60点以上	70点以上	70点以上
姿勢		50点以上	60点以上	60点以上	70点以上	70点以上
勤怠		欠勤率5%以下	欠勤率5%以下	欠勤率5%以下	欠勤率5%以下	欠勤率5%以下

新人研修の設計

　コミュニケーターの育成に欠かせない「研修」について、「新人研修」を例にカリキュラム設計のポイントを説明します。

■研修項目・時間の洗い出し

　ミニマムスキル習得にあたり、習得すべき項目と必要な時間を洗い出します。しかし理想の時間数で足し算をすると研修時間は膨れ上がってしま

います。研修期間が長くなるほど、新規採用のハードルを上げることにつながり、また、途中脱落者を多く生む可能性が高くなることにも配慮しなくてはなりません。

■15〜20分単位で組み立てる

大人が本当に集中できる時間は15〜20分程度と言われています。よって、研修項目を洗い出す際に「サービス概要で2時間」「製品説明に3時間」と大きな塊だけで捉えず、15〜20分単位に砕いて設計します。20分間講義をしたら「質問コーナー」、20分やったら「1分話し合い」等、受講者がリフレッシュできる要素を組み込むことで集中力を持続させます。

■カリキュラム構築

初期研修はセンターによっては数日、長ければ1か月に及ぶ場合もあります。工夫なく設計・構築すると、「講義」を受ける時間が多くなりやすく、受講者にとってはインプット過多になります。「わかっているのか、わかっていないかも、わからない」状態です。1日1回、できれば半日に1回は、テスト、ロールプレイ、ディスカッションなど、アウトプットの時間を作りましょう。やってみることや意見を言うことが、「実はわかっていなかった」という気付きや、「しっかり理解できている」という自信となり、次のインプットを受け入れる土壌になります。

昼食後は眠くなってしまうという生理的な現象には抗えませんので、昼食後にアウトプットの時間を設けると良いでしょう。

研修の進め方

同じ研修テキストで、同じ時間を使って研修する場合でも、講師（トレーナー）の進め方や配慮次第で、受講者の理解度は変わります。

■録画して確認する

まず、講師は、自分の話し方の特徴をよく理解しておく必要があります。上司や同僚に見てもらうのも良いですが、何よりも説得力があるのは、録画し、自分で確認することです。**声の大きさ、トーン、滑舌、スピード、話の緩急、話癖、視線、身振り手振り**を確認します。録画時間は15分もあれば十分です。研修の冒頭、特に重要なパート、苦手なパートを中心に

15分程度を録画して自ら確認しましょう。

■少し先の予定を共有する

　講師には当然の「当日のスケジュール」も、意外と受講者には伝わっていないものです。1日の始めには「今日の研修の内容、今日のゴール」、午後の始まりには「今日の午後の進め方」、単元毎に「この単元の重要ポイント」等、しつこいくらいに「今から少し先」を伝えることが、受講者の理解度や集中力を高めます。

■チームワークの醸成

　コンタクトセンターの仕事は、一見孤独で、コミュニケーター個別で行うものと思われがちですが、同期の仲間意識を醸成することは、研修中の脱落率を下げることにもつながります。

「ロールプレイ」を取り入れる、毎回ペアを変える、日により席替えをする、時に3人でのワークや、4人以上のグループワークを取り入れ、「誰とも話さずに研修を終える」ことがないよう工夫することで、仲間を作るきっかけを作ります。

　ソーシャルディスタンスに配慮して進めるのであれば、「ペア」や「グループ」で向き合って話すのではなく、席はスクール形式のままで、代表ペアに発表してもらったり、クラスを一つのグループと捉えて講師がファシリテーションする等、「チームワーク」を感じることができるように講師が進行します。

■指名を効果的に使う

「聴く」だけの講義は疲れるものです。緊張感を与えつつ、理解度を確かめるのに効果的な方法は「指名」です。偏りを避け、できるかぎり平等に指名すること、そして「○○さんは、どうですか」と「誰に、何を」質問しているかを明確にします。そして毎回「お礼の言葉」と「回答の復唱」を忘れずに行います。質疑応答の際も「今のご質問は、○○についてですね」と、質問内容を復唱することで他の受講者も質問内容を明確に理解できるようになります。

■経験談を話す

　研修の受講者は大人です。大人は「すぐに役立つ」情報には耳を傾けますが「いつ役立つかわからない」情報を受け入れようとはしないものです。よって、研修テキストに沿った単調な説明ではリアリティが伝わらず、興味をなくします。「実際に昨日もこのような問い合わせがありました」「私もミスしてしまったことがあります」等、経験談を取り入れ、現実的に身近な問題であることを伝えることが効果的です。

「研修」の基本を、講義で学び実践する

　一般社団法人日本コールセンター協会が主催するCCAJスクール「育成スキル向上講座」は筆者が講師を務める講座です。1日目はフィードバックの進め方、2日目は研修の進め方を、実践していただきながら体得できます。詳しくは、一般社団法人日本コールセンター協会のWebサイトにてご確認ください。

（CCAJスクール「育成スキル向上講座〜研修とフィードバックの進め方を学ぶ〜」年4回程度開催）

コミュニケーターが
モチベーションを保つには？

モチベーション管理のベストな方法とは

データから定着のための対応策を考える

人が定着しない理由はどこにあるのか、まずは数値から状況を正しく把握することから始めます。「いつ／誰が／どのような理由で」辞めているのか、見当をつけ、対応策を考えます。

■いつ辞めているのか

どのタイミングで辞めている人が多いかを知ることは、対策を考える上で重要です。しかし、多少の差はあれど、多くのセンターを悩ますのは**新人の定着**です。研修中離脱か、OJT期間中か、研修終了後1か月以内か、デビュー後3か月以内か、4か月目以降か、これにより、取るべき策は変わります。

■誰が辞めているのか

シフト（フルシフト／短時間シフト／夜シフト等）や、**年代**、**性別**等でグルーピングし集計します。客観データで確認することは必須ですが、SVとコミュニケーターの日常の会話の中に、本当のヒントが隠れていることが多くあります。

■どのような理由で辞めているのか

本音を言って退職する人は少ないと思った方が良いと思います。よって、面談等で言われた理由だけを信じていては、正しい解決には至りません。それでは、どうすれば良いのか。休憩室を一周してみてはいかがでしょうか。「今日の研修講師は、つまらない」「SVに注意されたけど納得できない」「A社の募集の時給が高くて魅力的」等、驚くほどの本音が聞こえてくるかもしれません。また、コミュニケーターにより近い立場のASV（アシスタントスーパーバイザー）に聞いてみるのも良いでしょう。

🏫 モチベーションの維持・向上のために

　新人も数か月が過ぎると、多くの応対を一人で完結できるようになり、良くも悪くも慣れてきます。退職はしないまでもモチベーションの維持が難しくなります。モチベーションについて、次の考え方があります。

■内発的動機と外発的動機

　モチベーションには、「やりがいを感じる」「成長を感じる」「仕事が楽しい」等、内側からわいてくる**内発的動機**と、「褒められた」「昇給した」「表彰された」等、外側から刺激を受ける**外発的動機**があります。そして、この内発的動機と外発的動機が繰り返されモチベーションは維持できます。外発的動機は即効性がありますが持続性が弱いため、表彰されても昇給しても、コミュニケーター自身が仕事にやりがいを感じていなければ、モチベーションは維持できません。SVから声をかけるのであれば、本人の内発的な成長実感を促すようなことを伝えると良いでしょう。

■利己的動機と利他的動機

　利己的動機とは「成長を感じる」「給料が良い」等、自分のための動機、**利他的動機**とは「お客様を助けたい」「家族の介護と両立できる仕事である」等、他者のための動機です。**より長くモチベーションを維持できるのは内発的かつ利他的動機**と言われており、これに該当する代表例は「社会的使命を果たしている」「お客様のためになった」といった例です。

　目の前の仕事に追われていると忘れてしまいがちですが、時にはセンター長が朝礼に登場し、コンタクトセンターの使命や社会への影響について伝えてみるのも良いと思います。また、日頃のコミュニケーターとの会話も「応対がうまくなりましたね」に加えて、「お客様がとても喜んでいましたね」と、利他的要素を付け加えてみてはいかがでしょうか。

■衛生要因と動機付け要因

　ハーズバーグの二要因理論では、モチベーションの源泉を2分割しています。一つは、それがないと不満につながる**衛生要因**です。衛生要因とは「会社の方針、適切な管理、労働条件、給与、人間関係」等で、具体的には「仕事がキツイ割には給料が安いから不満」「SVがいい加減できちんと管理されていないのが不安」な状態。もう一つは、それがあると満足度が

高まる**動機付け要因**です。動機付け要因とは「達成、成長、仕事のやりがいや責任、自身の成長」等で、具体的には「成長を感じれば感じるほど、やる気が出る」「仕事そのものが楽しいので、やる気が持続する」といった状態です。

モチベーション向上施策のよくある間違い

これらの理論に当てはめて考えると、モチベーション施策のよくある間違いが思い浮かびませんか。「コミュニケーターはアルバイトだから、重荷だと思って"目標"は持たせない」、これは果たして合っているのでしょうか。実は目標を持たせないこと自体が「達成感」を感じられない要因になっていると考えることもできます。

また「毎月1回は必ずイベントを行う」というES（Employee Satisfaction,従業員満足）向上施策。これも人間関係を円滑にするためには大変良い取り組みですが、回数をやればやるほどモチベーションが上がるわけではないということは、多くの人が実は気付いているのではないでしょうか。

管理体制が十分整ったセンターでの楽しいイベント実施は大変効果的ですが、センターのミッションが浸透していない、管理体制も脆弱でいい加減といった衛生要因を欠くセンターでは、毎月豪勢にイベントを行っても、逆効果になることもありえます。

| 事例4 |

大手複合機メーカーで新人定着率を改善した「46面談」

ビーウィズ株式会社が運営する大手複合機メーカーのコンタクトセンターの新人定着施策「46（よんろく）面談」について、同社の諏訪朗氏に話を聞きました。

当センターには、CSR（Customer Service Representative）約70名、新人育成やエスカレーションを行うLDR（リーダー、SVの補佐）7名、SV（スーパーバイザー）4名が在籍しています。企業向けの対応をするBtoBセンターで、「各企業のご要望にはできる限り対応する」という方針のため、臨機応変さが求められます。そのため、新人CSRには対応が難しく、新人の定着がセンターの課題の一つでした。

◆46面談とは

　これまでも、2か月間の新人研修中は、2週間おきに面談を行っていました。しかし、困っていることを聞いても「今は特にありません」「不安はありません」という回答が意外にも多く、正直、手ごたえを感じられませんでした。そこで始めた取り組みが「46面談」です。「46」とは、4か月目と6か月目のこと。辞めてしまう方が多いこの時期に、面談を追加で行うことにしました。面談以外の定着施策も検討しましたが、退職理由は人それぞれ異なるため、画一的な施策は不向きと考え、「面談」という方法自体は変えないことにしました。センターが忙しくても、面談が後回しにならないように、発案者である私が専任担当者となり、面談を確実に推進し、CSRの日頃の様子をよく知るLDRにも同席してもらっています。

◆46面談で、6か月以内の退職率が改善

　その結果、面談の雰囲気が変わりました。「件数が伸びないんですけど、どうしたら良いですか」という具体的な相談や、「新しいスキルを身に付けたいです」という前向きな意見が出てくるようになりました。**研修中ではタイミングが早すぎたんだ、不安に思っていたのは業務習得でき始めた頃だったんだ**、ということがわかりました。また、LDRが同席しているため、CSRの個性に合った具体的なアドバイスができること、センターの日常においても継続してフォローができることも、効果的に働いていると思います。

　また、人間関係を起因とした退職がゼロになったことも、大きな効果です。「私のチームは最近忙しくてピリピリしている気がします」等、CSRの一言が、課題の早期発見となり、早期解決につなげることができています。

　その結果、退職率も大きく改善しました。6か月単位での退職率（6か月間の退職数／6か月間の在籍数）は、昨年の上期の15.9%、下期の16.9%から、「46面談」実施後は10.7%と、約6ポイント改善しました。

◆本音を引き出す5つの秘訣

　面談の時に意識していることは、次の5つです。

①話を聴く：面談の基本中の基本ですが「"聴く"に徹する」ことを心がけています。

②結論に飛びつかない：話を聞いて「結論」めいたことが頭に浮かぶこと もありますが、面談中はすぐには結論を出さないようにしています。

③プラストークで返す：マイナスのことに対しても、できるだけプラス思 考に変換し、プラスの言葉で返しています。

④良いところを必ず見つける：面談前も面談中も、CSRの良いところを 見つけています。

⑤時間を守る：基本は30分に決めています。それ以上、だらだらと長く ならないようにしています。

◆SVの連帯感を高めるために

「46面談」で新人定着の課題は改善しましたが、残る課題が2つあると 思っています。一つはベテラン層のケアです。46面談は、新人定着の施 策なので6か月面談をもって終了です。じっくり話せていないベテラン層 と話す機会も作りたいです。もう一つは、面談担当者について。今は専任 ですが、SV誰もができる環境を作りたいと思っています。というのも、 同席したLDRの面談スキルが向上しているのはもちろん、面談に同席す ることによりLDRに当事者意識が生まれるんです。CSRから話を聞いた からには一緒にやり遂げたいという気持ちが生まれることは面談の素晴ら しい効果だと実感しています。専任者だけがこの経験をするのではなく、 SV全員で行うことで、連帯感を高め、職場全体を良い雰囲気にしていき たいと思います。

‖事例5‖

「バディ制」と「交換日記」で新人退職率を改善

ビーウィズ株式会社が運営する家庭用電子機器メーカーのコンタクトセ ンターで行っている「バディ制」と「交換日記」について、同社の清水賢 一氏、吉武英治氏、東正美氏に話を聞きました。

当センターの新人研修は、座学とOJTを合わせて、早くて2週間、遅 くとも1か月間です。「バディ制」と「交換日記」は、この研修期間中の 退職や、研修卒業後から3か月以内の退職を抑止するための取り組みで す。

◆新人を孤独にさせない「バディ制」

吉武氏は新人の退職率が高い要因として「同期や先輩とのつながりが作りづらいのではないか」「仕事の話はしているけれど、楽しい話や愚痴までは言えてなさそうだ」と考え、「バディ制」を企画しました。「バディ制」とは、新人CSRとSVやLDRがバディ（相棒）となり、新人との会話の機会を増やしていくことを目的とした取り組みです。

新人研修初日に、吉武氏自らが研修の様子を見て、新人CSRとSV/LDRをマッチングします。何をするかはSVやLDRに任せているので決まりはありません。強いて言うならば「面談」は、あまりお勧めしません。なぜなら、かしこまった場では新人を身構えさせることになるからです。やって欲しいことは「声をかける」「挨拶する」「休憩室でお喋りする」等、時間をかけずに気軽にできること。長い面談を1回するよりも、毎日話すことを推奨しています。

◆研修中は「こっそり聞かせて帳」、研修卒業後は「あのね帳」

「新人が辞めないために何ができるか」、「新人の本音を聞くにはどうしたら良いか」を悩んだ結果、東氏が提案したアイデアが「交換日記」です。

●こっそり聞かせて帳

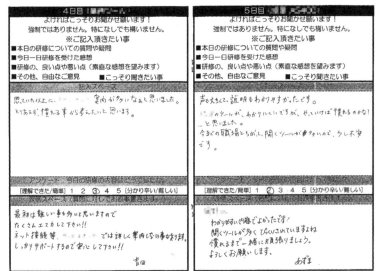

研修期間中の新人には「こっそり聞かせて帳」、新人研修卒業後から3か月目までは「あのね帳」という2冊の交換日記を行っています。

　研修中の交換日記「**こっそり聞かせて帳**」は大成功で、たくさんの本音を聞くことができました。日毎にページが割り当てられており、研修時間中に書けることが成功要因だと思います。研修卒業後の「**あのね帳**」は書く日は決まっていません。そのためCSRも「何を書いたら良いだろう？」ときっかけをつかめず、「こっそり聞かせて帳」に比べると、改善の余地があると感じています。

◆ミニマムスキルの変更は「こっそり聞かせて帳」がきっかけ

「バディ制」と「交換日記」に加えて、効果が大きかったのはミニマムスキルを絞ったことです。

　これまでの新人研修では、ある難しいシステムについて覚えなくてはいけませんでした。その説明のコマでは、明らかに新人の表情が曇ることは前からわかっていたのですが、それでも理解するように頑張ってくれるので、「このままで良いかな」と、長年やり続けてきました。

　しかし「こっそり聞かせて帳」に書かれたコメントは、「できればあの画面はもう見たくありません」「今日の研修が難しすぎて、明日から正直来たくありません」等、**直球で書かれた本音は想像以上**で、どれだけ新人を不安にさせていたのかを痛感しました。その結果、ミニマムスキルを絞るという決断に至りました。

◆新人退職率の明らかな改善

「バディ制」「交換日記」「ミニマムスキルの変更」の相乗効果で、退職率は約3ポイント削減、新人退職率は約10ポイント削減と、明らかな改善をすることができました。

　しかし「バディ制」も「交換日記」も、SVに負荷がかかり、長く続けるには、もう少し工夫が必要だと感じています。「バディ制」は、はじめはSVがバディをしていましたが、新人が身構えていて腹を割れていない感じがありLDRに変更、さらに現在は「**スタートサポーター**」という先輩CSRに変更。より身近な存在になったことで、さらに活性化しているように思います。「あのね帳」も「スタートサポーター」との交換日記としてリニューアルすることを検討中です。

◆教えることも成長につながっていく

　はじめはこれらをSVだけでやろうとしていましたが、LDRやスタートサポーターに任せた方がうまくいくこともあるんだと気付かされました。先輩が新人を、SVがCSRを、教えること、配慮し合うことが、互いの成長につながっていくセンターを目指したいと思います。

キャリアパスと SV 教育

SV のセンスは、どのようにして鍛えるのか？

📖 代表的なキャリアパスは 4 つ

コンタクトセンターで考えられるキャリアパスには、主に①コミュニケーターを極める、②SV を目指す、③専門スキルを磨く、④コンタクトセンター関連部門で活かす、の 4 つがあります。

●コンタクトセンターのキャリアパス

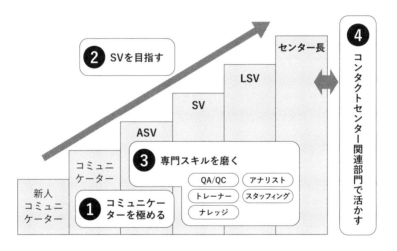

■コミュニケーターを極める

コミュニケーターとして対応できるスキルを増やし、応対に磨き上げていくキャリアです。高い効率目標、品質目標を達成・維持し、模範的コミュニケーターを目指します。内部評価だけでなく、電信電話ユーザー協会の「もしもし検定」の受験や「電話応対コンクール」への出場等、第三者から認定される機会は、励みになるでしょう。

■SVを目指す

コミュニケーターにとってSVは「忙しくて大変な仕事」に見えることも多く、残念ながら待つだけでは希望者は集まりません。定期的に公募や推薦の機会を作ってみてはいかがでしょうか。また、一足飛びにSVを目指すのではなく、まずは「新人教育担当」から始め、その次はSVの補佐である「ASV（アシスタント・スーパーバイザー）」と段階を踏み、適性を見極めると良いでしょう。急激なキャリアアップの推進は、かえって自信を失わせることにもなりかねません。

■専門スキルを磨く

QA/QC、トレーナー、ナレッジ担当等、専門職を目指すのも一つの道です。「新人教育担当」や「ASV」の中から専門職への適性を見極めることを勧めます。但し、注意しなくてはならないのは、QA/QC、トレーナー、ナレッジ担当等は、専門性を高めれば高めるほど孤立しやすく、業務がブラックボックス化するという点です。ともすれば、SVとの対立構造になりえると認識しておく必要があります。

■コンタクトセンター関連部門で活かす

コンタクトセンターでの経験を活かし、マーケティング部門やシステム部門等、関連部門で活躍する人もいます。

SVに求められる要件

さて、読者のみなさんは「優秀なSVとは？」と聞かれたら、何と答えますか。やる気、忍耐力、世話好き、業務知識、問題解決力等、答えは様々でしょう。「センスの良いSV」とは何が優秀なのかを紐解くため、**業務知識**、**SVスキル**、**資質**の3つに分けて考えます。

■業務知識

業務知識や業界知識は多いに越したことはありません。コミュニケーターを経てSVになった人や、他部門で経験のある人は、段階的に習得していますが、転職者は最も苦労するところです。

■ SV スキル

　SVならではの「エスカレーション対応」や「ブースコントロール」の手法は、日常業務を通じて先輩から教えてもらったり、成功や失敗の経験から自ら学んだりします。**成長の源泉は現場**にありますが、個人の成長だけに頼るのではなく、センターとしてエスカレーション対応、ブースコントロール、コミュニケーターへのフィードバック等について、**推奨手順やガイドラインを整えること**は、**SVの成長を早める**のに役立ちます。また時には、研修や勉強会の実施、他者のSVとの交流の機会を持ち、SVとしての日頃の動きを振り返る機会を得ることが、その質を高めることにつながります。

■資質

　業務知識が十分あって、経験を繰り返しても、「臨機応変な判断力や行動力」「新たな課題を発見し提起する力」は、教わったからといってすぐに実行できるとは限りません。SVとしてのセンスの良さを磨くためには、まずは企業ミッションやセンターミッションを体現できる「あるべきSVの姿」を設定し、それに見合っているかどうかを、例えば、**行動力**、**思考力**、**指導力**、**計画力**、**協調性**等の項目で定期的に確認します。SV個々の強み、弱みを把握することは、個人の成長を促すだけでなく、良いチームワークにも貢献するでしょう。

⛩ SV 職務定義と教育プログラム

　一般社団法人日本コールセンター協会（CCAJ）では、SV職務を次ページの10カテゴリに分け、約100のスキル項目を定義しています。各センターにおいても、このカテゴリを参考に、SVの職務を洗い出し、研修やOJT等、どのような手法によりそのスキルを習得するのかを決めると良いでしょう。

　また、CCAJでは、これらの職務を習得するための講座や、他のコンタクトセンターの方とディスカッションを行う「**SV意見交換会**」を開催しています。他社のコンタクトセンターに触れる機会として検討してみてください。

● SV 職務定義による必要スキル（CCAJ）

基本・基礎	インバウンド	アウトバウンド	データ	インフラ管理
ミッション理解 ビジネススキル 社会性	オペレーション 管理 リアルタイム監視 要員配置	オペレーション 管理 リアルタイム監視 要員配置	ハンドリング データ抽出 レポーティング	通信回線 インフラ・設備 セキュリティ

問題解決	トレーニング	品質管理	ヒューマンリソース	関連部門・企業
問題発見 問題解決 PDCA	マニュアル作成 トレーニング	モニタリング フィードバック	マネジメント 要員管理 勤怠管理 人材育成 モチベーション	への提案・改善 問題・課題の報告 対応策の提案

┃ 事例6 ┃

基礎＋講義＋実践で総合力を磨く　ビーウィズの SV 教育

　ビーウィズ株式会社はアウトソーサーとして、多種多様なコンタクトセンターを運営しており、数百名のSVを擁しています。同社で行っているSV教育について紹介します。

◆現場のノウハウが詰まったオリジナルプログラム

　教育プログラムは「**SV基礎**」「テーマ別**講義**」「テーマ別**実践**」の3体系に分かれています。プログラムは全てオリジナルで、各センターで活躍するSVの実体験を通したノウハウに基づいています。

　SV基礎研修では、講義やワークを通じて、運営に求められる視野、考え方、振る舞い方を習得します。SVが運営のプロであるのはもちろんのこと、カスタマーサービス（顧客応対）のプロとして振る舞えるように、顧客満足、品質向上、CSRの育成・管理についての理解を深めます。

　コーチング、研修講師、エスカレーション対応、クレーム対応等、コンタクトセンターの専門スキルは、**講義**で基本の考え方を学び、ケーススタディやロールプレイで**実践**することで、体得します。

◆実践研修で総合力を磨く

　毎日のタスクリストに沿ってSVタスクをこなすこと、ルールに沿って

処理をすることは繰り返しで身に付きますが、難しいのが「SVのセンス」として語られる部分の教育です。クレーム対応も、エスカレーション対応も、研修講師も、「できている」けれど「何か物足りない」、その物足りなさとは何でしょうか。実践研修では、クレームやフィードバックのロールプレイを行い、その様子を録音・録画します。その映像を見て、自らが強みや弱みを発見し、受講者や講師からのフィードバックをもらい、改善のためのディスカッションを通じて成長の糸口を見つけていきます。

●実践研修で総合力を磨く

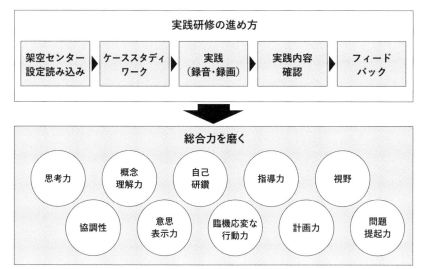

◆オンライン研修の充実

　同社では、10年以上前から講義形式の研修は全てオンラインで行ってきました。全国に14拠点あるため、地域による教育機会に偏りがないように始めた取り組みでしたが、始めた当初、オンライン研修は珍しく、受講者の反応の薄さに講師が自信をなくすこともありました。しかし、コロナ禍において、オンライン研修の頻度が高まった今、10年間で培ったオンライン研修のノウハウを活かすことができています。

　コロナ以前は出張して、現地で行っていたSV基礎研修や、実践研修も、現在は全てオンラインに切り替えています。「クレーム対応」や「モニタリング」をテーマに、全国各地からオンラインでSVが集い、力試しをし、

互いにフィードバックし合うことは、SVにとっても刺激が多く、研修の満足度も上がっています。オンライン研修ならではの良さを、講師も受講者も実感しています。

コンタクトセンターの
マネジメント

コンタクトセンターの
マネジメント

日々の変化に適応しながらコンタクトセンターを改善する

日々のマネジメントの担い手はSV

　本章では日々「マネジメント」すべきKPI、シフト、効率・品質、コスト、リスクについて説明します。「マネジメント」と言っても、これらの担い手は決して「マネジャー」や「センター長」だけではありません。コンタクトセンターで起こっている最前線の実態を把握した上で軌道修正していくためには、SVが行うことが多く含まれています。

　5章2では、基本のKPIについて説明します。KPIの改善手順についての詳細は第3部で説明することとし、代表的なKPIと、KPI間の関係性やその考え方について説明します。

　5章3では、コミュニケーターのシフト管理について説明します。年間のトラフィック予測から、月別、日別、時間帯別に落とし込み、各日・時間帯別の必要要員数を算出する工程について説明します。

　5章4は、リアルタイムでのブースコントロールについてです。SVは日々の管理のために、何を把握しておかなくてはいけないのか、そしてリアルタイムに何を見聞きし、どう行動すべきかについて説明します。

　5章5は、QA（Quality Assurance）、QC（Quality Control）と言われる品質管理についてです。確実に進めるための組織の在り方や、モニタリング項目の決め方に触れます。

　5章6は、コミュニケーターへのフィードバックの進め方について説明します。コーチングと呼ぶ場合もありますが、本書では「事実を伝え、改善を促す」ことを重視し、「フィードバック」としています。

　5章7は、コンタクトセンターのコスト最適化についてできることを紹介します。

　5章8は、セキュリティ、BCPの二面からコンタクトセンターのリスク管理について説明します。

コンタクトセンターを
KPIで管理する

KPIで様々な角度からコンタクトセンターを把握する

顧客ニーズとKPI

KPI（Key Performance Indicator、重要業績評価指標）とは、目標を達成するためにプロセスをモニタリングする数値指標のことで、コンタクトセンターに限らず一般的に使われます。例えばレストランで「行列に並んでいる時に注文でき、席に着いたらすぐ食べられる」という出来事も、「行列に並んでいる時間／注文してから料理が提供されるまでの時間／席に着いてから提供されるまでの時間／店に入ってから出るまでの時間」等、いくつかのKPIに分解して説明することができます。

コンタクトセンターの場合、「いつ架けても、すぐに電話に出てほしい」という顧客の要望は「応答率」や「平均応答速度」、「一度の電話で解決したい」という要望は「一次解決率」、「正確に手続きして欲しい／ミスしないで欲しい」という要望は「ミス率」で測ることができる等、顧客の状況やニーズとKPIは密接に関係しています。

KGI、KFSとKPI

コンタクトセンター運営において日々管理する数値はKPIですが、何のために応答率や成約率といったKPIを追いかけているのか、その上位にあるKGIやKFSを把握しておくことが大切です。

KPIは日々の運営が適正であるかを測るための指標です。これに対して、KGI（Key Goal Indicator、重要目標達成指標）は、「最終的なゴール」のことです。KPIの管理・改善は何のためか、「3年後の利益を○○億円にする」や「顧客のリピーター率を○○％以上にする」等の中期的な数値目標がKGIです。KSF（Key Success Factor、重要成功要因）は、KGI達成のために行う施策を指します。KGI→KSF→KPIとブレイクダウンして考えます。

▼ 5 章 コンタクトセンターのマネジメント

🏢 代表的な KPI

KPI管理の目的は、KGI達成への進捗管理であり、コンタクトセンターが適切に運営されているかどうかをあらゆる角度から見ることにあります。どのコンタクトセンターも「必ずこのKPIで管理しなくてはいけない」という決まりはなく、センターのミッション達成のために、企業独自のKPIを設定することもあります。KPIの分類には様々ありますが、本節では「**品質**」「**効率性**」「**売上**」「**人材**」の4つに分類し、代表的なKPIを紹介します。表の内容は、インバウンドのコールセンターのKPIを中心に記載されているため、各KPIの意図を汲み、用途に合わせてアウトバウンド、メール、チャットに読み替えてください。

次ページの代表的なKPIの数値をどのくらいの期間に区切って取得・記録し、改善活動につなげていくかという視点も重要です。例えば応答率の場合、顧客の「いつ架けても電話に出て欲しい」というニーズを満たすためには、30分単位や1時間単位で数値を取得・確認し、常に高い応答率を維持する必要があります。運営上、時に「日単位の応答率」や「月単位の応答率」を見て「達成／未達」と判定することがありますが、それは本来の顧客ニーズを満たしてはいないことを、認識しておかなければなりません。

🏢 KPI 数値の取得

KPIの数値は、誰もがいつでも最新数値を取得できることが理想です。**効率性**に関わるKPIは随時テレフォニーシステムやメールシステムから、**売上**に関わるKPIは販売管理システムから、**人材**に関わるKPIはWFM（Work Force Management）システムから抽出することが可能です。

一方で、**品質**に関わる数値は自動取得が難しく、「モニタリングスコア」のように一件一件、人が評価することでしか数値が得られないKPIや、「NPS（Net Promotor Score）」「顧客満足度調査結果」「ミステリーコール調査結果」等、通常運営を行っているだけでは取得できず、アウトソーサーや調査会社等の専門業者を活用し、適切な数値を取得する必要のあるKPIもあります。

●代表的な KPI

指標	KPI	計算式、解説
品質 に関わる 指標	応答率	応答数÷入電数　架かってきた呼のうち応答できた呼の率
	放棄率	放棄数÷入電数　架かってきた呼のうち応答できず放棄した呼の率
	サービスレベル	架かってきた呼のうち、規程時間内に応答できた呼の率 30秒以内に85%対応できた場合、85/30と記載する
	期限内返信率	メール対応業務で、設定した期限内にメールを返信できた比率
	一次解決率	ご連絡いただいた最初の電話で問題が解決した比率
	エスカレーション率	コミュニケーターだけでは回答できず、SVにエスカレーションした比率
	ミス率	全処理件数に対するミスの比率
	NPS 顧客満足度調査結果	顧客満足度調査の結果。NPSであれば9点、10点等のTOP2BOXの比率で満足度を測ることが多い。
	ミステリーコール 調査結果	覆面調査を行い、競合他社と比較した結果
	モニタリングスコア	応対品質を測るモニタリング項目に対して評価した結果
効率性 に関わる 指標	平均応答速度(ASA)	Average Speed of Answer の略。電話が架かってきてから応答するまでの平均時間
	平均通話時間(ATT)	Average Talk Time の略。会話を開始してから終了するまでの平均時間。保留時間を除いて定義することが多い
	平均後処理時間(ACW)	Average After Call Work の略。通話を終了し、その後の入力業務等に要した平均時間
	平均処理時間(AHT)	Average Handling Time の略。通話時間、保留時間、後処理時間の合計。架電の場合は、前処理時間も含む
	CPH、SPH 等	Call Per Hour、Sales Per Hour の略。コミュニケーター1人の1時間あたりの平均応答件数や平均獲得件数等、コミュニケーター別の生産性を測る指標
売上 に関わる 指標	成約率	セールスアウトバウンドにおいて、サービス入会や商品購入が成立した比率
	アップセル率、 クロスセル率	お申し込みいただいたサービスや商品に加えて、アップセルやクロスセルに成功した比率
	解約阻止率	定期サービス、継続サービス等で、解約の申し出に対して阻止できた比率
人材 に関わる 指標	稼働率	(通話＋後処理＋保留＋待機)÷実働 実働時間のうち、研修、フィードバック、会議等を除く、顧客対応にあたる時間(通話＋後処理＋保留＋待機)の割合
	占有率	(通話＋保留＋後処理)÷(通話＋保留＋後処理＋待機) 顧客対応にあたる時間のうち、通話＋保留＋後処理をしていた時間の割合
	退職率	在籍するコミュニケーター数に対する退職者数の比率
	欠勤率	予定していたシフトに対する欠勤の比率

コンタクトセンターのマネジメント

📋 KPIの関係性と特徴を理解し適切な改善につなげる

　KPIを改善するためには、KPI同士の関係性やその特徴を把握しておく必要があります。最も代表的なKPIである「応答率」について、図のように整理しました。全ては書き尽くせず、整理の仕方に正解はありませんが、重要KPIである「応答率」に、様々なKPIが関係していることを整理できます。

　また「入電数」や「放棄時間」等、運営による工夫ではコントロールできない指標もあれば、「通話時間」のように改善はできるものの、顧客の状況を考慮すると、むやみに短くすることが良いとも限らない指標もあります。

　そして注意すべきはトレードオフの関係にあるKPIです。下図の例では、「稼働人数」を増やせば「コスト」がかさむ、「後処理時間」を短くしようとすれば、コミュニケーターを急かすことになり「ミス率」が上がる可能性がある、という現象です。また、同じセンター内で、Aさんは「後処理時間改善担当」、Bさんは「ミス率改善担当」と、KPI毎に改善担当を割り当てた場合、思わぬところで足の引っ張り合いとなり、いずれのKPIも改善されないという事態を招くことは、意外にも少なくありません。

● KPIの関係性（応答率の例）

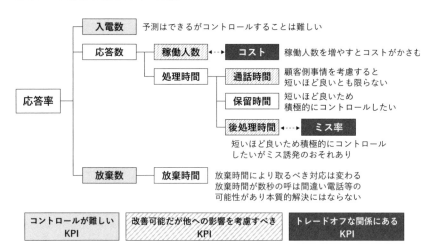

応答率の適切な目標値とは？

「応答率の目標値は、何％に設定するのが適切ですか」という質問をよく受けます。ベンチマークとしては90％以上と言われますが、センターの特性により異なります。「119番」や「110番」のような緊急性の高い電話は受電率100％でなくてはなりませんし、通信販売の窓口も機会損失にならないように理想を言えば100％でしょう。しかし「いつ架けても直ぐにつながる状態」にするために「稼働時間」を増やせば「コスト」がかさみ、入電の少ない時間帯は非効率な運営になります。あらゆるKPIのバランスを考慮し、そのセンターの特色に合った目標値を設定する必要があります。

コミュニケーターの
シフトを管理する

トラフィック予測からシフト管理まで

シフト管理のステップ

　日々の「シフト管理」に至るまでには、①**トラフィック予測**、②**必要要員数の算出**、③**シフト作成**というステップを踏みます。これらを全て手動で行うには内容が複雑で作業量が多いため、大型のコンタクトセンターでは、ワークフォースマネジメントシステム（WFM、Work Force Management System）を導入し自動化しています。システム導入にあたり考慮すべき内容については、6章7（コミュニケーターの稼働管理に必要なソリューションは何か）で詳細に説明することとし、本項では基本的な考え方について触れます。

トラフィック予測

　トラフィック予測は、年間→月別→曜日別（または日別）→時間帯別とブレイクダウンして考えます。アウトバウンドの場合は「いつ、何件のリストに電話を架けるか」を企業側の意思で決定できますが、インバウンドは外的要因に大きく左右され、一日の中でも繁閑差があるためトラフィックを正確に予想することは困難です。中でも電話やチャットはリアルタイム性が高く、時間帯別まで算出しなくては、適切な「必要要員数の算出」や「シフト作成」につなげることができません。過去実績を元に、今後予定されている各種イベント（新サービス・新製品の発売、プロモーション、キャンペーン、業界動向、競合状況）の影響も考慮して算出します。

　まずはじめに、過去数年間のトラフィックがどのように推移しているか、前年比での増減割合から、年間総数を予測します。次に、この年間総数を、月別→曜日別（または日別）→時間帯別とブレイクダウンしていきます。

● トラフィック予測の進め方

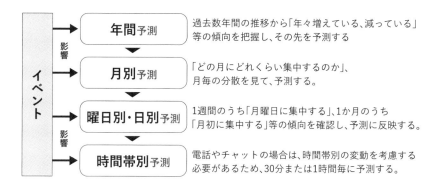

続いて「月別、曜日別、日別、時間帯別」の最もシンプルな計算方法を、下図の「年間120万件、月平均10万件」を例に説明します。まずは月平均の「10万件」を係数「1.0」とします。これに対して「各月実績／月平均」で各月の係数を算出します。次に翌年1年間のトラフィックを予測します。例では「年間200万件、月平均16.7万件」に増えると予測しています。月平均16.7万件に各月の係数を掛けることで翌年の月別の件数が算出できます。同じ考え方を使って曜日別（または日別）、時間帯別の計算を繰り返すことで、時間帯別のトラフィックを算出することができます。

● トラフィック予測の考え方

（単位：万件）

月	合計	月平均	1月	2月	3月	4月	5月	6月	7月	8月	9月	10月	11月	12月
実績	120	10	4	8	13	18	16	12	6	10	12	12	5	4

月平均を係数1.0とした時の、各月の係数を算出（各月実績÷月平均）
（1月の場合：1月実績4万件÷月平均10万件＝係数0.4）

係数		1.0	0.4	0.8	1.3	1.8	1.6	1.2	0.6	1.0	1.2	1.2	0.5	0.4

1年間の繁閑に変化がない（＝係数に変化がない）とした場合の
各月のトラフィックを算出（係数×月平均予測）
（1月の場合：係数0.4×翌年の月平均予測16.7万件＝6.7万件）

予測	200	16.7	6.7	13.3	21.7	30.0	267.	20.0	10.0	16.7	20.0	20.0	8.3	6.7

繰り返しになりますが、これは最もシンプルで基本的な考え方です。ワークフォースマネジメントシステムでは、これに限らず多数の変数を設定することで、自動でトラフィックを予測します。また、AIにより入電

予測の自動化している例もあります。

必要要員数の算出

　次に、各時間帯のトラフィックに対して、何人配置すれば良いかを算出します。必要要員数の算出で、最も有名な方法は「**アーランC**」です。多くのワークフォースマネジメントシステムは、基本の計算機能として「**アーランC**」を採用しています。「**トラフィック**」「**平均処理時間**」「**サービスレベル**」「**最長待ち呼時間**」から必要要員数を算出しますが、計算式自体が複雑なため、詳細は本書では説明しません。Webサイトで調べると、詳しい解説のみならず、中には計算ツールを公開しているページもあるようなので、調べてみてください。

　また「**アーランC**」を使わず、究極にシンプルに考えるのであれば**トラフィック×応答率／CPH**で、必要要員数を算出できます。但し、この場合、面談、研修、会議、小休憩等の時間を一切加味していないため、「**稼働率**」や「**占有率**」が大変高い運営になることを考慮しなくてはなりません。

シフト作成

　次に「必要要員数」に対して各時間帯の「配置要員数」を決めます。次ページの図**パターン①**のように時間帯での繁閑差が小さいセンターでは、必要要員自体がフラットなため、配置もフラットになります。この場合、余剰時間が少なく**高効率な運営**ができますが、あまりにも**余裕のない運営**となり、面談、研修等に使える時間は、ほとんどありません。

　パターン②のように繁閑差が大きいにもかかわらず、最大必要人数に合わせてフラットに配置すると、余剰時間が多くなります。コミュニケーターには余裕があり、**教育の時間を多く取れますが**、**高コストな運営**になります。

　パターン③は、繁閑差に合わせて、配置人数を変更したパターンです。この場合、**教育時間を確保**しつつ、シフトを減らした分については、**コスト削減**できます。但しこれを実現するためには、9時～12時／9時～18時／14時～20時等、複数のシフトパターンを組み合わせているため、シフト管理は複雑化します。このように、いずれのパターンもメリット・デメリットがあります。

●必要要員数と配置要員数

パターン① 繁閑差が小さくフラットな配置

時間帯	必要要員数	配置要員数	余剰時間
9時	20	20	0
10時	19	20	1
11時	18	20	2
12時	19	20	1
13時	16	20	4
14時	16	20	4
15時	17	20	3
16時	19	20	1
17時	20	20	0
18時	19	20	1
19時	18	20	2
20時	16	20	4

パターン② 繁閑差が大きくフラットな配置

時間帯	必要要員数	配置要員数	余剰時間
9時	20	20	0
10時	17	20	3
11時	18	20	2
12時	4	20	16
13時	7	20	13
14時	13	20	7
15時	15	20	5
16時	8	20	12
17時	17	20	3
18時	12	20	8
19時	9	20	11
20時	10	20	10

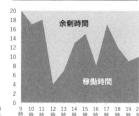

パターン③ 繁閑差が大きく柔軟な配置

時間帯	必要要員数	配置要員数	余剰時間
9時	20	20	0
10時	17	20	3
11時	18	20	2
12時	8	15	7
13時	10	15	5
14時	13	15	2
15時	15	15	0
16時	8	15	7
17時	17	15	-2
18時	12	15	3
19時	5	10	5
20時	10	10	0

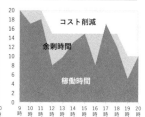

■休憩時間と欠勤率

全時間帯で配置要員数を確保するためには、さらにこれに対して、ランチ休憩等の「休憩時間」と「欠勤率」を加味してシフト募集する必要があります。地域のイベントや学校行事、毎年冬には避けて通れないインフルエンザ等による欠勤率の変動も考慮します。

■スキルの偏り

さらに、同時間帯に配置されるコミュニケーターにスキルの偏りがないかについても確認できると良いでしょう。平日夜や土日は勤務を希望する人が少なく不人気シフトであるため、採用基準を低く設定せざるを得ないことがあります。同じ要員数であっても、同じ業務量をこなせないことを考慮しなければなりません。

リアルタイムで効率と品質を管理する

SV は何を把握し、何を見聞きし、どう動くべきか

SV は入電の推移を正しく把握しているか

リアルタイムでのブースコントロールを行う大前提として、まずはSVが「KPI」や当日の「トラフィック予測」を正しく数値で把握しておく必要があります。様々なコンタクトセンターのSVに研修をしますが、当然回答できると思って尋ねると、SVは意外と目標値や実態値を把握していません。そしてもう一つ残念なのは、入電の推移を「何となく」わかっていても、正しく把握していないことです。「水曜日の午前中は大変だ」と体感値で知っていても、それは他の曜日に対して入電が多いからなのか、コミュニケーターが少ないからなのか、それとも少ないのはSVなのか、を分解して理解できていないことがあります。「9時台は12時台の1.5倍の入電がある」等、「**数値**」で捉えることを習慣付けることが、SVの日常の「**気付き**」につながります。

●曜日別・時間帯別のトラフィックの推移

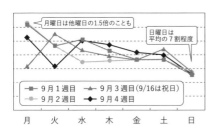

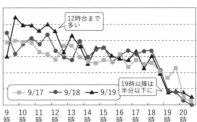

リアルタイム管理の基本アクション

センターが計画通りの適切な運営状態にあるか、突発的事象（障害、不具合、緊急報道等）は起きていないか、コミュニケーターの状態がどうか等、リアルタイムでの状況把握のために必要な行動は、①システム監視、②センターのラウンド、③リアルタイムモニタリング、の3つにまとめる

ことができます。①**システム監視**とは、運営管理システムを使ってセンター全体やコミュニケーター個々の状況を把握すること、②**センターのラウンド**とはSVがセンターを巡回して目で見て確認すること、③**リアルタイムモニタリング**とは顧客とコミュニケーターの会話をすぐ傍やSV席から耳で聞きモニタリングすることです。

システムの監視で変化に気付く

システム監視は、ブースコントロールの要です。製品によりレポート内容に多少の違いはあるものの、過去の状況を時系列で確認できる「**ヒストリカルレポート**」と、随時更新される「**リアルタイムレポート**」に大別することができます。代表的なレポートについて、株式会社アイブリットが開発し、ビーウィズ株式会社が販売する次世代型AI-PBX「Omnia LINK（オムニアリンク）」のレポートを使って、説明します。

■スキル全体の最新状況を把握する
● リアルタイムレポートの例①

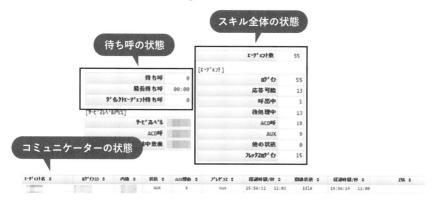

スキル全体の状態と、そのスキルを持つコミュニケーター個々の状態を確認できるレポートです。情報の更新頻度は製品により異なりますが、1秒、5秒、10秒、15秒等から選択が可能で、常にほぼ最新の状態を表示することができます。スキル全体の状態として、**待ち呼数、最長待ち時間、サービスレベル、ログインしているコミュニケーター数、各状態（応答可能、呼出中、後処理中、通話中等）**の人数を把握します。複数スキル運営のセンターでは、スキル毎のバランスを見て、マルチスキルを持つコミュ

ニケーターのスキル付け替えの判断に使います。

■コミュニケーターの最新状況を把握する

● リアルタイムレポートの例②

各コミュニケーターの状態　　　　　その状態の経過時間

エージェント名	ログインID	内線	状態	AUX理由	プレゼンス	経過時間/秒	回線状態	経過時間/秒
子	1:72	30:8	ACDIN	710	Online	11:45:05　17:40	Talking	11:52:39　10:06
か	1:05	30:5	ACDIN	720	Online	11:59:24　03:21	Talking	12:01:46　00:59
子	1:01	30:0	ACW	110	CallWork	12:01:32　01:13	Idle	12:01:32　01:13
恵	1:54	30:7	ACW	110	CallWork	12:02:06　00:39	Idle	12:02:42　00:03
え	1:01	30:3	ACW	110	CallWork	12:01:12　01:33	Idle	12:02:43　00:02
る	1:32	30:9	AUX	1	Aux	11:55:16　07:29	Idle	11:55:18　07:27
1:24	30:3	AUX	1	Aux	11:55:28　07:17	Idle	11:55:29　07:16
子	1:84	30:6	AUX	0	Aux	11:58:02　04:43	Idle	11:58:02　04:43
子	1:99	30:1	AUX	0	Aux	12:00:09　02:36	Idle	12:00:09　02:36

　トップスキル（優先的に対応するスキル）に関係なく、予め設定したグループに所属するコミュニケーターの状態をリアルタイムで確認できるレポートです。情報の更新頻度は、1秒、5秒、10秒、15秒等から選択が可能で、常にほぼ最新の状態を表示します。

　SVは、各**コミュニケーターの状態**と、**その状態の経過時間**を確認します。通話時間や後処理時間が長引いているコミュニケーターを見逃さないよう、予め設定した時間を超えると色が付くよう設定できるため、SVは反射的に行動することができます。

　数席程度のセンターであれば、SV席でシステムを監視しながら、同時に目視でコミュニケーターの様子を見ることができますが、中規模～大規模センターでは見えづらいこともあるため、常にシステムを監視する専任担当者を配置することを勧めます。また、**シートマップ表示機能を**使うと、センターの席配置に合わせてビジュアル的に、最新の状況を把握することができます。

● Omnia LINK シートマップ表示機能

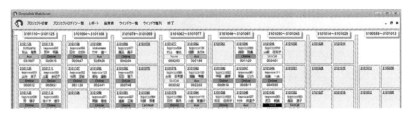

■センター全体の状態を時間帯別に把握する

●ヒストリカルレポートの例

　当日の状態をインターバル（30分や1時間等設定した時間単位）で確認できるレポートです。例えば、全体の応答率が悪化している場合、いつからその傾向が始まっているのか、要因は入電数の増加か、稼働数の低下か、処理時間が長引いているからなのか等、原因分析に使います。

センターのラウンドで変化に気付く

　みなさんのセンターでは、コミュニケーターがSVにエスカレーションする時には、どのようにしていますか。コミュニケーターは、席で手を挙げますか、それともSV席まで質問に行きますか。最も理想的なのは、コミュニケーターが手を挙げる前にSVが気付き、フォローすることです。システムでの監視に加えて、ラウンド（巡回）しているSVがいれば、コミュニケーターの変化に早く気付くことができ、苦情や誤案内の可能性を早期に発見できます。いつもSVが席に座ったままで忙しそうなセンターでは、コミュニケーターは、質問することすら面倒に感じたり、「何度も同じ質問をして申し訳ないな」と躊躇したりし、エスカレーションに遠慮がちになるものです。自己判断は案内ミスや案内漏れを誘発します。ラウンド担当を配置し、いつでもすぐに質問に答えられるSVがいる、質問しやすい雰囲気を作りましょう。

リアルタイムモニタリングで変化に気付く

「モニタリング」といえば、録音された音声の評価を想像しますが、リアルタイムでのブースコントロールにおいても、モニタリングは重要です。ラウンドでの確認だけでは、笑顔でとても感じ良く応対しているように見

えても、モニタリングをしてみると、顧客と話が全くかみ合っていなかったり、案内ミスをしているかもしれません。

　また、Omnia LINKでは、音声モニタリングだけでなく、音声認識機能を使ったテキストモニタリングも可能です。テキストモニタリングは、下図のように同時に複数名の応対を確認できることが長所です。また、予めポジティブワードやネガティブワードを登録し、それぞれ色を分けて表示できるため、複雑な応対や苦情応対をしているコミュニケーターを視覚的に発見できます。

● Omnia LINK テキストモニタリング機能の例

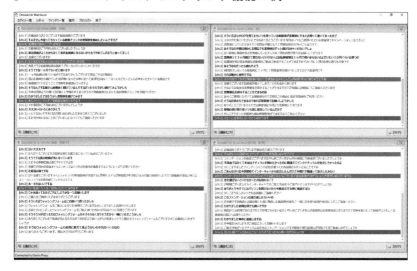

在宅コンタクトセンターのエスカレーション

　在宅コンタクトセンターの場合であっても、「システム監視」や「リアルタイムモニタリング」は可能ですが、残念ながら「ラウンド」はできません。代用となるのは「チャット機能」です。SVは、コミュニケーターの表情を見ることができないため、「システム監視」や「音声モニタリング」「テキストモニタリング」を通じて、チャットで積極的に声をかけていく必要があります。在宅コンタクトセンターの事例は、5章8（コンタクトセンターのリスク管理〜セキュリティとBCP〜）で紹介します。

コミュニケーターの
応対品質の維持・改善

「後回し」にならない応対品質管理の秘訣とは？

品質管理（QA/QC）とは

センターの効率化を進める一方で、忘れてはならないのが**QA**（Quality Assurance）や**QC**（Quality Control）と言われる**「応対品質管理」**です。生産性数値のほとんどが自動で蓄積されるのに対し、応対品質に関する実績数値の収集は人が1件1件聞いて評価する手法が主流であり、これには時間がかかります。いつも忙しいセンターで、継続的に活動を続けられる秘訣とは何か、本項では「人」が行うモニタリング評価を中心に説明し、「自動」評価の取組みについても、最新事例として紹介します。

品質管理担当者

中規模～大規模センターでは、専任チームを配置し活動を行います。QA/QCチームはセンター長直下に位置付ける等、トップダウンでの指示ができるポジションに配置することを勧めます。

■専任か兼任か

専任の場合、活動は確実に進みます。しかし、専任者だけがその重要性を説いても、SVにとってはいつまでたっても自分ごとにならず、活動は進んでも、その重要性が浸透しづらいことがあります。また、専任者に業務知識がないと、誤案内等の「正確性」についての監査ができないことは難点です。SVが**兼任**する場合、活動が進めば、その重要性はセンターに浸透しやすい点はメリットであり、理想的です。但し、他タスクの影響を受けやすく、計画通りに進捗しないことが多くあります。

■担当者に求められること

担当者には、応対が上手で成績優秀なコミュニケーターが選ばれることがありますが、それだけが適性ではありません。**お手本となる応対ができ**

ることも大切ですが、モニタリングは大変地道な作業の繰り返しであるため、何より**安定的な継続力**が求められます。また、評価の理由をわかりやすく伝えるための**文章表現力**、コミュニケーターへの**指導力**、SVとの**調整力**も求められます。

評価項目の決定

評価項目はゼロから作るのではなく、既に他のセンターで利用されているものを参考にアレンジして作成すると良いでしょう。代表的な項目を挙げますので、参考にしてください。

●モニタリング項目例

マナー	始め・終わりの名乗り、挨拶	話す	発声
	用件確認		発音、イントネーション
	保留・転送		テンポ、スピード
	個人情報		言葉遣い、敬語
姿勢	企業イメージの遵守		話癖
	営業マインド		クッション言葉
総合	ニーズの把握、質問力	聴く	お礼・お詫び
	説明力、問題解決力		表情・抑揚
	心情の理解		復唱
	お客様満足		合いの手、相づち

■項目数

モニタリングの項目数に正解はありませんが、10～20項目程度のセンターが多いようです。項目数を少なくすれば評価しやすいかと言えば、そうとも限りません。1項目に該当する範囲が広いため、評価がばらつきやすく、かつ評価理由が具体性に欠けると指導に活かしづらくなります。逆に評価項目が多ければ、評価の負担は大きくなります。

新人に対してはたくさんのフィードバックをしても改善することが難しいため、項目数を減らすことを勧めます。前述の20項目のうち、重要かつ新人でもできそうな5項目程度を選ぶと良いでしょう。

■ミッションや業務知識の反映

モニタリング項目は、指導に直結します。よって、コンタクトセンター

ミッションが反映されていることが大切です。また、せっかく1件ずつ聞いて評価するので、知識に誤りがないか、漏れがないか、案内の順序は正しいか等も確認できるようにします。

■評点

モニタリング評価の目的が「査定評価」の場合、コミュニケーター毎の差を明確にする必要があるため、評価の中心化を避け、2段階評価や4段階評価等、偶数段階で設定します。主な目的が「指導」であれば特に中心化を避ける必要はなく「A＝できている、B＝少しの努力が必要、C＝大いに努力が必要」等、○△×とシンプルな3段階評価にすると、改善すべき項目を明確にできます。

■評価基準

項目毎に評価基準を作ります。例えば「お礼が言えているか」の項目で、「通話中、お礼の言葉を5回以上言ったらA、3回まではB、0回だとC」等、回数で評価基準を設定することは推奨しません。「伝えるべきシーンで適切に使えていればA、不足があればB、伝えるべき箇所で一度も使えていなければC」等、問い合わせ内容や顧客の心情も汲み、柔軟に評価できる基準にします。

■カリブレーション

カリブレーション（キャリブレーション、耳合わせ）とは、評価者間での評価のぶれをなくすために、基準を合わせることです。定期的に実施することで評価の精度を担保します。対象応対は、平均的な応対だけでなく優れた応対や問題のある応対も対象とします。カリブレーションは、まず評価者が個別に評価を行い、その後1項目ずつ評価者それぞれが「評点と評価理由」を述べながら進めます。評点を合わせることも大切ですが、評価者が理由を伝えること、それを基に評価者同士での意見交換ができることこそが、本質であり、良い指導につながる秘訣です。

計画の策定

継続的に活動を続けるためには、無理のない計画を立てることがとても大切です。コミュニケーター全員を対象とすることが望ましいですが、人

数が多く進まなくなるようであれば、「新人は毎月、ベテランは2か月に1回」等、対象者毎に回数を設定し、負荷軽減も考慮します。

　また「人」によるモニタリングでは、全件を対象にはできないため、対象とした応対により、結果には運・不運があります。平等性を保つため「1人毎月5コール」等、何本も評価することは理想ですが、負荷が大きいため、継続が難しくなります。よって、対象応対を完全なランダム抽出にするのではなく、「平均通話時間に近い応対」「問い合わせ内容を統一」等、一定の条件で対象応対を絞ることで、不平等を少なくします。

覆面調査員によるミステリーコール

　コンタクトセンターの応対品質を測る手法に、ミステリーコールがあります。覆面調査員が、コンタクトセンターに電話を架け、決められた調査用スクリプトに沿って顧客になり代わって質問をする調査方法です。コンタクトセンターの実態調査として、自社だけでなく競合他社と比較することで自社応対の問題点を見つけ、改善につなげます。

　ミステリーコールは、第三者目線・顧客目線で先入観のないフラットな評価であることが重要なため、アウトソーサーや調査会社等の専門業者を活用すると良いでしょう。

顧客による評価

「顧客」が評価する調査として、代表的な方法を紹介します。

■顧客満足度調査

　顧客が商品を購入した時、サービスを利用した時の満足度を測定する調査です。商品やサービス自体への質問に加えて「コミュニケーターの対応はどうでしたか」とコンタクトセンターの対応について、直接的な質問が設定されていることもあります。コンタクトセンターとのやりとりが終了した直後にIVRにつなぐ、SMSでURLを送る、ハガキを郵送する等の方法があります。

■ NPS（Net Promoter Score）

　顧客は「あなたは、この製品・サービスを友人に薦めますか？」という質問に対して11段階で評価します。結果は、「10〜9：推奨する立場（プ

ロモーター）」、「８～７：推奨も批判もしない受動的な立場」、「６～０：批判的な立場」の３つに分類されます。企業に対する顧客のロイヤルティを測る指標として、企業の売上との連動性が高い調査と言われています。

■ CES（Customer Effort Score、顧客努力指標）

顧客が問題解決するために、どれだけの手間、負荷、時間を必要としたかを測る指標です。どれだけストレスを感じたかと言い換えることもできます。例えば、０～５の６段階で評価し、低いほど「良い」結果です。顧客と企業の接点における顧客の評価であるため、顧客ロイヤルティを低下させる要因抽出に適しています。

事例 7

動画で学び、トレーニングし、自動評価で認識する 〜 Qua-cle

ビーウィズ株式会社では、アウトソーサーとして各センターの応対品質のばらつきをなくすため、約10年前から全社横断機能である専門部署がモニタリング評価を行い、各センターへフィードバックを行ってきました。2019年からは一部の業務において、音声認識によりテキスト化した会話データを集計・分析することで応対評価の自動化を行っています。

さらに、コミュニケーターの自律学習を促進するため、動画教材を使ったeラーニング化を進め、応対品質管理に必要な「学ぶ・トレーニング・フィードバック」を一気通貫で支援するWeb教育プラットフォーム「Qua-cle（クオクル）」を導入しています。

◆eラーニングで「学ぶ」

Qua-cleでは、コミュニケーターは、トークの基本を動画教材で学びます。コミュニケーターは自分が弱点だと思う項目を、何度も学習・練習することができます。閑散期や閑散時間等の隙間時間を利用して自主的に学ぶことが可能です。

● Qua-cle 動画教材イメージ

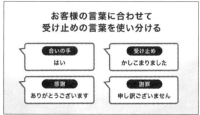

◆音声を録音し提出する「トレーニング」

　eラーニングで学んだ後は、動画の指示に従って、指定のフレーズを読み上げたり、動画内の顧客を相手にロールプレイをしたり、その様子をQua-cleで録音します。録音した音声を自分自身で聞くこと自体で、自分の応対への新たな「気付き」を得ることができます。納得いくまで練習した後、音声を提出し、担当者から「ひとことアドバイス」を受け取ります。このようにしてQua-cle内のトレーニング機能を使うことで、忙しいSVの時間を割くことなく、コミュニケーターは応対の自習ができます。

◆毎月の自動モニタリング結果の「フィードバック」

　月に1回、自動モニタリング結果がQua-cleのマイページに表示されます。自動評価では、1か月分の応対を音声認識技術によりテキスト化し、特定単語の発話回数や発話スピードを測定・集計し点数化します。自動評価項目は11項目あり、中でも「話癖」「敬語」「クッション言葉」「名乗り」は、特定単語・フレーズを数えて集計しているため、自動評価の仕組みとの親和性が高く、コミュニケーターの納得度も高いようです。

　導入前は「機械に判断されたくない」と、コミュニケーターが反発心を持つのではないかと思い、SVは面談の機会を作り、評価結果を見ながら慎重にフィードバックをしていたのですが、心配は無用でした。全件を対象としているため、自動評価結果には心当たりがあるようで、抵抗なく受け入れられています。そして、それを意識し自主的に改善を目指す様子も見られ、中には「次の評価はいつもらえますか？」と結果を楽しみにしているコミュニケーターもいます。

　現段階では「お客様の気持ちに寄り添えているか」「わかりやすい説明か」等、顧客の心情を汲み取ることや文脈を理解することは、自動化が難

しいため、「人」によるモニタリングも並行して継続しています。「話癖」や「クッション言葉」等、自動評価が得意な領域はQua-cleに任せ、SVからのフィードバックは、「共感力」や「説明力」等、より本質的な指導に集中しています。

● Qua-cle の成長サイクル

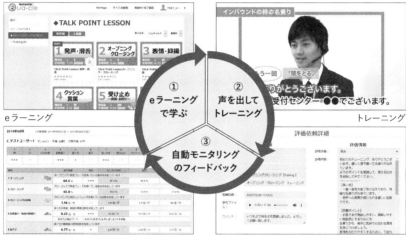

eラーニング

トレーニング

自動モニタリング

フィードバックコメント

コミュニケーターへの
フィードバック

「改善」できるフィードバックとは

フィードバックの目的

　私がコミュニケーターをしていた頃、SVとの個人面談はありませんでした。その頃のコンタクトセンターの業務は簡易で、かつ人材を選べる時代だったため、スキル差が生まれづらかったことが理由だと思います。しかし今は、定期的に個人指導を行うことは当たり前になりました。集合研修に加えて個人指導をする目的は、言うまでもなく「改善」することにより「スキル・知識」や「モチベーション」の個人差を埋めることです。

フィードバックの計画

　フィードバックは定期的に継続してこそ成果を生みます。但し、全員にフィードバックをしようとすれば、膨大な時間がかかるため、対象者や頻度等、年間計画を立てて臨まなくてはなりません。計画的に進めるためには、SVによって指導時間や内容にばらつきが出ないように、次の項目についてガイドラインを決めておくことを勧めます。

- **対象者**：新人は2週間に1回、3年以上のベテランは3か月に1回等、頻度を変え、工数と効果のバランスが取れるよう計画します。
- **時間**：長い面談は非効率です。互いの集中力を考えると、長くても30分程度が適切です。1人に対する1回あたりの負担を軽くし「1人でも多く」そして「継続的に」フィードバックを続けられることを優先します。
- **場所**：密閉空間は精神的に圧迫を感じやすいため、センター内に面談スペースを確保すると良いでしょう。

フィードバックの準備

　良いフィードバックのためには準備が大切です。事前に音声を聞く等して、良い点や改善点を決めておきます。

■客観データの準備

　客観的な数値データを手元に準備し、モニタリング対象となった応対を聞き、内容を事前に確認しておきます。数値データは本人の最新数値はもちろんのこと、過去からの推移、センター全体の平均値や目標値も準備しておくと良いでしょう。指導では本人が成長を感じ取れることも大切です。推移や周囲との比較がわかることで数値に説得力が出ます。

■良い点／改善点

　大切なことは、成績が良くないコミュニケーターであっても「良い点＝褒める点、認める点」を見つけておくことです。センターの目標値に到達していなくとも「前回から改善している」、まだ結果は出ていないが「姿勢の変化はみられる」等、少しの変化でも十分です。そして「改善点」は欲張らず、できれば1つ、多くても3つに絞ります。

フィードバックの進め方

　フィードバック面談では、「評価結果や事実をハッキリ伝えること」と、本人が「改善すべき点を自覚すること」が大切です。では、これをどのような順番で伝えるのが最も効果的でしょうか。長年フィードバックの指導をしてきた経験上、「型」に沿ったフィードバックの方が、相手に伝わりやすいと実感しています。フィードバックの進め方を、①気持ちをほぐす、②音声を聞き、感想を聞く、③SVから事実を伝える、④実際にやってみる、⑤目標を誓うの5つのステップで説明します。

■①気持ちをほぐす

　注意をただ受け入れさせるという受動的な進め方ではなく、コミュニケーターの意見を取り入れながら進めていくためには、はじめのアイスブレイクが肝心です。少し砕けた話から始めるのも良いでしょう。とはいえ、アイスブレイクが長くなりすぎないよう注意も必要です。

■②音声を聞き、感想を聞く

　電話対応であれば実際の対応音声を聴くのが一番です。音声を聞いたら本人の感想を聞きましょう。本人が「改善点」を自覚し、自らが「もっと良くしたい」と思うことが、改善への近道だからです。SVが指導したい

点と合致すれば話は早いですが、ポイントが異なることもあるでしょう。その場合もできるだけ本人の意見を尊重できると良いですが、あまりにもポイントがずれている場合は、角度を変えて質問し、ポイントを合わせていきましょう。それでも意見が合わない場合は、「本人が改善したい点」を優先するのも、一つの方法です。

■③ SV から事実を伝える

「良い点＝褒める点、認める点」は、面談の前半で伝えることをお勧めします。イエス→バットです。はじめに肯定的な情報を伝えることで、その後の指導を受け入れる気持ちが準備できるからです。

　続いて改善点を伝えていきますが、ここで大切なことは「**指導ポイントを欲張らない**」ことです。できれば１つ、多くても３つです。SVからすれば「１つは少なすぎないか」と思いますが、言われた側は３つも覚えていられません。本当に改善したい１つに集中しましょう。

　そして「**事実を具体的に伝える**」ことも大切です。例えば「イライラしていましたね。今後はもっと感じ良くいきましょうね」と言われたらどうでしょうか。言われた側は「勝手に決めないで欲しい」と反発心を持つでしょうし「で、どうすれば良いの？」と改善の仕方はまるでわかりません。この悪い例のように「感想を漠然と伝える」のではなく、「話すテンポが急に早くなっています。こういう時こそ、少し間を意識して、お客様の言葉を復唱しながら会話を進めましょう」と、事実を具体的に伝えましょう。

■④実際にやってみる

　個人指導において、多くのセンターで意外とできていないのが「やってみる」ことです。「やってみる」とは、SVがお客様役となりロールプレイをする、SVが手本を言いその後に続けて発声する、レコーダーに録音し繰り返し聴く等です。フィードバックの場で「できた」という疑似体験をしておくことが、実際の応対でもとっさに言える実践力につながります。

■⑤目標を誓う

　最後は「改善点」と「目標」を宣言します。目標は高すぎず低すぎず、少し背伸びしたら叶えられそうな目標にします。現在値が低いコミュニケーターにセンター目標を伝えても、それを本人が「ムリだ」と諦めれば、

モチベーションは上がらなくて当然です。本人が到達できそうな目標を立てたることこそが、次の面談での「褒める」ポイントにつながります。

スキマ時間の有効活用

新人教育は必要に迫られてやるのだけれど、ベテランコミュニケーターのフォローアップ教育には時間が取れていないというセンターは多いと思います。繁閑差をうまく利用し、スキマ時間で、自習型で学習できる環境を整えておくと良いでしょう。

■問題集を作っておく

最もスタンダードな方法は「問題集」を作っておくことです。自習用なので、難しすぎず、時間もかからず、**マイクロラーニング**の考え方を取り入れ、5〜10分程度で回答できる問題を、たくさん作っておくのが良いと思います。内容は、業務知識に関することはもちろん、敬語、クッション言葉、文章要約練習等、マナーや日本語に関する内容も役立ちます。ビーウィズでは、「10min Training（10分間トレーニング）」シリーズとして、約30種類の問題集を活用しています。また、一部の教材や問題を前述の「Qua-cle（クオクル）」に載せ、ｅラーニングで学習したりテストを受けたりできる環境を整えています。

■音声を聞ける環境を作る

コミュニケーターが応対音声を聞ける環境があれば、自分の応対を聞き、振り返る時間にあてることができます。ただ聞くだけで終わらないように、「セルフチェックシート」で自分の応対を確認し、今後に向けて簡単な目標設定すると良いでしょう。**優秀なコミュニケーターの音声を聞く**ことも、新たな気付きにつながるかもしれません。

「フィードバック」の基本を、講義で学び実践する

前述のCCAJスクール「育成スキル向上講座」の１日目はフィードバックの進め方を実践していただきながら体得する講座です。詳しくは、一般社団法人日本コールセンター協会のWebサイトにてご確認ください。
（CCAJスクール「育成スキル向上講座〜研修とフィードバックの進め方を学ぶ〜」）

コンタクトセンターの
コスト最適化

顧客満足度を落とさず、コストを最適化する方法は？

🚚 コスト最適化の方法

コンタクトセンターのコストは主に**人件費**、**ファシリティ費**、**システム関連費**、**通信費**で構成されており、多くは人件費が占めています。しかし安易な人件費削減は顧客満足の低下を招きます。顧客満足度を落とさずコスト削減するにはどのような方法があるでしょうか。

■集約化

各支店や各部門で、窓口業務や事務業務をしながら顧客応対を行っている場合は、分割損が発生する上、コア業務に支障をきたしていることがあります。顧客対応部分をコンタクトセンターに集約すれば、分割損がなくなりコスト削減できます。また、業務ノウハウの蓄積も進むため運営のさらなる効率化が期待できます。

■アウトソーサーの活用

アウトソーサーは、多種多様な業種・業態のコンタクトセンターの運営実績があり、効率的かつ高品質な運営を行うプロフェッショナルです。自社に合った考えを持ち、コストも見合う適切なアウトソーサーを選定し共にセンターを作り上げていくことで、運営品質を維持・向上させながらコスト削減することが可能です。特に次の目的でアウトソーサーを活用することがあります。

・**BCP**：自社センターを残しながら、自社とは離れた地域でアウトソーサーに運営を委託します。
・**繁閑への対応**：トラフィックに応じて、繁忙となる期間、時間等、平時の席数では溢れてしまう部分をアウトソースします。
・**緊急窓口の開設**：リコール対応等、緊急を要するセンターは短期間で構築しなくてはなりません。このような場合は、同様のセンター構築経験

のあるアウトソーサーであれば、数日での構築が可能です。自社でファシリティを揃える必要もないため、コスト削減にもつながります。

■占有率の適正化

占有率とは、（通話＋保留＋後処理）÷（通話＋保留＋後処理＋待機）で割り出される比率のことで、顧客対応にあたる時間のうち、待機時間を除いた比率のことを言います。占有率が低いということは、顧客対応を行うためのスタンバイができているにもかかわらず「入電がない」「処理すべきメールがない」、アウトバウンドセンターであれば「架けるリストがない」等、「待機時間」が長いことを表しています。つまり「人が余っている」状態です。適正な占有率となるように席数調整、シフト管理を行います。

■業務フローの最適化／デジタル活用

業務フローに無駄がある、「人」でなくてもできる単純な繰り返し作業を「人」が行っている、属人化していて無駄の有無すらわからないといった状況であれば、まずは業務を可視化し、非効率な部分を明らかにします。AIやRPAの導入には初期費用がかかりますが、長期的に見ればコスト削減が期待できます。また、業務フローの見直しやRPAの導入にはアウトソーサーやコンサルタントを起用することもあります。

■通信キャリア・料金プランの見直し

通話料金も大きなコストです。それぞれのセンターの特徴に合った料金プランへの見直しを検討します。

■呼減対策

コストセンターでは、電話・メール・チャット等の問い合わせ量を減らす呼減対策を行います。コンタクトリーズン分析を行い、高頻度の問い合わせ内容についてはFAQを充実させる、Webサイトに画像や動画での説明を載せる等、セルフサービスによる解決率を高めます。また、チャットボットを導入することで、有人チャネルへのコンタクト数を減らすことができます。

コンタクトセンターのリスク管理 〜セキュリティとBCP〜

さらに進むBCP、在宅コンタクトセンターが本格稼働

📠 セキュリティ対策

コンタクトセンター運営において個人情報の取り扱いは日常であり、セキュリティの維持は必須条件です。各センターでは様々なセキュリティ策を講じていることと思いますが、適切に機能しているどうかを、ISO27001（ISMS）やプライバシーポリシー、クレジットカード番号を取り扱うセンターではPCI DSSといったセキュリティ認証を受けることで証明します。

■人的対策

セキュリティ事故の多くは人的要因が起因しています。よって、セキュリティの維持には、コミュニケーターやSV等、コンタクトセンターで働く全ての人が、正しい知識を持ち、正しく行動できることが第一条件です。**入社時**には基本知識・ルールを習得し、その後も**定期的**に教育を継続することで、最新知識の習得、最新事例の共有を行います。

■物理的対策

物理的対策には、**事故を未然に防ぐための対策**と、万が一事故が起こった場合の**原因追及のための対策（＝行動のけん制となる対策）**があります。事故を未然に防ぐための代表的な対策は「私物の持ち込み禁止」「ペーパレス運営」「電子錠等による入室制限」です。電子錠であれば入退室記録が取れ、これに加えて監視カメラの設置や、画面監視ツールを導入することで、万が一の事態に原因追及できる環境を整備します。

■技術的対策

コンピューターウイルス対策として**アンチウイルスソフト**の導入、外部からの脅威への対応として**ファイヤーウォール**の設置、データベースの**定**

期的なバックアップを行います。USBメモリ等の**記憶媒体**は紛失・流出のリスクを高めるため、利用は**制限**します。

📠 BCP（事業継続計画）

昨今、地震、台風、豪雨といった自然災害が頻発しており、私たちは数日に及ぶ停電や通信障害、交通機関の停止によりコミュニケーターが出勤できない事態を経験しています。このような事態では、コンタクトセンターは運営を停止・縮小せざるを得ません。さらには、感染症拡大もまたコンタクトセンター運営に大きな影響を及ぼしました。

■複数拠点運営

東日本大震災以降、リスク管理への意識が高まり、コンタクトセンターの複数拠点運営が進みました。災害が起きると、交通機関や電気・ガス・水道といった公共インフラは停止、通信障害により顧客からの電話やメールは着信せず、従業員同士の連絡も難しくなります。また被害が大きければ、従業員やその家族の事故や怪我等、諸々の影響により出勤できる従業員が減り人員不足の中での対応を余儀なくされます。昨今では大規模センターに限らず、10席は自社で、10席は別地域で等、数十席単位でアウトソーサーを活用し、BCP対策をするといったケースが増えてきました。

■在宅コンタクトセンター

コロナ禍、「従業員の安全」と「事業の継続」の両立の実現のため在宅コンタクトセンターの導入が加速しています。コロナ以前は、セキュリティや労務管理、効率や品質の管理への懸念があり、なかなか進みませんでしたが、必要に迫られた結果、多くの企業が在宅化を進めています。セキュリティの問題解消に加え、在宅コミュニケーターを管理するための各種システムが整ってきたことも後押ししています。

| 事例8 |

Omnia LINK を活用した在宅コンタクトセンター

ビーウィズ株式会社では、受託しているコンタクトセンターの在宅化が進んでいます。グループ企業である株式会社アイブリットが開発した次世

代型AI-PBX、Omnia LINK（オムニアリンク）では、VPN接続による在宅運営が可能で、専用のモバイルWi-Fi等でクラウドに接続して使用することもできます。Omnia LINKを使った在宅コミュニケーターの管理について紹介します。

◆テキストモニタリングをきっかけに声をかける

　Omnia LINKでは、在宅コミュニケーターも、通常センターと同じシートマップ上で管理することができます。設定した通話時間を超えると色が付くため、通話時間が長引いているコミュニケーターを発見したら、即座に「**テキストモニタリング**」をします。音声と違い、テキストの場合は、何名分でも同時に確認できること、事前に登録したキーワードに色が付くことから、難しい案件を対応しているコミュニケーターを視覚的に見つけることができます。

　在宅コンタクトセンターでは、SVからコミュニケーターのことはシートマップや各種レポートで確認できますが、コミュニケーターからはSVの様子や他のコミュニケーターの様子は見えません。そのため、ちょっとした質問こそ躊躇してしまうようです。だからこそ、これまでよりも頻繁に、SVから積極的に声をかけなくてはいけないのですが、何のきっかけもなく声をかけると、コミュニケーターが「監視されている」という気持ちになってしまうことが懸念されます。

● Omnia LINK シートマップ表示機能とテキストモニタリング機能

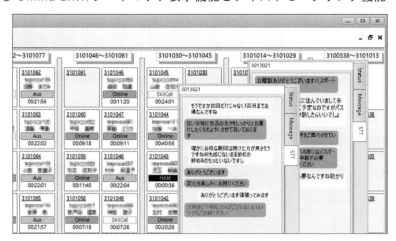

テキストモニタリングをすれば、通話内容を遡って確認できるので、「○○の件、大丈夫ですか？」と具体的な声がけができるのはもちろん、一生懸命お客様応対をしている様子もわかるので、「大変でしたね」「とても良い案内ができていましたね」等、コミュニケーターへの労いの言葉も自然と出てきます。

◆手上げの代わりに「支援ボタン」をクリック

　在宅化を進めて意外だったことは、これまで立派に一人前の仕事ができていたコミュニケーターであっても、家で仕事をすると、「これまでできていたことすら不安になってしまう」ことです。だからこそ、コミュニケーターが、SVに声をかけやすい機能が重宝します。Omnia LINKでは、「手上げ」の代わりに「支援ボタン」を押してSVを呼びます。SVは「支援ボタン」をきっかけに、テキストモニタリングや音声モニタリングで通話内容を確認しながら、コミュニケーターへはチャットを通じて指示を出します。

● Omnia LINK 支援ボタン機能

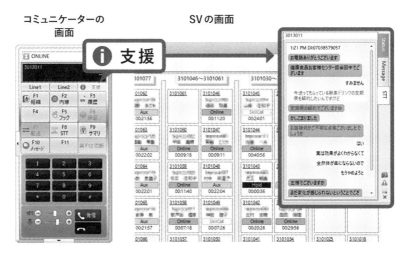

◆お客様にもコミュニケーターにも、より快適な環境を

　コミュニケーターの仕事の様子はOmnia LINKを通して管理できますが、突然の町内放送、工事の騒音、インターホン、ペットの鳴き声、子供の声等は、コミュニケーター本人にもコントロールできません。ペットや

子供の声がお客様に聞こえてしまった場合、微笑ましく受け入れてくれるお客様もいれば、「家ですか！？」と気分を害されるお客様もいらっしゃいます。お客様へご迷惑をおかけしてしまうことは、コミュニケーターにとってもストレスです。すぐには根本解決が難しいのですが、Webサイトや自動音声応答で「在宅環境から対応する可能性がある」ことの告知を検討しています。このような課題はありつつも、コロナ禍で在宅勤務をスタートしたコミュニケーターからは「これからも在宅勤務を続けたい」という声も聞こえてきており、今後は働き手からも企業からも、在宅コンタクトセンターの要望は増えていくことと思います。

◆**在宅コンタクトセンターの最新ノウハウも紹介－「現場ドリブン」**

　新しい技術の活用により、コンタクトセンターの運営ノウハウは日々変化しています。同社では、在宅コンタクトセンターの最新ノウハウをはじめとするデジタル活用における現場のリアルな最新情報をWebマガジンでお届けしています。『現場ドリブン』https://genba-driven.jp/

●現場ドリブン

6 / 章

コンタクトセンターを支援する
ソリューションを知る

Contact Center

コンタクトセンターを支援するソリューションを知る

空気のような存在のソリューション環境を整える

　ここまでで、コンタクトセンター現場のオペレーション設計の方法、組織作りと人材育成の方法、現場のオペレーションマネジメントの方法について説明しました。しかし、誰がいつ応対しても、品質の良い応対を、効率的に実施するためには、「後はコミュニケーターの皆さん、人海戦術で頑張ってください」というわけにはいかず、実施する業務の目的、内容、規模にふさわしい適切な支援システムやソリューションを、SVやコミュニケーターが空気のように無意識のうちに自然に有効活用できる支援環境を整えることも欠かせません。

　現代のコンタクトセンターには人とシステムのバランスの採れた協調が必須であり、また、適切なシステム／ソリューションなしでは成立しないといっても過言ではありません。

　コンタクトセンターを支援するソリューションは、**顧客とコンタクトセンターの間の通信をつなぐネットワーク系、コンタクトセンター内で各コミュニケーターが使用する電話機等を制御するテレフォニー系、顧客情報や顧客との応対履歴、顧客応対に必要なFAQ・ナレッジ等を管理するコンピュータ系**に大別されます。

　また、顧客からの着信と同時に発信者電話番号を基に顧客情報や応対履歴を検索してコミュニケーター端末に瞬時に自動表示する等、**テレフォニー系とコンピュータ系とを連携させたCTI連携**の部分もあります。

　6章では、最初にコンタクトセンターの課題を整理してから、コンタクトセンターシステムの基本構成とテレフォニー系、最も基本的なACD、コールマネジメントシステムと主なレポートの活用方法、コンピュータ系でのデータベース管理、応対品質管理を支援する通話録音システムとその活用方法、稼働管理を支援するソリューション等について説明します。

コンタクトセンターの課題と対策

課題の本質は昔も今も変わらないが対処法は進化した

（1）コンタクトセンターの課題

コンタクトセンターの主要課題は日本でテレマーケティングが活発になり始めた1980年代から大きな変化はなく、コンタクトセンターの現場に携わっている人たちが抱えている運営上の課題は全て、「**人材のマネジメントと、誰がいつ応対しても均質な応対ができるような運営を、いかに効率的に、高品質に維持するか**」に集約されます。

●コンタクトセンター運営上の課題

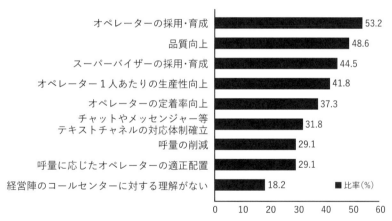

（出典：『コールセンター白書2019』月刊コールセンタージャパン編集部・編、リックテレコム刊）

このような**コンタクトセンター運営上の課題に対処するため、各種の支援システム／ソリューションの活用が必要となり、また、それに伴ってシ**ステム構築上の課題やソリューション導入に関する課題も発生します。

（2）課題への対策

運用面の課題については、まず、既に述べてきたようなコンタクトセン

ター現場のオペレーション設計の方法、組織作りとコミュニケーターの育成方法、現場のマネジメントの手法等を工夫することで、そもそも課題が発生しないような運用体制を整えておくことが必要ですが、さらに、様々な工夫を凝らしたコミュニケーター応対支援やマネジメント支援のシステムやソリューションが利用されています。

例えば、着信呼を各コミュニケーターに均等に割り付ける**ACD**（Automatic Call Distribution）システム、顧客情報や応対履歴を管理する**DB**システム、**CTI**（Computer Telephony Integration）技術を活用してコミュニケーターが電話に応答すると同時に顧客情報や応対履歴を検索・表示する機能（スクリーンポップ）、**FAQ**(Frequently Asked Questions）の検索・表示機能、応対スクリプトを表示する機能等が代表的です。

これらのシステムを使いこなすことで、新人でも、ベテランでも、ほぼ同等の応対ができるようにコミュニケーターを支援します。

また、コンタクトセンターのコミュニケーターの運用管理自体を効率化するための支援ツールも進歩しています。

以前はまずはコンタクトセンター運用の基盤として必要不可欠なACDやデータベース構築等、基本的で直接的なコミュニケーター応対支援システムが優先的に導入されてきましたが、最近はWFM等、基本的システムをより効率的に運用するための間接的なツールも重視されています。

例えば、コンタクトセンターへの電話着信呼数に応じてコミュニケーターの必要人員数を自動算出し、コミュニケーターの勤務条件も加味して着席配置スケジュールを自動作成する**WFM**（Work Force Management）システム等です。コンタクトセンター運営コスト削減にはそこまで考えざるを得ない状況に陥ってきたと言えるかもしれません。

また、「蓄積した顧客データベース、応対履歴データベース等をいかに有効に活用するか？」という視点から、**テキストマイニング／テキストアナリティクス**等の分析のための支援システムも有効です。

さらに、これらの適切なソリューションを導入するだけでなく、**活用目的を意図的に絞り込み、業種・業態の特性を踏まえて分析し、活用していくためのスキルやノウハウを身に付けた人材の育成も忘れてはなりません。**

コンタクトセンターに必要な
基本的ソリューションは何か

ACDはコンタクトセンター電話応対の基本システム

(1)コンタクトセンターシステムの基本構成

コンタクトセンターシステムの基本的な構成は以下の通りです。

①電話音声を中心とした通信を実現するテレフォニー系機能

②顧客情報等のデータベース（DB：Data Base）の管理・検索・処理を実現するコンピュータ系機能

③これら両者を関連付けて連動させるCTI（Computer Telephony Integration）連携機能

●コンタクトセンターを構成する基本機能

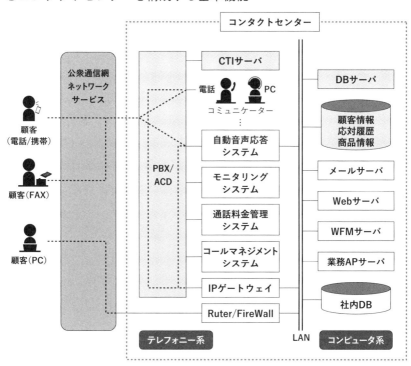

④通信経路そのものやその付加価値サービスとしてNTT等の通信事業者から提供されるネットワークサービス機能

⑤モニタリング等、コミュニケーター育成やコンタクトセンターで実施する個々の応対毎の品質管理をミクロに支援する機能

⑥ワークフォースマネジメント：WFM等、コンタクトセンター全体の生産性・効率管理をマクロに支援する機能

⑦メール、チャット、Web等のサービスの効率的・効果的な実現を支援する機能

⑧マルチチャネルコンタクトや、ネットワークセンター／在宅コミュニケーター構築等の実現を支援する機能

　IP電話が普及した現在では、テレフォニー系機能もコンピュータ上でソフトウェア的に実現できるため、以前より安価に構築できるようになりました。テレフォニー系とコンピュータ系という物理的な区別は明確ではなくなり、CTI連携というイメージも希薄になりましたが、論理的には上記①～⑧のように分類して考えた方がわかりやすいと思います。

（2）テレフォニー系機能の役割

　テレフォニー系の基本である**ACDシステムは、着信呼の均等分配や稼働状況の統計管理等を行い、コンタクトセンターの業務効率化とサービス品質向上には必須な機能**です。

　SIベンダーやネットワークキャリアが提供するACDシステムには、若干の機能的差異はありますがほぼ類似の機能が具備されています。

　また、**各ユーザー企業が自社で独自にACDシステムを設置するオンプレミス構築の方法**と、**ネットワークキャリアやSIベンダー等が提供するクラウドサービスを利用する方法**があります。

　ACDシステムは、コンタクトセンター構築には最も基本的な機能であり、特に**10席程度以上の規模でのインバウンド業務には必須な機能**です。

■稼働状況の把握管理

　コンタクトセンターの運用管理には欠かせない日毎・時間帯毎等の着信呼数・発信呼数やコミュニケーターの応答状況を把握するための統計管理レポート機能は、一般的にはACDシステムの機能に含まれていますが、

さらに高度な統計管理機能は外付け装置で実現している場合もあります。

●テレフォニー系／ACDシステムの主な機能と効果

機能	概要	インバウンド	アウトバウンド	効果
ログイン管理機能	コミュニケーターのログインID、パスワードを管理	○	○	稼働管理、セキュリティ管理
コミュニケーターのステータス管理機能	ログイン中、ログアウト中、待機中、通話中、後処理中、離席中等のステータスをコミュニケーター毎のステータスを管理	○	○	コミュニケーターのステータス把握、呼分配制御の基礎データ
ジョブ管理機能	コミュニケーターの対応可能なジョブを管理	○	○	サービス品質向上
コミュニケータースキル管理機能	コミュニケーターのスキルレベルを管理	○	−	サービス品質向上
着信均等分配接続機能	コミュニケーターのステータス・対応可能ジョブ・スキルレベルに応じ負荷が均等となるように着信呼を自動分配	○	−	コミュニケーター稼働率向上、応答待時間短縮、サービス品質向上
転送機能	コミュニケーター・スーパーバイザーへの内線転送、外線転送等	○	−	エスカレーション容易化
コールフロー制御機能	受付時間帯内／外、待機コミュニケーター有／無、応答待時間が一定時間長を越えた場合等の着信呼の処理手順を制御	○	−	応答率向上、放棄呼削減
アナウンス／プロンプト制御機能	待合せ・輻輳時・時間外のアナウンス送出、目的切り分け等のガイダンス送出をしてプッシュボタン入力要求を行う等の制御	○	−	応答率向上、放棄呼削減、コミュニケーター稼働率向上
待ち時間予測案内機能	コミュニケーターが応答できるまでの待時間を予測して自動音声案内	○	−	放棄呼削減
ルーティング機能	着信したセンター内での応答待時間が長くなる場合に他センターのトラフィック状況を判断して自動転送	○	−	応答待時間短縮、放棄呼削減
統計管理機能	着信呼の状況、コミュニケーターの稼働状況、回線の稼働状況等をリアルタイムレポートや時系列的なヒストリカルレポートとして集計し表示・出力	○	○	稼働管理、サービス品質管理、マネジメント効率化
通話モニタ機能	コミュニケーターと顧客との応対状況をスーパーバイザー等がリアルタイムでモニタ	○	○	応対スキル向上、サービス品質向上
通話録音機能	コミュニケーターと顧客との応対状況を指定時あるいは全通話録音し、必要時に各種検索キーで探し出して再生聴話	○	○	応対スキル向上、サービス品質向上、セキュリティ対策、トラブル対策
通話料金管理機能	ジョブ毎、部門毎の通話料金内訳等を管理	○	○	ジョブ毎、部門毎の経費内訳把握

　これらの機能の狙うところは、コミュニケーターの稼働率向上、サービス品質管理、統計管理等のマネジメント業務の効率化、応答待時間の短縮、応答率の向上、放棄呼の削減等であり、コンタクトセンター運用には大きな効果があります。

応対管理・効率管理に必要な ソリューションは何か

ACDと統計レポートをフルに使いこなそう

（1）着信呼均等分配

着信呼均等分配（ACD：Automatic Call Distribution）機能は、**ログインして待機状態にあるコミュニケーターのうち、待機時間が最も長いコミュニケーターから優先的に、着信呼が着呼した順に、順次振り分けて顧客とコミュニケーターを通話接続**します。

インバウンドコンタクトセンターでは、必須機能であり、特定コミュニケーターに呼が集中しないようにして、稼働を均等化できます。

●着信呼均等分配（ACD）の処理イメージ

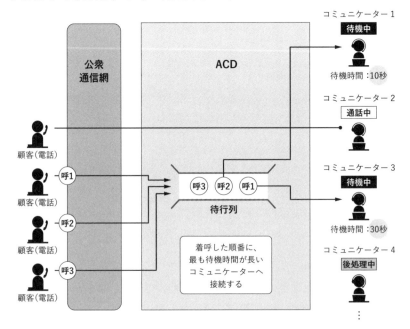

（2）スキルベースルーティング

各コミュニケーターが応対することができる業務スキルに優先度を付けて複数登録しておき、前記（1）の待機時間に加え、**着信呼の応対に必要な業務スキルの優先順位も考慮して、着信呼を順に振り分けて通話接続し**ます。

各コミュニケーターの稼働を均等化するだけでなく、**各コミュニケーターの業務スキルに適合した着信呼を優先的に応対**することができます。

その効果として、**コミュニケーターのストレスを軽減**できると共に、**応対品質と効率の向上**にもなり、結果的には**顧客満足度の向上**にもつながります。また、**各業務／スキル毎の応答率を適切に制御**することもできます。

●スキルベースルーティングの処理イメージ

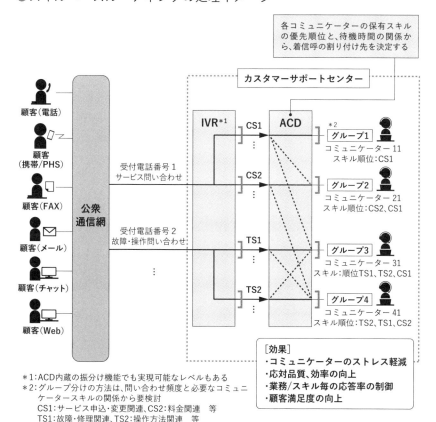

各コミュニケーターの保有スキルの優先順位と、待機時間の関係から、着信呼の割り付け先を決定する

カスタマーサポートセンター

IVR*1　CS1　ACD　*2
　　　　　　　　　　グループ1
　　　　　　　　　　コミュニケーター11
　　　　　　　　　　スキル順位：CS1

受付電話番号1　CS2
サービス問い合わせ　　グループ2
　　　　　　　　　　コミュニケーター21
　　　　　　　　　　スキル順位：CS2、CS1

受付電話番号2　TS1
故障・操作問い合わせ　　グループ3
　　　　　　　　　　コミュニケーター31
　　　　　　　　　　スキル：順位TS1、TS2、CS1

TS2
　　　　　　　　　　グループ4
　　　　　　　　　　コミュニケーター41
　　　　　　　　　　スキル順位：TS2、TS1、CS2

顧客（電話）
顧客（携帯/PHS）
顧客（FAX）
公衆通信網
顧客（メール）
顧客（チャット）
顧客（Web）

［効果］
・コミュニケーターのストレス軽減
・応対品質、効率の向上
・業務/スキル毎の応答率の制御
・顧客満足度の向上

＊1：ACD内蔵の振分け機能でも実現可能なレベルもある
＊2：グループ分けの方法は、問い合わせ頻度と必要なコミュニケータースキルの関係から要検討
　　　CS1：サービス申込・変更関連、CS2：料金関連　等
　　　TS1：故障・修理関連、TS2：操作方法関連　等

(3)インテリジェントルーティング／ AI ルーティング

AI機能を利用して、前記（1）〜（2）に加えてさらに、**各コミュニケーターの得手／不得手、直近の顧客応対履歴、顧客との相性や年代等も考慮に入れて、着信呼を振り分けるコミュニケーターを決めて通話接続**します。

(4)コールマネジメントシステム

コールマネジメントシステム（CMS：Call Management System）は、**着信呼数、応答呼数、放棄呼数、通話時間、後処理時間等の各種指標／KPIを取得して蓄積・管理し、コンタクトセンターの運用管理に必要な各種のACD統計レポートを作成するシステム**です。

このようなACD統計レポートの最も基本となる情報は、電話の場合には、時刻情報、発信元情報、着信先情報、コンタクトリーズン／呼種別情報、ID情報です。

■基礎データ
①時刻情報
呼毎／処理毎の着信時刻／発信時刻、トーキ接続時刻、応答時刻／接続時刻、保留時刻／転送時刻、再応答時刻／再接続時刻、終話時刻／切断時刻、コミュニケーター解放時刻等、呼／処理の節目となる時刻情報です。

②発信元情報
呼毎／処理毎の発信元の電話番号／メールアドレス／顧客番号／会員番号等の発信元を特定する情報（ナンバーディスプレイサービスでの取得、あるいは、顧客がプッシュボタン入力した情報等）です。

③着信先情報
呼毎／処理毎の着信先の電話番号／メールアドレス／サービス受付窓口種別等の着信先を特定する情報です。

④コンタクトリーズン／呼種別情報
呼毎／処理毎の目的／内容／要件等を表すコンタクトリーズン／呼種別情報（コミュニケーターが入力、あるいは、顧客がプッシュボタン入力した情報等）です。

⑤ ID 情報
応対／処理を実施したコミュニケーターと特定するID情報です。

●統計レポートの基礎データ項目

分　類		主な基礎データ項目
電話	ACDシステム /コールマネジメント システム（着信系）	着信時刻、トーキ接続時刻、応答時刻、保留／転送時刻、再 応答／再接続時刻、終話／切断時刻、コミュニケーター解放 時刻、発信元電話番号、着信先電話番号、コミュニケーター ID、コンタクトリーズン／呼種別
	プレディクティブ ダイヤリングシステム （発信系）	発信時刻、接続時刻、終話／切断時刻、コミュニケーター解 放時刻、発信先電話番号、発信元回線番号、コミュニケー ターID
	自動音声応答 システム（着信系）	着信時刻、接続時刻、メッセージ送出開始時刻、終話／切断 時刻、途中放棄時刻、発信元電話番号
メール	メール処理システム （受信系）	受信時刻、開封時刻、一時返信／返信時刻、一時保留／転送 時刻、再開封時刻、発信元アドレス、着信先アドレス、コミュ ニケーターID、コンタクトリーズン／要件種別
	メールアウトバウンド システム（発信系）	送信時刻、送信先アドレス、レスポンス受信時刻、レスポ ンス受信元アドレス、レスポンス種別
Web	Webシステム	サイトページ毎のアクセス時刻、ページ退出時刻、アクセ ス元情報、検索キーワード、顧客入力情報
	WebFAQシステム	アクセスFAQ番号、アクセス時刻、アクセス元情報、検索 キーワード、アンケート／顧客入力情報

基本情報は、（1）時刻情報、（2）発信元情報、
（3）着信先情報、（4）コンタクトリーズン情報、（5）ID情報

　基礎データ項目には、一見、多種多様な情報が含まれているように思われますが、**基本となっているものは、①時刻、②発信元、③着信先、④コンタクトリーズン、⑤IDに関する情報**です。

　これらの基礎データは、適切なACDステータス管理を実施しなければ正しい統計レポートのデータを取得することができません。

　例えば電話の場合には、コミュニケーターが通話に使用する電話機を操作することで、ACDシステム内では一般的に次ページの図のようなACDステータス管理（状態管理）が行われています。

　通話を切断したら自動的に後処理中の状態に遷移する等、ACDシステムが自動的に判断できるものは自動管理されていますが、図中の囲み文字で記した**ログイン／ログアウト、応答可／離席、後処理／応答可、後処理／離席等の状態遷移は、ACDシステムが自動的には判断できず、コミュニケーターが適切なタイミングで操作しなければなりません。**コミュニケーターが、ログインしたままで離席してしまう、後処理のままで直前の呼の後処理とは関係ない他の作業を実施する等のことを行ってしまえば、ログイン時間、離席時間、後処理時間等は正しく把握できなくなってしま

いますので、**正しい操作をする習慣を付けるような運用上の注意が必要で**
す。

● ACD ステータス管理方法（一般的な電話系状態遷移図）

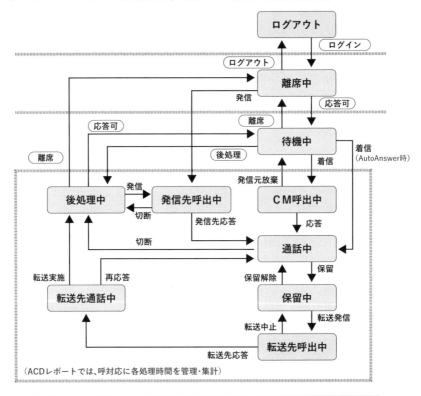

適切なステータス管理を実施しないと、正しい統計レポートが得られない

■演算算出データ

　上記の基礎データとなる情報を基に、加減乗除の演算や発生回数のカウント等を行うことによって、次のようなレポート項目は算出されています。

①時間情報

　通話時間、後処理時間等の時間情報は、それぞれの開始時刻と終了時刻を引き算して算出されています。

　（例）通話時間＝終話時刻－応答時刻

②件数情報

　着信件数、応答完了件数等の件数情報は、例えば着信件数は、特定の着信先に対する時間帯毎の着信発生回数を着信時刻を基にカウントすることで算出されています。

③稼働率／使用率情報

　コミュニケーター稼働率や回線使用率等の比率を示す情報は、該当する時間情報を加算してその比率を算出することで求められています。

■代表的な ACD 統計レポート構成

　コンタクトセンターの最も基本的でかつ主要な応対チャネルである電話応対の生産性向上と品質向上を支える ACD システム／コールマネジメントシステムでは、製品にもよりますが多いものでは約100種類近くもの ACD 統計レポート作成機能が標準として提供され、さらにユーザーに特化した利用目的や要望に応じたカスタマイズレポートも作成できます。これらのレポートは、製品によらず、リアルタイムレポートとヒストリカルレポートに大別できます。

①リアルタイムレポート

　ログイン中のコミュニケーター毎の稼働状態や、業務／ジョブ毎の ACD 着信呼数、待ち呼数、途中放棄呼数、平均通話時間等、現時点でのコンタクトセンターの稼働状況を、予め指定された一定時間周期毎（3秒、15秒、30秒、1分、3分、15分、30分等）に最新状況を自動更新して表示するレポートです。

②ヒストリカルレポート

　コミュニケーターグループ毎や、業務／ジョブ毎の ACD 着信呼数、途中放棄呼数、平均通話時間、平均応答時間等、過去のコンタクトセンターの稼働状況を時系列的（時間帯毎／日毎／週毎／月毎等）に集計して表示するレポートです。

■着目点と主な評価指標

　リアルタイムレポート、ヒストリカルレポートとも、レポート内容が着目している視点によって、①業務／ジョブ毎の運用状況に着目したレポート、②コミュニケーター毎の稼働状況に着目したレポート、③公衆通信網への回線側の使用状況に着目したレポート、ACD システムの機種にも依

存しますが④**ACD内部の呼処理フローに着目したレポート**、⑤**呼毎の顧客応対内容に着目したレポート**、に分類できます。

　また、ACDでは取得できませんが、⑥**公衆通信網内での呼処理状況**（例えばフリーダイヤル／ナビダイヤルの総発信呼数等）**に着目したレポート**も、通信事業者のネットワークサービス機能の一環として取得することができます。通信販売／テレビショッピングやイベント実施での**ピークコール発生時等に、コンタクトセンターまで着信できずに公衆通信網内で話中となった呼数を確認する**（コンタクトセンターへの設備回線数が不足していないかを確認する）**ために有効なレポート**です。

● ACD レポートの着目点と主な評価指標

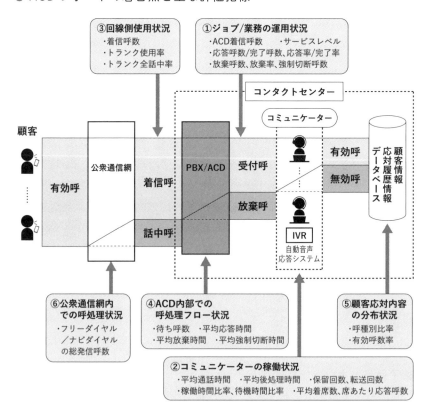

■よく利用されるレポート

①業務／ジョブの実施状況を監視するリアルタイムレポート

　特定の業務／ジョブについて、その業務／ジョブにログインしているコミュニケーター数、各コミュニケーターの現在のステータス（待機中、通話中、後処理中、離席中等）、コミュニケーターのステータス（稼働状態）が変更されて以降の経過時間、現在のACD着信呼数、待ち呼数、平均応答時間（着呼してからコミュニケーターが応答するまでの顧客の平均待ち時間）、サービスレベル（予め定めた時間内にコミュニケーターが応答できたACD着信呼数比率）等をリアルタイムで把握できます。一例として、ビーウィズ株式会社のクラウド型ACD：Omnia LINKのレポート例（キュー・トップエージェントレポート：リアルタイム）を図に示します。

　この種のレポートを利用することで、**サービスレベル、待呼数、平均応答時間等の変動状況をジョブマネージャーやスーパーバイザーがリアルタイム監視**することで、必要に応じて**着席コミュニケーター数を臨機応変に増減**したり、コミュニケーターへ応対の迅速化を促す指示を出す等の即時の対処を行うことができます。**業務／ジョブの運用監視に必須となる重要なレポート**です。

●業務／ジョブの実施状況をリアルタイムに監視するレポート例
　〈キュー・トップエージェントレポート（リアルタイム）〉

待ち呼やサービスレベルを監視し、着席コミュニケーター数を臨機応変に増減したり、コミュニケーターへ通話や後処理の迅速化を促す指示を出す等、即時の対処を実施

応答可能コミュニケーターの状況を監視し、臨機応変に、休憩／昼休み／研修の開始／中断等の対処を実施

閾値を超えたコミュニケーターの状況をチェックし、必要に応じて、SVがフォローする等の対処を実施

②業務／ジョブの実施状況を監視するヒストリカルレポート

　特定の業務／ジョブについて、ACD着信呼数、平均応答時間、平均通話時間、平均後処理時間、途中放棄呼数、応答率（コミュニケーターが応答できた呼数比率）、平均コミュニケーター着席数、席当たり平均応答呼数等を、時間帯毎／日毎／週毎／月毎に時系列でヒストリカルに把握できます。同レポート例（統合レポート：ヒストリカル）を図に示します。

　この種のレポートを利用することで、**応答率や放棄率等による品質面の評価や、ACD着信呼数とコミュニケーター着席数のバランスチェックによる効率面の評価を行い、以後の同業務／ジョブの実施計画へフィードバックをかけたり、類似業務／ジョブ企画時の参考情報としてして活用する**ことができます。**業務／ジョブの長期的な運用計画を考えるために必須なレポート**です。

●業務／ジョブの実施状況をヒストリカルに監視するレポート例
〈統合レポート（ヒストリカル）〉

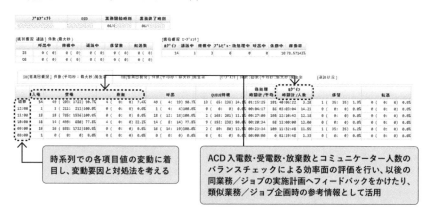

時系列での各項目値の変動に着目し、変動要因と対処法を考える

ACD入電数・受電数・放棄数とコミュニケーター人数のバランスチェックによる効率面の評価を行い、以後の同業務／ジョブの実施計画へフィードバックをかけたり、類似業務／ジョブ企画時の参考情報として活用

③コミュニケーターの応対状況を監視するヒストリカルレポート

　特定コミュニケーターグループ内のコミュニケーター毎について、ACD応答呼数、平均通話時間、平均後処理時間、稼働時間比率、待機（手空き）時間比率、ログイン延時間等を日毎／週毎／月毎等の時系列でヒストリカルに把握できます。同レポート例（エージェントレポート：ヒストリカル）を次ページの図に示します。

　この種のレポートを利用することで、**コミュニケーター毎の稼働実績や**

稼働効率を時系列的に把握・評価したり、相対的な比較による各人スキル評価や課題発見等に活用することができます。コミュニケーターの効率と品質の管理には欠かせないレポートです。

●コミュニケーターの応対状況をヒストリカルに監視するレポート例
〈エージェントレポート（ヒストリカル）〉

コミュニケーター毎の各項目値の差異に着目し、差異の要因と対処法を考える

コミュニケーター毎の稼働実績や稼働効率を時系列的に把握・評価したり、相対的な比較による各人のスキル評価や課題発見などに活用

④ ACD 内部での呼処理状況を監視するレポート

　ACDシステム機種にも依存しますがACD内部で定義した各々の呼処理フローに着目して、その呼処理フローへの着信呼数（処理した呼数）、応答呼数、平均応答時間、放棄呼数、平均放棄時間、強制切断呼数等を、時間帯／日毎／週毎／月毎等の時系列でヒストリカルに把握できます。同レポート例（ダイヤルインレポート：ヒストリカル）を次ページで図に示します。

　この種のレポートを利用することで、**呼処理フローに不適切な部分がないか、呼処理フロー内での待合せ時間に問題がないか、呼処理フロー内での送出メッセージ内容に不適切な部分がないか等の確認や問題点の発見に**活用することができます。**ACDシステムでの呼処理フロー設計や最適化**のために重要なレポートです。

〈ダイヤルインレポート（ヒストリカル）〉

日付	応答率	インバウンド呼	ACD呼	平均応答時間	平均ACD時間	平均後処理時間	メインACD呼	コールバック要求呼	途中放棄呼	平均放棄時間	途中放棄率%	強制ビジー呼	話中%	強制切断呼	平均IVDN時間	保留呼	平均保留時間
2020/05/01	92.0	328	301	0:00:40	0:04:20	0:02:11	301	0	27	0:01:31	8.0	0	0.0	0	0:04:47	16	0:01:29
2020/05/02	93.0	175	163	0:00:33	0:04:56	0:02:21	163	0	12	0:00:46	7.0	0	0.0	0	0:05:14	12	0:00:56
2020/05/03	97.0	101	98	0:00:14	0:04:32	0:02:19	98	0	3	0:00:25	3.0	0	0.0	0	0:04:43	5	0:01:38
2020/05/04	94.0	153	144	0:00:14	0:04:20	0:02:10	144	0	9	0:01:30	6.0	0	0.0	0	0:04:28	7	0:01:40
2020/05/05	94.0	158	149	0:00:16	0:04:48	0:02:33	149	0	9	0:01:03	6.0	0	0.0	0	0:04:55	14	0:00:58
2020/05/06	98.0	146	143	0:00:06	0:03:20	0:02:10	146	0	3	0:00:47	2.0	0	0.0	0	0:05:27	13	0:01:16
2020/05/07	86.0	299	257	0:01:05	0:04:39	0:02:38	257	0	42	0:01:42	14.0	0	0.0	0	0:05:13	16	0:01:07
2020/05/08	93.0	300	279	0:00:41	0:04:37	0:02:00	279	0	21	0:01:13	7.0	0	0.0	0	0:06:04	16	0:00:49
2020/05/09	90.0	244	218	0:00:29	0:05:06	0:02:13	218	1	26	0:01:25	10.0	0	0.0	0	0:05:13	19	0:01:05
2020/05/10	92.0	243	224	0:00:23	0:05:47	0:02:07	224	0	19	0:01:26	8.0	0	0.0	0	0:05:52	16	0:01:09
2020/05/11	85.0	394	336	0:00:59	0:05:20	0:02:11	336	0	58	0:02:07	15.0	0	0.0	0	0:05:11	26	0:00:56
2020/05/12	91.0	486	438	0:00:30	0:04:37	0:01:50	438	2	46	0:01:00	9.0	0	0.0	0	0:04:45	22	0:00:56
2020/05/13	94.0	393	368	0:00:24	0:04:31	0:01:55	368	0	25	0:01:03	6.0	0	0.0	0	0:04:42	15	0:00:59
2020/05/14	93.0	351	328	0:00:30	0:05:12	0:02:05	328	0	23	0:00:54	7.0	0	0.0	0	0:05:28	22	0:01:24
2020/05/15	92.0	328	301	0:00:40	0:04:20	0:02:11	301	0	27	0:01:31	8.0	0	0.0	0	0:04:47	16	0:01:29
2020/05/16	95.0	211	201	0:00:14	0:04:54	0:01:50	201	0	10	0:00:40	5.0	0	0.0	0	0:04:39	8	0:01:20
2020/05/17	95.0	164	155	0:00:21	0:05:55	0:02:31	155	0	9	0:01:43	5.0	0	0.0	0	0:06:06	9	0:01:25

呼処理フローに不適切な部分がないか、呼処理フロー内での待合せ時間に問題がないか、呼処理フロー内での送出メッセージ内容に不適切な部分がないか等の確認や問題点の発見に活用

■コンタクトセンターの収支率

　コンタクトセンターの収支率は一般的に以下の式で表現できます。当然のことながら分母にある項目は少しでも大きく、分子にある項目は少しでも小さくすれば収支率は向上します。

　収支率（＝支出／収入）は、以下に比例します。

$$（平均通話時間/呼＋平均後処理時間/呼＋平均手空時間/呼）×人件費 ÷（有効呼数率×サービス単金）$$

（注）有効呼数率＝有効呼数÷応答呼数

■目的を明確に意識してレポート活用を！

　コンタクトセンター第一線の運用現場では、毎日、目の前の業務に追われ、レポート活用方法を冷静に考えている余裕はなかなか作り出せないのが実態でしょう。収支率にせよ、効率向上や品質向上にせよ、まず**目的を明確に意識した**上で、どのレポートのどの指標に着目すべきかをよく見定めて定型パターン化し、センター運用に関わる誰もが容易に活用できるように定石化しておくことが重要です。

(5)プレディクティブダイヤリングシステム

　プレディクティブダイヤリングシステムは、**待機コミュニケーターが発生する時刻を統計確率的に予測し、そのタイミングに合わせて、顧客リストに従って順に先行してコンピューターが自動ダイヤル発信を行い、発信先電話の応答／話中／不出等を自動的に識別して応答した呼だけを最も待機時間の長いコミュニケーターに自動接続するシステム**です。

　一定時間呼び出しても顧客が電話に応答しない場合や顧客が話中時には自動切断し、次の顧客リストへの自動発信を開始します。

　統計的な予測により先行自動発信しているので、顧客が電話に応答したにもかかわらず、待機状態となっているコミュニケーターがいない場合もあり得ます。**業務内容や顧客リストの特性に応じて、顧客の応答率を想定し、先行自動発信のペースを適宜、調整しながら運用することが重要**です。

　顧客情報をまず画面表示してコミュニケーターが確認してから発信するプレビューダイヤリングと比べ、発信前の確認時間、ダイヤル操作時間、公衆通信網内の接続処理時間、顧客の電話機が鳴り出してから顧客が受話器を取って応答するまでの時間等の平均合計時間約30秒の部分にコミュニケーター介在が不要となり、コミュニケーターの手数時間を削減できます。

　さらに、顧客の不在・話中による不接続呼の場合には、呼出音を聞きながら顧客が不出と判断して切断するまでの時間や、話中音を聞いて切断するまでの時間の平均合計時間約40秒の部分に対してコミュニケーターは全く介在する必要がなくなるということも大きな効果です。

　10～20席程度以上の規模のアウトバウンド業務で、大量の顧客リストに対して、短時間に、効率的にアウトバウンドコールをかけたい場合には非常に有効な手段です。特に応対手数時間の比較的短い業務や、コンシューマー向け（家庭向け）で不接続呼率（顧客の不在率）が高い業務で利用すると大きな効果が得られます。

　コミュニケーターから見れば、あたかもインバウンド呼の着信に応答したかのような状態となりますが、応対開始時の顧客との会話方法はアウトバウンドそのものですので、使い方には十分な注意が必要です。

　顧客の状況に応じて冒頭の応対方法が変わる業務には不向きであり、顧客の状況には関係なく冒頭の応対方法がほぼ同一の業務に適しています。

●アウトバウンド業務の作業時間内訳の概略と活用効果

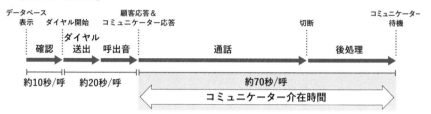

[応答呼：約50％]

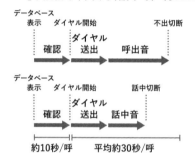

[不接続呼（不出呼、話中呼）：約50％]

プレディクティブダイヤリングシステム活用時の効果

[手動発信時]

$(10＋20＋70)×0.5＋(10＋30)×0.5＝$ **70秒/呼**

プレディクティブダイヤリング活用で
約50％
の稼働削減が可能

[プレディクティブダイヤリング発信時]

$(0＋0＋70)×0.5＋(0＋0)×0.5＝$ 35秒/呼

コミュニケーターの応対を 支援するソリューションは何か

顧客情報、応対履歴、ナレッジは応対支援の三種の神器

　顧客情報や応対履歴情報等をデータベース管理し、顧客情報や応対に必要なFAQ等を素早く検索表示できたり、応対履歴を容易に入力できることは、効率的な応対実現には欠かせない機能です。

（1）データベース管理による情報の蓄積と検索

　顧客情報、顧客との応対履歴情報、商品情報やFAQ情報等の顧客との応対に必要な案内情報等、大量の情報の効率的管理には、コンピュータ上でのデータベース構築が必須と言えます。データベース化することにより、顧客から提示された必要な情報を容易に入力して蓄積し、顧客との応対に必要な情報を容易にかつ瞬時に検索表示することが可能となります。主なデータベース管理対象は以下の通りです。

①顧客情報

　顧客の名義、住所、電話番号、メールアドレス、性別、生年月日等、個々の顧客の固有情報を管理します。対象顧客が個人顧客か法人顧客か、また業務の内容に依存して、管理すべき情報項目は変わります。

②応対履歴情報

　顧客と応対した日時、応対内容、対処内容、コンタクト媒体、応対コミュニケーター等の情報を時系列的に管理します。

③案内情報

　顧客への案内対象となる情報を管理します。例えば通信販売であれば商品情報、製造業・サービス業のカスタマーセンターであれば製品・サービスに関する各種情報、また、顧客から頻繁に問い合わせがある質問に対する回答をまとめたFAQ：Frequently Asked & Questions等です。

④ CTI 連携

　着信と同時に、発信顧客の顧客情報、応対履歴情報を自動的に検索表示することができます。

⑤ FAQ 検索支援

応対中に、キーワード等を基に関連する FAQ 情報を検索表示します。

（2）データベース情報の分析・活用

必要な情報がデータベース管理されていれば、各種の帳票作成処理を自動化したり、データベースの加工・分析によるサービス企画・戦略立案への活用等も効率的に実現することができます。

加工・分析の方法としては、比較的単純な統計分析、データ項目間の相関関係の分析、テキストマイニング、データマイニング等、活用目的に応じて様々な手法があります。

●コンピュータ系の主な機能と効果

機　能	概　要	イン バウンド	アウト バウンド	効　果
顧客情報 管理機能	名義・住所・電話番号等、顧客毎の個人/企業情報をDB管理・検索・表示	○	○	・顧客応対の円滑化・迅速化によるサービス向上とコミュニケーター稼働の削減
応対履歴情報 管理機能	顧客毎の応対履歴情報を時系列的にDB管理・検索・表示	○	○	
商品/製品/案内 情報管理機能	顧客へ提供する商品/製品情報や案内情報をDB管理・検索・表示	○	○	
注文/問い合わせ /クレーム情報 管理機能	顧客から受け付けた注文内容、問い合わせ内容、クレーム内容等をDB管理・検索・表示	○	○	・帳票作成・集計の自動化によるサービス品質向上と後処理・バックヤード処理稼働の削減
応対支援情報 管理機能	応対ステップに応じた応対スクリプトの自動提示、マニュアル・FAQ等の応対支援情報のDB管理・検索・表示等	○	○	
DB分析・データ マイニング 機能	DB集計・分析による帳票作成、RFM分析・ABC分析等のマーケティングデータ作成等	○	○	サービス企画・運営への活用

事例9

スクリーンポップ活用の効果

◆スクリーンポップの概要

インバウンド呼の電話着信と同時に、ナンバー・ディスプレイサービス等を利用して発信者の電話番号を公衆通信網からPBX / ACDが自動取得し、**CTI連携によりデータベースに蓄積されている顧客情報⇒応対履歴情**

報等を自動的に検索し、コミュニケーターの端末画面に表示します。

　コミュニケーターは着信と同時に電話をかけてきた顧客の状況を把握できるので、臨機応変に手際良い応対が可能となります。

　スクリーンポップはこの他にも、顧客がサービス目的に応じてダイヤルした着信先電話番号を取得してコミュニケーターの受付応対画面をサービス／業務対応に自動切り替えすることで、ACDが複数サービス／業務を呼毎に切り替えてコミュニケーターへ振り分けても容易に対処できるようにする利用方法もあります。

　また、転送元電話番号を取得して秘書代行サービスの会員会社毎の固有情報を含む初期応対画面を自動表示することで、「○○会社です」という社名応答を容易に実現するための活用方法もあります。

　なお、秘書代行サービスは　電話秘書サービス、伝言サービス、代理応答サービス等とも言われ、中小企業等で着信した電話をサービスセンターへ転送し、コミュニケーターが転送元会社内の社員に成り代わって応対して、伝言を伝えるサービスです。

◆通信販売インバウンド受付の応対処理時間内訳

　通信販売インバウンド受付のそれぞれの応対部分にどの程度の時間を費やしているかの概略は以下の通りです。

●通信販売インバウンド受付の応対処理時間内訳の概略

応　対　内　容	応対処理時間(秒)	比率(%)
始めの挨拶	6.3	3.0
顧客情報の聴取・確認(名義・住所・電話番号等)	46.2	22.2
商品情報の聴取・確認 (商品名・商品番号・数量・単価・送料等)	39.6	19.0
支払方法の聴取・確認	20.9	10.1
配達方法の聴取・確認	18.2	8.8
全体的な復唱確認	31.2	15.0
その他	41.3	19.8
終わりの挨拶	4.4	2.1
合　　計	208.1	100.0

　これより、顧客の名義、住所、電話番号等の顧客情報の聴取・確認のために、応対処理時間全体（約210秒）の約22%（約46秒）を平均的に費

やしていることがわかります。

　カタログ受注かテレビショッピング受注か等のサービス内容に依存して、全体の応対処理時間は異なりますが、名義・住所・電話番号等の顧客情報聴取部分に必要な時間は本質的には大差はありません。

◆ スクリーンポップの稼働削減効果

　スクリーンポップを活用した場合、顧客から聴取した名義・住所等の情報と検索表示されたデータベース管理情報とを照合確認するだけで良くなるので、**この例で約46秒かかっていた顧客情報の聴取・確認時間を約20秒程度へと半分以下に短縮**することができます。

　サービス／業務全体としての実効的効果は、既存顧客と新規顧客の受付比率、ナンバー・ディスプレイで発信者電話番号を取得できる呼の比率にも依存して変わります。

●スクリーンポップの効果

名義、住所、電話番号等の聴取・確認時間＝40 〜 60秒/呼の範囲

〈通販カタログ受注インバウンドジョブの例〉

スクリーンポップなし時

平均応対処理時間：210秒/呼
名義、住所等の聴取・確認：**平均46秒/呼**（応対処理時間の22％）

スクリーンポップの活用で約25秒（12％）の短縮が可能

スクリーンポップ実現時

名義、住所等の確認のみ：**平均20秒/呼以下**

コミュニケーターの応対品質向上に必要なソリューションは何か

品質を向上すれば、効率も自ずと向上する

(1)品質管理に必須なモニタリングツール

　コンタクトセンターの品質のうち、応答率や稼働率等のマクロな品質の把握は、ACDシステムやCTIシステムから得られます。しかし，個々の応対でコミュニケーターが適切に応対しているか等の品質状況をミクロに把握するには、モニタリングツールや品質管理ソリューションの活用が有効です。

(2)リアルタイムモニタリング

　ACDシステムの付帯機能である通話モニタリング機能を利用し、スーパーバイザー席の電話機から任意のコミュニケーター席を指定し、コミュニケーターと顧客との会話状況をコミュニケーターには意識されずにモニタリング（監話とも言われる）することができます。あるいは、コミュニケーター席の電話機に2つ目のヘッドセットを接続してその場でモニタリ

●リアルタイムモニタリングの活用方法

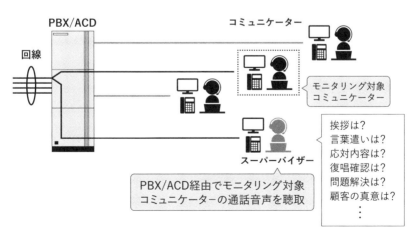

ングする（サイドバイサイドとも言われる）こともできますが、コミュニケーターはモニタリングされていることを意識してしまいます。

　一般的にはスーパーバイザーが予め定めたスキルチェック表等に基づき必要事項をチェックしながらモニタリングを行います。

（3）通話録音システム

　ボイスロギングシステムとも言われ、CTI制御により全通話録音、特定コミュニケーターや特定業務の選択録音、一定比率でのサンプリング録音等を行うことができ、長期間の保存機能や多様な検索機能も備わっています。全通話録音の利用目的や期待される効果には、以下のようなものが挙げられます。

①応対内容を記録・保存しておき、顧客とのトラブル発生時等にその録音を検索して聞き直し、事実確認に活用。

②通話終了直後にコミュニケーター自身が聞き直し、入力間違いや漏れがないかを確認し、必要に応じて補足入力。

③録音されている顧客との応対状況をスーパーバイザー等が聴取・評価し、コミュニケーター教育・研修に活用。

④顧客との生の対話状況を聞き直して、顧客発言のニュアンスや真意を正確に把握したり、VOC分析の元データとして活用。

●通話録音システムの活用方法 〜音声のみの記録〜

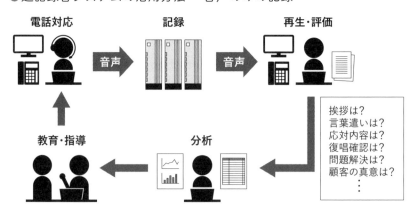

　ある大手製造会社のカスタマセンターでは、単に③コミュニケーター教育のためだけでなく、④の目的を重視して全通話録音システムを導入し、

顧客の生の声を確認しながらVOC分析を実施し、今後の経営戦略や商品企画へ反映していく活用方法を行っている実例もあります。

（4）音声・画面同期記録システム

クオリティ・マネジメント・システムとも言われ、**コミュニケーターと顧客の対話音声とコミュニケーターの画面操作状況を同期して記録**することができます。

スーパーバイザー席等で記録内容をビデオを見るように再生し、コミュニケーターの応対状況を会話内容と端末操作の両面から客観的・定量的に分析・評価し、コミュニケーターの教育・研修に反映させます。

電話応対中の端末操作状況の妥当性や、保留中や電話切断後の後処理中の作業状況も確認することができるので、**通話録音システムでは把握できなかった問題点まで見つけ出す**ことができます。

音声・画面同期記録システムを導入している米国の大手航空会社では、CTI画面に表示される顧客毎のクロスセル・アップセルの推奨情報をコミュニケーターが顧客へ適切なタイミングで提案しているかどうかをスーパーバイザーがチェック・評価したり良い応対事例や悪い応対事例を音声と画面で記録し、コミュニケーターのトレーニングに有効活用しています。

●音声・画面同期記録システムの活用方法 〜音声＆画面の記録〜

電話対応　　同期記録　　音声・画面の再生・評価
音声　　音声
画面　　画面

挨拶は？
言葉遣いは？
応対内容は？
復唱確認は？
問題解決は？
顧客の真意は？
保留中の操作は？
後処理中の操作は？
：

教育・指導　　分析

音声だけではわからなかった問題点や原因が分析できるようになる！

(5)品質管理ソリューションの活用効果

リアルタイムモニタリング、通話録音システム、音声・画面同期記録システム等の品質管理ソリューションは、応対トラブル発生時に、顧客とコミュニケーターの応対状況の事実確認に利用するだけでなく、応対品質の向上・改善を目的として応対状況をミクロに分析・チェックするためのツールとして大きな効果を発揮します。

また、例えば通信販売業務、解約防止業務、アウトバウンド業務等では、応対履歴や受注履歴と対応付けて、顧客とコミュニケーターの通話録音内容を分析して成否を評価することで、応対スクリプトの流れや言い回しの改善にも活用することができます。

さらに、応対履歴DBに蓄積された内容は情報量が限られますが、通話録音は表現のニュアンス等も含め情報量が豊富であり、VOC分析の対象データとしても利用することができます。

●品質管理ソリューションの活用方法

項番	分　類	活　用　方　法
1	事実確認	応対上の問題発生時に、当該通話録音を探し出して再生確認し、事実／実態を確認し、証拠として利用したり、問題発生の原因を解明する。
2	品質評価	サンプリング抽出して、定期的にコミュニケーターの応対品質をチェック・評価し、コミュニケーターにフィードバックして品質向上を図る。
3	類似トラブルの発生防止	発生した応対トラブル事例の類似応対を抽出し、同様の問題が発生していないかを確認して、類似トラブルの発生を未然に防止する。
4	特定コミュニケーターの育成	課題のあるコミュニケーターを対象に、応対状況を集中的に確認・評価し、課題発生の原因を分析して改善指導や育成に活用する。
5	不適切用語の使用防止	通話録音からキーワード検索により不適切な用語が含まれる応対を探し出して、不適切用語の使用実態を把握して研修等へ反映する。
6	原因分析	保留／転送が多いコンタクトリーズンを抽出して、応対状況を確認してその原因を分析し、改善方法をフィードバックする。
7	研修教材	良い応対事例、悪い応対事例等を抽出し、コミュニケーターの研修教材として利用し、ノウハウを水平展開する。
8	リアルタイムでの応対支援	応対中にリアルタイムで不適切用語をキーワード検索し、使用した時点でコミュニケーターやSVへアラートを出し、リスク防止に活用する。
9	業務分析	付添調査／背面調査／サイドバイサイド調査の補完／代替に利用して、効率的に業務分析や実態分析を実施する。
10	応対スクリプトの改善	通信販売、解約防止、アウトバウンド等で、応対履歴や受注履歴と対応付けて成否を評価し、応対スクリプトの流れや言い回し改善に活用する。
11	VOC分析の元データ	応対履歴に詳細にテキスト入力せずに、通話録音を音声認識等でテキスト化して、テキストマイニングにより、VOC分析を実施する。

| 事 例 10 |

品質評価・コミュニケーター育成への活用

◆品質評価の実施方法例

　前ページ図の中で「2.品質評価／ 4.特定コミュニケーターの育成」への活用事例として、例えば、品質評価を横軸、効率評価を縦軸にとって各コミュニケーターの評価を表示すると下図のようなグラフを作成できます。

　品質評価軸（横軸）のKPIとしては、例えば、一次解決率、エスカレーション率、ミス率、あるいは、モニタリングスコア等が考えられます。

　効率評価軸（縦軸）のKPIとしては、例えば、平均処理時間、平均通話時間、平均後処理時間、時間あたりの平均応答件数等が考えられます。

　それぞれの軸に何をKPIとして選ぶのが適切かは、コンタクトセンターのミッションや、その時点で何を課題と捉えて改善活動に注力しているか等にも依存して重視すべきものが変わります。

　ゾーン1は平均値より品質も効率も高い模範的領域、ゾーン2は平均値より効率は高いが品質が低い領域、ゾーン3は平均値より品質は高いが効率が低い領域、ゾーン4は平均値より品質も効率も低い要改善領域です。

　このように**グラフ上に図示してみると、各々のコミュニケーターが所属するグループの平均値や目標値に対してどのようなポジションにいるかを明確に把握**することができます。

●コミュニケーターの品質と効率の評価結果 分布状況（例）

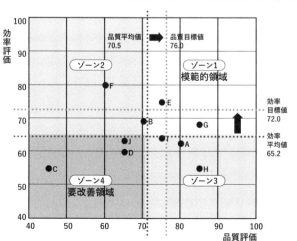

コミュニケーター	品質評価	効率評価
A	80	62
B	70	70
C	45	55
D	65	60
E	75	75
F	60	80
G	85	68
H	85	55
I	75	64
J	65	63
平均値	70.5	65.2
目標値	76	72

◆具体的な対処の実施手順例

　では具体的にどのような対処を行うかですが、当然、グループとしては品質と効率の平均値を目標値に引き上げていく施策を考えることが必要です。そのためには、コミュニケーター各人の品質／効率を高めていくしかありません。

　例えば、ゾーン2にいるFさんは平均値より効率は高いが品質がやや低いので、まずは品質を平均値まで引き上げるにはどのようなことを改善していけば良いかを以下のような手順で具体的に考えてみることです。

① 5章5で説明したモニタリングの評価項目について、Fさんの評価が低かった評価項目を確認する（例えば、総合＞説明力等）。

② Fさんの応対録音から、問題となる評価項目について、具体的にどのような応対を実施しているかを確認し、改善方法を見つけ出す（例えば、どのような説明をしたことがマイナス要因であり、どのような説明の仕方をすれば顧客に伝わりやすくできるか等）。

③ Fさんへのコーチング／フィードバックの中で、実際に応対録音も聞きながら実例を示し、極力、具体的な改善方法を示唆する（上手な説明をしている他コミュニケーターの応対録音を聞いてもらうのも有効）。

　ゾーン4にいるコミュニケーターに対しては、**一度に、品質も効率も改善しようと考えずに一つずつ改善を進めていく方が効果的**です。同時にあまり多くの改善要望を伝えると、どちらも中途半端になってしまうケースがしばしばあります。一般的には、**まずは品質改善を優先すれば、効率改善は自ずとついてくる場合が多く見られます。**

　各コミュニケーターについて、品質管理ソリューションを上手に利用してこのような手順でミクロな分析を実施し、改善方法をフィードバックしていくことで、グループ全体のKPI平均値を高めていくことができます。

┃事 例11┃

QVCジャパンでの全通話録音を基にしたVOC分析活用

◆顧客企業の現状と課題

　テレビショッピング大手通販会社QVCジャパンでは、24時間365日、ショッピング番組を連続放送しています。同社カスタマーサービス＆エク

スペリエンス ディレクター＆ゼネラルマネージャーの植松浩美氏と、同マネージャーの増川俊哉氏からお話を伺いました。

　カスタマーコンタクトセンターは、「QVCの代表として、お客様にとっての最善を尽くし、お待たせしないコンタクトセンターを目指すと共に快適なショッピング体験をご提供する」ことを行動指針としています。1週間あたりに、注文や問い合わせ対応に約10万件以上のコールに対応しており、席数は約300席、エージェントは約400名、このうち約100名はホームエージェントとして在宅で応対業務に従事しています。

　顧客とのより良い関係構築には、カスタマーエクスペリエンス（CX：顧客経験価値）の重要性が増しており、顧客が自社や商品・サービスについてどのように感じ、また何を期待しているかを把握し、それを実践することが"選ばれ続ける企業"としての必須要件となります。

　コンタクトセンターに蓄積された膨大な"顧客の声＝VOC（Voice of Customer）"をいかに効率的に、的確に、迅速に、分析して活用するかは、カスタマーエクスペリエンス実践の重要なカギです。

◆**全通話録音からの応対品質管理～スキル平準化とボトムアップを図る～**

　この具体化を目的として、ベリントシステムズジャパンの「カスタマーエンゲージメント最適化ソリューション」を採用し、会話音声分析（Speech Analytics：顧客とエージェントとの会話やトーン、キーワード語句の関係性を文脈から把握し分析するAI機能を持つ最新VOC分析ソリューション）を活用することで顧客ニーズの把握と実践につなげています。

　このソリューションを選んだ理由は、以下の通りです。

①全通話録音／画面録画→音声認識・テキスト化→会話音声分析、及び、これらと連携する応対品質評価がワンストップで提供されている。

②会話音声分析の結果画面から直ちに関連する通話録音を容易にモニタリングできる。

③全ての電話応対をセグメント分けしたカテゴリ分析結果を直感的にビジュアル化して示すことができる（次ページの図1参照）。

④録音音声、対話テキスト、テキスト分析結果、品質管理評価結果を紐づけて容易に確認・評価することができる。

⑤複数社のソリューションを組み合わせるよりも、統一された操作性と運

用、さらにデータの一元化が実現できる。

⑥構築期間や費用も抑えることができる。

●図1 カテゴリー分析結果の画面イメージ

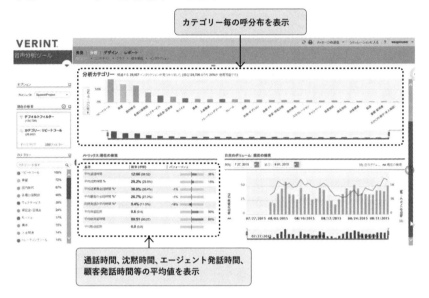

　全通話録音を基にしたVOC分析活用へのステップを次ページの図2に示します。第1段階では全通話録音を実現し、それまで電話機に個別に録音装置を取り付けていましたが、サーバによる一元管理が行えるようになりました。

　第2段階では応対品質管理を強化し、現場管理者（スーパーバイザー）によるリアルタイムでのモニタリングを可能にし、臨場感ある指導やアドバイスを実現しました。さらに、品質管理（クオリティ・アシュアランス）チームによる評価を実施し、エージェントスキルの底上げに役立てています。

　以前はランダム録音によるモニタリングのため、本当に指導すべき通話を見つけ出すのに大変な労力を要しました。現在は通話内容は録音と同時に音声認識によりテキスト化され、問題のありそうな通話をキーワード検索によって一覧に抽出して、各通話の状況をグラフィカルに確認でき、ピンポイントでのモニタリングとフィードバックが行えます（次ページの図3参照）。

●図2　全通話録音を基にした VOC 分析活用へのステップ

第1ステップ	第2ステップ	第3ステップ
全通話録音の実施 （Full-time recording）*	応対品質管理の充実 （Quality Management）*	会話音声分析の活用 （Speech Analytics）*
〈導入前〉 電話機と直接ケーブル接続する個別の録音デバイスを用い、サンプリングでの録音	リアルタイムでのモニタリングと対象通話の自在な検索が可能に	CRM テキストデータのみでは限界がある顧客の声をカバー
	紙とファイルの二重管理がなくなり、データ管理の工数が減少	顧客のリアルな声 / 温度感を把握
〈導入後〉 個別管理ではなく中央サーバで全通話を録音、集中管理	モニタリングからフィードバックまでのタイムラグ解消	システムや運用により隠れてしまいがちな「その他」の声の効率的収集
	定期的な QA サイクルを実現	自動トレンド、分析機能による予想外の発見

＊：Verint 社製品名

　例えば、エージェントと顧客の感情の起伏、沈黙や被り等の状況、通話時間、保留時間等を可視化して、問題のありそうな通話があれば、該当箇所をテキストで確認すると同時に実際の音声を聞き、要因特定と迅速なフォローアップにつなげていくことができます。これにより、品質評価すべき通話を、適正かつスピーディーに検索することが可能になりました。

●図3　該当対話確認の画面イメージ

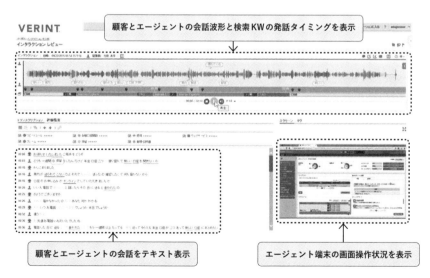

顧客とエージェントの会話波形と検索KWの発話タイミングを表示

顧客とエージェントの会話をテキスト表示

エージェント端末の画面操作状況を表示

◆会話音声分析で"課題"を可視化し、見落とされがちな顧客の声を抽出

　第3段階は会話音声分析であり、顧客ニーズの把握とその実践です。エージェントがCRMシステムに残す応対履歴には入力時間の制約やエージェント個々の経験や知識によるフィルターがかかる等の限界があり、お客様のリアルな生の声を分析することで真のニーズや問題を発見することに努めています。

　テキスト化された音声通話は、お客様からの様々な表現を登録した辞書ツールを活用することで、頻出単語、急増ワード等でカテゴライズされ、トレンド分析としてグラフ化されます。さらには過去のトレンド分析結果や類似商品の傾向と比較でき、その原因を様々な角度から分析を実現してくれます。分析専門家でなくても、根本原因を分析した結果や、各キーワードやキーフレーズの相互関連性が可視化されたコンテキスト分析（図4参照）等により、関連部署へ新鮮な情報を素早く届けられます。

●図4　コンテキスト分析の画面イメージ

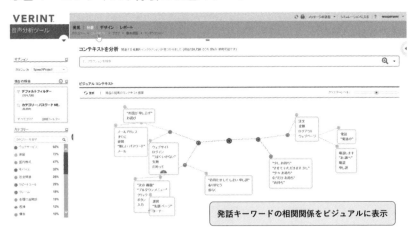

例えば、アパレル商品の裏地に関する質問が多ければ、番組司会者（ナビゲータ）の商品紹介の表現や表示方法を工夫することで改善されるケースもあり、より楽しいショッピング体験の提供に向けた恒常的な改善活動につなげられます。

　弊社のお客様は主婦層の方が多いですが、生活必需品としての購入・自分へのご褒美としての購入・大切な方へのプレゼントとしての購入等、

様々な目的でショッピングを楽しまれています。様々な目的におけるお客様のショッピング体験（Customer Journey）の中で、お客様が抱く疑問や心配事が原因でお客様から発せられるコメントから、お客様がこの買い物をどのような体験にしたいと感じているかに着目し、「商品のどのような点を気に入ってくださっているのか？」・「どのような情報を提供させていただければいいのか？」に注力してVOC分析を行っています。1週間に約12万件の録音データが蓄積されるので、全てのVOCを読むことは現実的ではないため、トレンドをいち早く発見し、優先順位付けすることで、関連部署にスピーディーに情報共有することを心がけています。

◆今後の展望

VOC分析は、全体を把握することも重要ですが、目的を明確に持ち、具体的なアクションをすぐに起こすために必要な情報をスピーディに関連部署に伝えることが最も重要です。

今後も、VOC分析を通じてお客様とのコミュニケーションの中から得られたヒントを活かして、より快適なお客様のショッピング体験演出に努めていきたいと考えています。

コミュニケーターの稼働管理に必要なソリューションは何か

要員配置スケジュール作成を効率化する WFM

　ワークフォースマネジメントシステム（WFM：Work Force Management System）は、**過去のトラフィック実績からの予測を基に、最適なコミュニケーターの要員配置スケジュールを自動作成するものであり、効率向上とサービス品質向上に大きく寄与します。**

（1）ワークフォースマネジメントシステムの必要性

　コンタクトセンターでは、効率向上・コスト削減を図ると共にサービスや製品の品質向上をも同時に実現することが常に要求されます。

　コンタクトセンターの運用経費の主な内訳は、人件費、通信費、システム費、社屋設備費ですが、コミュニケーターによる電話応対を中心とした従来形のコンタクトセンターでは、**運用経費の約70%近くがコミュニケーターやSV等の人件費**です。従って、**特にトラフィック（呼量／業務量）の変動が大きい業務では、いかにトラフィック変動に見合った過不足のない最適なコミュニケーター／要員の配置スケジュールを作成（シフト作成）し、要員稼働を最大限に有効活用するかが極めて重要な課題**です。

　1995年頃の時代には、このような要員配置スケジュールの作成は人手に頼るしか方法がなく、あるテレマーケティング会社の大規模コールセンター（約650席）では、コミュニケーターの配置スケジュール作成の業務を行うためだけに常に経験豊富な熟練者2〜3人が張り付いているのが実態でした。近年はこの作業をソフトウェア処理で自動作成できるワークフォースマネジメントシステム（要員配置スケジューリングシステムとも言う）が各種、開発・販売されており、容易に導入できる状況になっています。

（2）要員配置スケジュール作成の課題

　要員配置スケジュールの作成には、次のような課題が伴います。

①業務内容、カレンダー、天候、気温、世の中の関心を集めるような各種イベント開催有無等に依存してトラフィックが大幅に変動し、精度の良いトラフィック予測を立てるのが難しい。

②目標とするサービスレベル（応答待時間、応答率等）を達成するために必要な要員数を正確に予測することが難しい。

③コミュニケーターの勤務条件（保有スキル、応対可能業務、雇用形態、勤務可能な曜日・時間帯、月間での最大勤務可能時間、週休・休暇の取得条件等）が個人毎に異なり、各人の勤務条件や希望に合わせた配置スケジュールの作成が難しい。

④コミュニケーター同志の属人的な配置の組合せ条件も発生する。

⑤スキルの高い特定個人に稼働が集中してしまいやすい。

⑥当日直前になってからの突然の欠勤に迅速な対応ができない。

⑦人件費予測、予測・実績比較等、様々な様式の帳票・統計資料の作成を社内各部門から要求される。

（3）要員配置スケジュール作成で考慮すべき条件

　これら多数の変動要素やパラメーター等の条件を考慮しなければならないので、要員配置スケジュール作成は極めて複雑な作業となり、この点が最大の課題でもあります。

●要員配置スケジュール作成時に考慮すべき条件

（4）ワークフォースマネジメントシステムに要求される機能

　ワークフォースマネジメントシステムは、これらの課題を解決できると共に各種条件の変更に柔軟かつ迅速に対応できる機能と操作性を備えていなければなりません。主な必要機能を以下に示します。

①ACD等からのトラフィック実績データを取込み・データベース管理する機能。

②過去のトラフィックデータを基に、近い将来のトラフィック／業務量を日別・時間帯別に予測する機能。

③予測結果からの異常値の除去、シフト手動補正を行う機能。

④カレンダー情報（イベント情報、天候等）の登録機能。

⑤コミュニケーター別の勤務条件、スキル条件の登録機能。

⑥コミュニケーター別の勤務実績の登録・データベース管理機能（給与システムと連携する場合等）。

⑦コミュニケーター別の日別・時間帯別要員配置スケジュールを作成する機能。

⑧要員配置スケジュール作成後の各種微調整・変更機能。

⑨各種帳票・統計資料を指定した組合せ条件で作成・出力すると共に、Excel等で二次加工できるように統計データを外部出力する機能。

　簡易なワークフォースマネジメントシステムでは、トラフィック予測機能を持たない（①～③の機能がない）ものもあり、この場合にはシステム運用者が日別・時間帯別の想定トラフィックをシステムに入力して④以降の機能を実施します。

（5）要員配置スケジュール作成の流れ

　要員配置スケジュールの作成は、まずPBX/ACDが蓄積している過去のトラフィック実績データを取り込み、直近のトラフィック予測（業務量予測）を行い、その予測トラフィックを目標設定したサービスレベルを維持しながら応対するために必要なコミュニケーター要員数（必要人数）を算出し、予め登録したコミュニケーター勤務条件やスキル条件と照らし合わせながら必要となる要員数分のコミュニケーター別の勤務スケジュールを割り付け（シフト作成）していきます。

●一般的な要員配置スケジュール作成の流れ

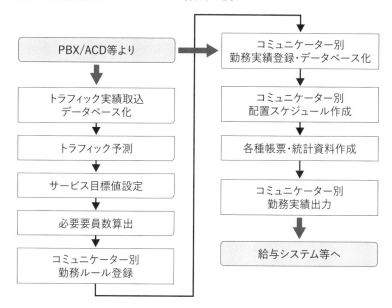

（6）ワークフォースマネジメントソリューションの導入事例と効果

■様々な導入事例

　国内外で多数のワークフォースマネジメントシステム導入事例があり、次のような効果を上げています。

- 日に数十万件規模の顧客応対を行う多拠点を持つコンタクトセンターに導入し、コミュニケーター数を増やさずにサービスレベルを向上した。
- 顧客相談に応対する大規模コンタクトセンターに導入し、コミュニケーターのスキルを考慮した最適配置実現により、応対件数増加と共に顧客の応答待時間や顧客との応対時間が短縮でき、またその効果により結果的に新規採用を抑制できた。
- コミュニケーターの管理コストを削減でき、離職率も減少した。
- コミュニケーターの待機時間（手空時間）や放棄呼率が減少した。
- 大規模ネットワークコンタクトセンターで独自にワークフォースマネジメント機能を構築し、それまで赤字だったサービスを黒字化できた。
- 大規模なコンタクトセンターでワークフォースマネジメントシステムを導入したことにより、要員数にして約10％の削減、管理者とコミュニ

ケーターの人件費にして約20%以上の削減という大きな効果を得られた。

これらの事例でもわかるように、特に**コミュニケーター数が多く、トラフィック規模が大きい場合や、業務種別やスキル種別の多い場合には、ワークフォースマネジメントシステムの活用がコンタクトセンターの多くの課題改善に有効であり、大きな貢献を期待できます。**

■導入効果

ワークフォースマネジメントシステムの主な導入効果としては、以下の通りのようなものが挙げられます。

①トラフィックに見合った最適なコミュニケーター配置を実現することで顧客の応答待時間短縮、放棄呼削減が図れ、同一リソースで処理可能な呼数が増加します。

②カスタマーサービスセンター等では①の効果によって顧客満足度の向上につながり、通信販売受注やサービス受付窓口では直接的に収入増加に寄与します。

③コミュニケーター数の増加抑制／削減により、人件費コストを削減できます。

④要員スケジュール作成作業が効率化できるので、管理者の稼動も大幅に削減することができます。

⑤コミュニケーター毎の勤務条件に適合した要員配置が容易に実現できると共に、稼働の平準化や平等性を維持することができるので、従業員満足度も向上することができます。従って、継続的に勤務するコミュニケーターが増えて熟練者の育成も可能となり、サービス品質向上や採用・教育コスト削減にもつながります。

コンタクトセンターの
改善・高度化の進め方

第2部ではコンタクトセンターを作る時／最初に立ち上げる時に、考えるべきこと／準備すべきことを、運用面とシステム面の双方の視点から全体的に説明しました。

しかし、コンタクトセンターは最初に立ち上た時のままの状態で、いつまでも定常的・安定的に運用がうまく回っていくわけではありません。コンタクトセンターは生き物と同じであり、社会的な環境も常に変化しますから、その変化に合わせてコンタクトセンター自身も常に進化・成長していかなければなりません。

第3部では、周りの環境の変化に対応して、コンタクトセンター自身をいかに変化させていくかに関し、タイムリーに、効率的に、課題改善への対処や付加価値を向上するための高度化・改革を進めていく手順やポイントを、様々な工夫を凝らした事例も交えて4つの章に分けて説明します。

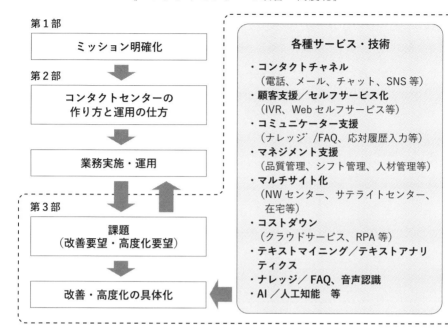

《コンタクトセンターの改善・高度化》

第1部
ミッション明確化

第2部
コンタクトセンターの
作り方と運用の仕方

業務実施・運用

第3部
課題
（改善要望・高度化要望）

改善・高度化の具体化

各種サービス・技術
・コンタクトチャネル
　（電話、メール、チャット、SNS 等）
・顧客支援／セルフサービス化
　（IVR、Web セルフサービス等）
・コミュニケーター支援
　（ナレッジ /FAQ、応対履歴入力等）
・マネジメント支援
　（品質管理、シフト管理、人材管理等）
・マルチサイト化
　（NW センター、サテライトセンター、
　　在宅等）
・コストダウン
　（クラウドサービス、RPA 等）
・テキストマイニング／テキストアナリ
　ティクス
・ナレッジ／ FAQ、音声認識
・AI ／人工知能　等

　7章 コンタクトセンターの運用では、日々、改善と改革の努力を怠らないでは、業務改善の PDCA 各ステップの手順とポイントを説明します。

　8章 様々なサービス・技術をいかに活用するかでは、多様なコンタクトチャネルの活用、セルフサービス化、コミュニケーターの応対支援、マネジメント支援、センターのマルチサイト化やコストダウン等を説明します。

　9章 最新のコンタクトセンターを支えるテクノロジーでは、テキストアナリティクス、ナレッジ、FAQ、音声認識、AI のテクノロジー概略と活用方法について説明します。

　10章 コンタクトセンターの将来展望を考えるでは、実施している業務タイプに応じた将来展望の考え方を説明します。

7 / 章

コンタクトセンターの運用では、日々、改善と改革の努力を怠らない

Contact Center

業務改善の手順

コンタクトセンターの課題改善や高度化への要望は尽きることはなく、どんなに頑張って対処してみても次から次に要望が出てくるというのが実態です。本章では、そのような課題改善や高度化への要望をいかにタイミング良く見つけ出して、優先順位を付けて、具体化に取り組んでいくかについて説明します。

コンタクトセンターの課題改善や高度化は、次ページに示すような(Srep1)課題・要望の抽出、(Step2)具体化方法の検討、(Step3)対処の実施、(Step4)効果の把握というPDCAサイクルを繰り返すことで徐々にステップアップしていくのが実情であり、なかなか一足飛びに理想的な状態にはできないのが現実です。

このPDCAサイクルを着実に回していくことが必要であり、実務担当者を巻き込んでPDCAサイクルの各ステップを推進していくことも大切です。そのためには、実務担当者に明確なミッションを与えてこの活動に専念できる稼働時間を確保できるようなマネジメントを行うことも必要です。

この業務に専担者を配置できればそれに越したことはありませんが、例えば、週に1日だけとか、水曜日の15時～17時の時間帯だけというような部分的な方法でもかまいません。目の前のお客様応対業務を実施しながら、暇を見つけて課題改善や高度化の検討業務を進めることを要求しても、結局、お客様応対が優先となって手が回らずに検討が進まない結果となります。よくある失敗事例はだいたいこのパターンです。

続いて、課題改善・高度化検討のPDCAサイクルの各ステップについて、具体的に説明します。

●課題改善・高度化検討の PDCA サイクル

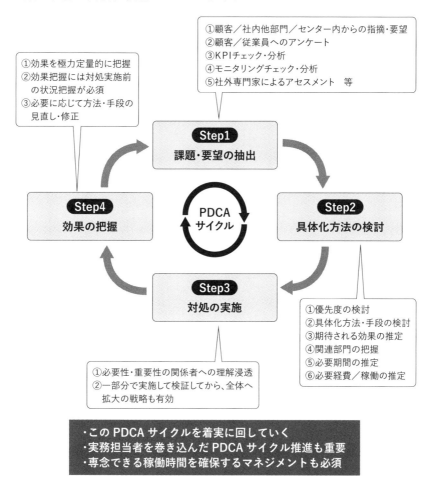

①顧客／社内他部門／センター内からの指摘・要望
②顧客／従業員へのアンケート
③KPIチェック・分析
④モニタリングチェック・分析
⑤社外専門家によるアセスメント　等

①効果を極力定量的に把握
②効果把握には対処実施前の状況把握が必須
③必要に応じて方法・手段の見直し・修正

Step1
課題・要望の抽出

Step4
効果の把握

PDCA
サイクル

Step2
具体化方法の検討

Step3
対処の実施

①優先度の検討
②具体化方法・手段の検討
③期待される効果の推定
④関連部門の把握
⑤必要期間の推定
⑥必要経費／稼働の推定

①必要性・重要性の関係者への理解浸透
②一部分で実施して検証してから、全体へ拡大の戦略も有効

・このPDCAサイクルを着実に回していく
・実務担当者を巻き込んだPDCAサイクル推進も重要
・専念できる稼働時間を確保するマネジメントも必須

課題・要望の抽出

課題や要望をタイミング良く見つけ出す

課題・要望の抽出方法

PDCAサイクルの第1ステップは、課題・要望の抽出です。課題や要望を洗い出して抽出する方法には、主に以下のようなものがあります。

(1)顧客／社内他部門／センター内からの指摘・要望の収集結果から

(2)顧客／従業員へのアンケート結果から

(3)KPIチェックの分析結果から

(4)モニタリングチェックの分析結果から

(5)社外専門家によるアセスメント結果から　等

KPIについては、5章2で詳細に説明しましたが、次ページの図に示すように、「人」(コミュニケーター、SV等)、「物」(システム、ネットワーク等)、「金」(生産性、コスト、収支等)、「サービス」(品質等)の軸をイメージして、目的／狙いを明確に定めてチェックするとわかりやすくなります。

課題や要望は、**会社の立場から、コンタクトセンターの立場から、自分自身(一社員として)の立場からと、どの立場から考えるかに依存して見えてくる課題や要望も異なります。異なる立場の視点から考えてみることも大切**です。

また、**コンタクトセンターが発足してからの成長度合に依存しても、出てくる課題や要望は異なり、現時点での課題・要望、半年後での課題・要望では異なるので、半年毎／四半期毎等に見直すことも必要**です。

● KPI活用の様々な軸

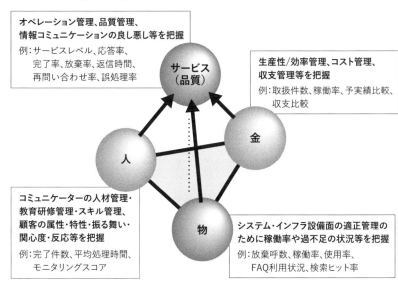

オペレーション管理、品質管理、
情報コミュニケーションの良し悪し等を把握
例：サービスレベル、応答率、
　　完了率、放棄率、返信時間、
　　再問い合わせ率、誤処理率

生産性/効率管理、コスト管理、
収支管理等を把握
例：取扱件数、稼働率、予実績比較、
　　収支比較

サービス
（品質）

人

金

物

コミュニケーターの人材管理・
教育研修管理・スキル管理、
顧客の属性・特性・振る舞い・
関心度・反応等を把握
例：完了件数、平均処理時間、
　　モニタリングスコア

システム・インフラ設備面の適正管理の
ために稼働率や過不足の状況等を把握
例：放棄呼数、稼働率、使用率、
　　FAQ利用状況、検索ヒット率

コンタクトセンターの「よくある課題・要望」

多くのコンタクトセンターの課題・要望は、だいたいどこのコンタクト
センターでも、どの部分が顕著に表れているかが異なるだけであり、ほぼ
同じような課題・要望を抱えているのが実態です。

●コンタクトセンターの「よくある課題・要望」

分　類	課　　題
体制	センターのミッション・役割が明確になっていない、全員に浸透して意識共有されていない
	ビジネススキーム・ビジネスプロセスが最適化されていない
	部門間／関連部門との連携が十分できていない
業務設計	業務内容を的確に把握できておらず、業務設計が最適化されていない
	職務定義が明確になっていない、浸透していない
	ドキュメント（業務手順書、仕様書等）が十分に整備できていない、維持管理できていない
	品質目標の設定と意識共有が十分できていない、具体化できていない
運用ルール	コールフロー、IVRフローが適切でない
	応対スクリプトの整備、活用ができていない
	エスカレーションルール、転送ルール等が明確になっていない
ドキュメント	マニュアルが整備できていない、最新状態に更新されていない
	ナレッジ・FAQのコンテンツ構築・活用・維持管理の体制が確立できていない
	ホームページ上のよくある質問／FAQが整備できておらず、最新状態に更新されていない

情報活用	応対履歴の構築が十分できていない、分析・活用できていない
	VOCの収集・分析・活用ができていない
	音声認識、テキストマイニングを活用できていない
マネジメント	品質向上、効率向上への取り組みが十分できていない
	管理指標／KPIの設定・分析・活用が十分できていない
	呼種別分布（コンタクトリーズン）の把握・分析・活用ができていない
	サービス管理体制、QA・モニタリング体制が整っていない
	課題抽出と改善対処がうまく進まない
	センター環境の整備が十分にできていない
	BCP：Business Continuity Planが整備できていない、訓練が実施されていない
	あるべき姿／将来展望のグランドデザインと実践ができていない
要員管理	シフト体制の見直し、WFMの活用ができていない
	呼減対策、セルフサービス（Web、IVR）への誘導が進まない
	要員の採用、育成、モチベーション向上がうまくいかず、定着率／離職率が悪い
システム活用	システム支援の充実・改善が十分できていない、運用と整合していない
	VOC、音声認識、AI等の新サービス・新技術の活用が進まない

現場のマネージャー・SV が意識する「よくある課題・要望」

　一方、特に現場のマネージャーやSVが意識するコンタクトセンターの課題・要望は、より現実的で具体的なものが多く、課題・要望をよりブレークダウンして捉えていると言えます。

●現場のマネージャー・SV が意識する「よくある課題・要望」

分　類	課　題
KPI改善	応答率、サービスレベル、放棄率を改善したい
	生産性（応対処理時間、取扱件数）を向上したい
	一次解決率を向上したい
	応対品質（全体的な品質向上、コミュニケーター毎のばらつき）を改善したい
	ミス率／誤回答率を低減したい
	繁閑差への対処（応答率、要員配置、稼働率）がうまくできない
マネジメント	マニュアルの不備、属人的な運用改善、ナレッジの共有を進めたい
	VOC収集を進めたい、コミュニケーターによる質のばらつきをなくしたい
	クレーム対応をスムーズに進めたい
	他社センターの状況を知って参考にしたい
要員管理	コミュニケーターの目標値、管理指標、KPIの選定、適正値を設定したい
	SV・コミュニケーターのスキルを向上したい、マンネリ化・ES低下を防ぎたい
	定着率を上げたい
	人材難の中での採用、育成が思うように進まない

具体化方法の検討

実現のための労力と効果を考え、優先順位を付けて重点化する

課題や要望の評価

PDCAサイクルの第2ステップは具体化方法の検討です。コンタクトセンターの数々の課題や要望に対して、一度にその全てに対処することは稼働面や経費面から現実的には困難であり、以下のような視点から総合的な優先度／重要度を考えて対処を進めていくことが必要です。

■(1)期待される効果の推定

その課題・要望に対処することでどのような効果を期待できるかを、定性的、及び極力、定量的に推定します。その際、何をもって効果を測定するかというパラメーター／KPIを明確に決めておくことが大切です。

■(2)現実的な実現手段の見通し

対処に必要な現実的な実現手段・方法として、どのような案が考えられるか、概略を洗い出します。

①運用面での対処のみで実現可能か、②システム面での対処のみで実現可能か、③運用面とシステム面、双方の対処や連携が必要か、等を分析することも必要です。

検討にあたってよく見受けられるのは、「運用の手間が増えるからシステム的に対処して欲しい」、「この程度のことは運用で対処すれば良い」、と運用担当とシステム担当の両者でお互いに押し付け合いになる状況です。運用面とシステム面の両者のバランスと協調を考えることが重要です。

■(3)関連する部門の把握

その実現のために関連／影響する部門は、①自コンタクトセンター内のみで実現可能か、②社内他部門との連携／協力が必要か、③社外関係会社

まで含めた連携／協力が必要か等、実現に際しての影響範囲を想定します。

　特に②、③の場合には、関係者を説得して協力を得られるような、必然性や根拠等を明確に示せるように準備しておくことが大切です。

■(4)必要な経費／稼働の推定

　実現のために必要な経費と社内稼働を推定します。①社内のみで実現可能か、②外注が必要か、も想定しておくことが大切です。

■(5)必要な期間の推定

　実現のために必要な検討期間、具体化の準備・実施に必要な期間を推定します。内容によっては、①早急に／直ちに実現しなければタイミングを逸してしまうようなものも、②数か月～１年位かかって実現しても意味があるものもあります。また、③単にやる気にさえなればすぐにでも実現可能なもの、④実現までの準備や根回しに必然的にかなりの時間や期間がかかるものもあります。

■(6)企業ミッションやセンターミッションに応じた戦略や意思

　自社の企業ミッションやセンターミッションに応じて、戦略的に優先すべきもの、関係者の意思／Willとして優先したいものもあります。

　但し、この視点にあまりこだわり過ぎることは危険な面もありますが、上記（1）～（5）の視点で優劣が付けられない場合には重要な判断材料となります。

■(7)課題や要望の背景の考察

　その課題や要望が出てきた以下のような背景を考察しておくことも必要です。

①当初考えた業務設計等が最適でなかった／漏れていた／誤っていた

②当初の時点から外部条件／外部環境が変化した

③新技術／新サービスが、技術の進歩や普及、低コスト化等により、現実的に利用可能なものとなった

　以上のような観点から、課題や要望を評価して優先度・重要度を考え、

優先順位の高いものから重点的に対処の具体化を進めていきます。

　様々な観点の評価項目があるので、なかなか優先順位を付けるのが難しい場合が多いですが、よくやる方法は、各評価項目に重み付けをして、例えば、評価表を作って、○は2点、△は1点、×は0点等と点数を付与し、合計点数の多い順に順位を付けてみると判断しやすくなります。

因果関係の分析・考察

　これらの様々な課題には、「あの課題があるから、この課題が出てくる」というような因果関係があります。

●コンタクトセンターの課題と因果関係

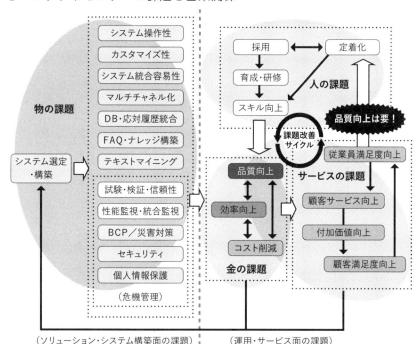

　例えば、「品質が悪い⇒手戻りやクレームが増加して効率が落ちる⇒コストが増加する⇒その結果、顧客サービスが低下する⇒顧客満足度が低下してクレーム等が増加する⇒従業員のストレスが増加して従業員満足度が低下する⇒離職率が増加する⇒頻繁に採用をかけなければならない⇒新人の研修・育成に稼働と経費がかかる⇒新人が多くてスキルがなかなか向上

しない・蓄積できない⇒品質が低下する⇒さらに顧客サービスが低下する」等のような因果関係の連鎖です。

負／－（マイナス）のサイクルの例を示しましたが、悪い→良い、増加する→減少する、落ちる→上がる、低下する→向上する等と相互に対語に置き換えれば、逆に正／＋（プラス）のサイクルになります。

ある課題が顕在化している場合は、だいたいこのような負のサイクルに陥っている場合が多く、課題改善のためには、どのようにすれば負のサイクルから抜け出して正のサイクルに変えられるか、そのきっかけをサイクルの中のどのポイントから作り出すか、手を付けやすい／取っ付きやすいポイントがどこかを探し出すか／見つけ出すか、が重要です。

そのポイントは常に同一ではなく、業種・業態、企業やコンタクトセンターのミッションや成長度合い、インバウンドかアウトバウンドか、業務内容、コンタクトセンターの現在の状況等によってまちまちです。

前ページの図は一般的な表現で課題を記述していますが、**特定のコンタクトセンターで具体的に洗い出した課題の因果関係を図にしてみると因果関係が一目瞭然となって、どの課題から優先的に改善していくべきかを判断しやすくなります。**

┃事例12┃

コンタクトリーズン／呼種別の分析活用

◆コンタクトリーズン分類の定め方

コンタクトリーズン／コールリーズン／呼種別は、企業の業種／業態や、実施する業務内容に応じて様々な分類内容が定まります。

分類数が多い場合には、大分類／中分類／小分類等、2～3程度の階層構成として定義しておいた方が、コンタクト毎の分類選択が容易にできます。

同一の問い合わせ内容であっても、応対／処理の手順に差異が発生するものは処理時間にも差異が出るので、原則、異なる分類を定めておいた方が、分析を行う際に有効です。

分類内容やその分布状況は、主に次ページの図に示すような外的要因によって定まり、また、同一業務であってもコンタクトリーズン分布の変化に依存して関連するKPIが示す値の状況も変動します。

●コンタクトリーズン分類と外的要因・KPI との因果関係

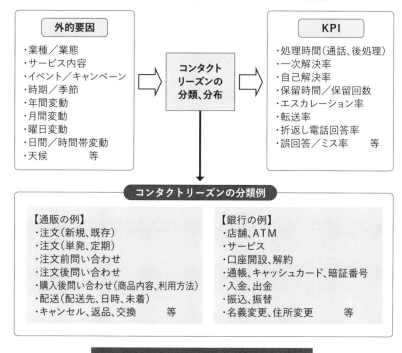

外的要因
・業種／業態
・サービス内容
・イベント／キャンペーン
・時期／季節
・年間変動
・月間変動
・曜日変動
・日間／時間帯変動
・天候　　　　　等

コンタクトリーズンの分類、分布

KPI
・処理時間（通話、後処理）
・一次解決率
・自己解決率
・保留時間／保留回数
・エスカレーション率
・転送率
・折返し電話回答率
・誤回答／ミス率　　　等

コンタクトリーズンの分類例

【通販の例】
・注文（新規、既存）
・注文（単発、定期）
・注文前問い合わせ
・注文後問い合わせ
・購入後問い合わせ（商品内容、利用方法）
・配送（配送先、日時、未着）
・キャンセル、返品、交換　　　等

【銀行の例】
・店舗、ATM
・サービス
・口座開設、解約
・通帳、キャッシュカード、暗証番号
・入金、出金
・振込、振替
・名義変更、住所変更　　　等

どのようなコンタクトリーズン分類を
設定するかは慎重な検討が必要
⇒応対／処理の手順に差異が出るもの
は原則、異なる分類に設定が必要

◆コンタクトリーズン毎の問い合わせ比率分布の分析

　ここで、各コンタクトリーズン毎の平均処理時間と問い合わせ比率を、ACD システムのコールマネジメントシステムから取得して整理し、問い合わせ比率の高い順に順位を付与して分析してみると一定の傾向が見られます。

　例えば、**高頻度問い合わせ上位３分類、あるいは、上位10分類の比率の合計を出してみると、全体の中でかなりの割合を占めている**ことがわかります。

　コンサルタントとして様々な業務を実施するコンタクトセンターの業務分析に携わった経験から言えることですが、**どのような業務のセンターであっても、高頻度問い合わせの上位いくつかのコンタクトリーズンの問い**

コンタクトセンターの運用では、日々、改善と改革の努力を怠らない

合わせ比率の合計だけでかなり大きな比率を占めているのが実態です。

　言い換えれば、高頻度問い合わせの上位いくつかのコンタクトリーズンの呼への応対／処理を、確実に迅速に対処できるように、応対スクリプトを集中的にブラッシュアップする、研修等を重点的に強化する、FAQを優先的に準備する等の対処をしっかりと行えば、結果的に品質向上や効率向上の効果も大きいことになります。

◆問い合わせ比率が高く、平均処理時間の長いコンタクトリーズンの分析
　問い合わせ比率が上位にあり、かつ、特に平均処理時間も長いコンタクトリーズンに着目し、例えば定型的な処理のものがないか等、処理内容をよく分析してみることが重要です。

　例えば、「パスワードを忘れ」というコンタクトリーズンは多くの業務に存在しますが、問い合わせ比率分布を調べるとかなり上位に位置付けられる場合が多く見受けられます。

「パスワード忘れ」への対処手順は概して定型的な手順で対処できることが多いので、この対処手順をFAQで誘導して実施できるようにし、それでもうまくできない場合にはWebフォームから問い合わせを行う流れを構築することで、「パスワード忘れ」の問い合わせ頻度を大幅に削減できます。

　その結果、「パスワード忘れ」の問い合わせの3分の2程度がコミュニケーターが介在することなく、FAQによる誘導で顧客がセルフサービス解決できるようになり、課題解決までの時間短縮にも寄与できた例が多数あります。

　会員制の通信販売で、「パスワード忘れ」の解決を自動処理で実施できるように改善した結果、課題解決までの所要時間が半日程度かかっていたものが数分程度に短縮し、課題解決後の受注率も1.5倍程度に向上し、売上向上にも寄与できた事例もあります。

　このように、コンタクトリーズンの分析から、様々な課題を発見したり、課題改善のヒントを得ることができます。問い合わせ比率が高い高頻度問い合わせの中で、特に平均処理時間の長いコンタクトリーズンを狙って、優先的・重点的に改善対処を検討・実施することが効果的です。

◆平均処置時間が異常に長いコンタクトリーズンの分析

　問い合わせ比率はそれほど高くはないが、その**業務全体の平均処理時間に比べ、平均処理時間が異常に長いコンタクトリーズンが存在する場合には、長くなる理由をよく分析してみる**ことも忘れてはなりません。

　例えば、業務全体の平均処理時間が3分/呼の業務で、問い合わせ比率は1％であるが、平均処理時間が異常に長くて30分/呼のコンタクトリーズンが存在した場合を考えると、業務全体の平均処理時間は以下となります。

業務全体の平均処理時間＝3分/呼×0.99＋30分/呼×0.01＝3分18秒

　つまり、問い合わせ比率は僅か1％でも平均処理時間が10倍もかかる呼が存在すれば業務全体の平均処理時間が18秒も増大することになります。

　実際にこのようなコンタクトリーズンの呼への応対手順や対処方法を見直すことで改善できた事例もあるので、軽視はできません。

　しかし、そもそも後処理の中でコンタクトリーズン設定を実施できていないセンターや業務もあるのが実態です。

　多くのヒントとなる情報を得られるコンタクトリーズン分析は、センターマネジメントの一環として重要な必須事項と考えて確実に実施し活用することをお勧めします。

対処の実施

対処の具体化戦略

■対処の必要性・重要性の関係者への理解浸透

　PDCAサイクルの第3ステップは、改善や要望への対処の実施です。改善や要望への対処の実施に着手する際には、何のためにそのような対処を実施するのか、それによってどのような効果が得られるか等、その対処の必要性・重要性を関係者にきちっと根拠を示して丁寧に説明して理解を浸透させ、全員が共通の認識に立って具体的な行動を行うことが大切です。「何だかよくわからないけれど、言われるままにやっている」という状況では身が入りません。

■対処実施前の状況の把握

　対処を実施する前にまず、第2ステップの中で「**期待される効果の推定**」の段階で設定した効果の評価パラメーター／KPIについて、**対処実施前の状態を必ず、極力、定量的に把握しておくことを忘れてはなりません。**

　よくある失敗例ですが、これを忘れていると、対処実施後に定量的に効果を把握しようと思っても対処前の状態がわからず、対処前後の比較評価ができなくなってしまいます。

■一部分で実施して検証してから全体へ拡大の戦略も有効

　いきなりコンタクトセンター全体で対処の実施を始めずに、**一部で実施してみて、実際の運用上で問題がないことや効果を確認してから、全体に拡大するという導入戦略も、場合によっては非常に有効**です。

　但し、対処内容によっては、一部で実施することで他の問題や弊害が発生する場合もあるので、注意が必要です。例えば、特定業務に携わるコミュニケーターの個人評価に関わる施策であれば、その業務に関わる部署全体を対象に実施しないと不公平感が生じて問題となる場合もあります。

効果の把握

効果の明確化で施策の定着を図る！

効果の定量的な把握

■効果を極力定量的に把握

　PDCAサイクルの第4ステップは、効果の把握です。具体化方法の検討段階で想定／期待した効果が実際に得られているかどうかを確認し、達成度／乖離度を評価します。効果の明確化は施策の定着促進につながります。

　期待したような達成度が得られなかった／期待値から乖離していた場合には、どこに問題があったかをよく分析して対処方法の見直し・修正を行って、再度、PDCAサイクルを継続的に回していきます。

■効果の把握には対処実施前の状況把握が必須

　前にも述べましたが、効果を正確に把握するためには、対処を実施する前の状態を極力、定量的に把握しておくことが必須です。対処を実施した後になってから、効果を把握しようと初めて考えたのでは後の祭りです。

課題改善検討のポイント3か条

（1）現状実態の的確な把握→課題が見える

・手数がかかっている部分／困っている部分はどこか？

・繁雑な部分／間違いが発生しやすい部分はどこか？

（2）業務分析の徹底→改善方法が見える

・問題点／課題の原因となっているものは何か？

・その原因を取り除くための方法は何か？

（3）改善効果の定常的な把握とフィードバック

・改善実施前の極力定量的な状況把握

・改善実施前後の比較による効果の把握、期待値との比較

⇒ 当事者自らが参画し、継続的なPDCAサイクルの実践が重要！

8 / 章

様々なサービス・技術を
いかに活用するか

多様なコンタクトチャネルの活用を図る

コンタクトチャネルの特徴を活かした使い方の工夫を

　電話のみならず、自動音声応答、メール、チャット、Web等の各種コンタクトチャネルを、それぞれの特徴を活かして利用することで、様々な効果が得られます。

　主なコンタクトチャネルの特徴の比較を194ページの図にまとめます。なお、この特徴比較は、一般的に言われていることや、筆者の経験に基づく印象等をまとめたものですので、一つの考え方の参考としてご利用ください。

　本項ではこれらのうち、メール、チャット、SMS、SNS、マルチチャネルコンタクトについて説明します。

　これらのチャネルは単独でも利用できますが、各チャネルの特徴を活かしてうまく組み合わせたマルチチャネルコンタクトを実現することで、顧客側にも企業側にも共に大きな相乗効果を期待できます。

　オムニチャネルコンタクトという用語も近年、よく使われますが、電話、メール、チャット、Web、リアル店舗等の様々な顧客接点を、顧客と企業が双方向で活用できるようにして、顧客情報や応対履歴も一元管理し、目的に応じて複数のチャネル間をシームレスに横断しながら顧客応対を進めていく戦略や概念です。本書ではこの概念も含めて、マルチチャネルコンタクトと表現しておきます。

（1）メールの活用

■メールコンタクトの利点

　メールコンタクトには、以下のような利点があります。

①回答返信にリアルタイム性が求められないので、回答内容を精査したり、要員の稼働調整もやりやすい（回答返信は、一般的には１日以内程度が標準であるが、顧客サービス向上を図って１時間以内を目標としている実例もある）。

②緊急度が高く、至急な対応が求められる問い合わせが入ることは少ない。

③断りの要件等は、電話よりメールの方が言いやすい場合もある。

④コミュニケーターが作成した回答文を回答送信前にスーパーバイザーや管理者が入念にチェックできる。

⑤従って、FAQ内容充実と回答のメールチェック体制を整えれば、ある程度は経験の浅いコミュニケーターでも対処できる。

⑥顧客との応対履歴が克明・長期的・電子的に残るので、苦情発生時の原因確認は進めやすい。

■メールコンタクトの欠点

　一方、メールコンタクトには、以下のような欠点もあります。

①意志疎通に時間がかかり、メール往復を繰り返す場合もある。

②事務的な文書になりがちなので、セールスにはあまり適さない。

③誠意や熱意を伝えたいお詫びのような要件の場合には、かなり高い文章スキルが必要である。

④メール内容を読んでもらえたか、受け手の感触等を確認できない。

⑤携帯メールはPCメールよりも一般的に短いことが多いので、顧客の意図を正確に把握し難く、情報の欠落が多い場合もある。

⑥コミュニケーターの作業状況を詳細にモニタリングするには、音声・画面同期記録システム（157ページ参照）が必要となる。

⑦匿名性が高いので、いやがらせメール、ウイルスメール等の受信件数が増加しがちである。

■メールコンタクトの課題

　メールコンタクトを、単にWeb上に構築したホームページとOutLook等の一般メーラで対処しようとすると以下のような様々な問題や課題が発生します。

①ホームページ上にFAQがたくさんあり過ぎて、顧客がその中から目的のものを容易に探し出せない。

②各々のFAQ利用率を把握できないと共に、FAQを見て顧客の疑問が解決されたかどうか把握できない。

③FAQの追加・変更・削除等、FAQ内容の鮮度を維持するのに多大な稼働がかかり、定常的に最新情報にアップデートできていない状況が発生

●主なコンタクトチャネルの特徴

項　目	コンタクトチャネル	電話 コミュニケーター応答	電話 自動音声応答	メール
方向性	イン	○	○	○
方向性	アウト	○	○使い方には要注意	○
コンタクト時間帯の制約	イン	○顧客意思で任意であるが、企業側の受付体制に依存	○顧客意思で任意	○顧客意思で任意であるが、処理遅延は受付体制に依存
コンタクト時間帯の制約	アウト	△原則9〜21時	△原則9〜21時	○顧客意思で任意
顧客特定/属性把握		○顧客特定は一般的に可、属性はわかりにくい	○顧客特定は一般的に可、属性はわかりにくい	○顧客特定は一般的に可、属性はわかりにくい
顧客の発言の意思		○意思を持った発言が多い	○意思を持った発言が多い	○意思を持った発言が多い
サイレント顧客のVOC収集		×収集困難	×収集困難	×収集困難
情報内容の質／信頼性		○	○	○
伝搬速度／拡散速度		1:1の応対	1:1の応対	基本は1:1の応対
他顧客への影響力		−	−	−
提供可能な情報量		△中	△小（スクリプト依存）	○大
リアルタイム・双方向性		○あり	○あり	×なし
あふれ呼発生	イン	△あり	△あり	○なし（処理遅延はあり）
大量呼の処理		△設備容量＆要員配置に依存	○設備容量に依存	△設備容量＆要員配置に依存
運用経費（人件費）		△高い	○安い	○ツール使用時は電話より安い ×手作業時は電話より高い
通信/ネットワーク経費		△高い	△高い	○電話より安い
コンタクト可能な対象母集団	イン	○大	○大	△PC/携帯メール利用習慣がある顧客
コンタクト可能な対象母集団	アウト	○大、電話帳掲載者等	○大、電話帳掲載者等	△アドレス獲得/既知顧客のみ
メリット		○誰もが利用する ○件数が多い ○感触／ニュアンス把握も可	○基本は24時間サービス ○コミュニケーター応対輻輳時にもつながりやすい	○詳細を把握しやすい ○テキスト情報取得が容易
デメリット		△テキスト化に労力が必要	△応対フローが限られる	△限られた人が利用 △件数がやや少ない
総合的特徴		○極めて簡便で、誰でもすぐに利用可能	△（音声認識活用で）聞く・話すのみでも利用可能	○書く手間はあるが整理して物事を言え、詳細情報の記録性もあり

	チャット		SNS	Webサイト＆フォーム書き込み
	有人チャット	チャットボット		
	○	○	○	○
	×	×	○	○
	○顧客意思で任意であるが、企業側の受付体制に依存	○顧客意思で任意	○顧客意思で任意であるが、処理遅延は受付体制に依存	○顧客意思で任意
			○顧客意思で任意	○顧客意思で任意
	△顧客特定／属性把握できない場合あり	△顧客特定／属性把握できない場合あり	△顧客特定／属性把握できない場合あり	○顧客特定は一般的に可、属性はわかりにくい
	○／△気軽な発言・問い合わせが可能	○／△気軽な発言・問い合わせが可能	△あいまいでボヤキのような発言もあり	○意思を持った発言が多い
	△ある程度収集可能	△ある程度収集可能	○収集可能	×収集困難
	○	○	△やや根拠の薄い発言も含まれる	○
	基本は1:1の応対	1:1の応対	極めて早く、1:nで拡散	1:1の応対
	－	－	極めて大、他顧客からのレスポンスも発生	－
	△小×n回	△小×n回	△小×n回	◎極めて大（動画、写真、図表等も可）
	○あり（準リアルタイム）	○あり（準リアルタイム）	△ややあり（準リアルタイム）	○あり（自動処理時）×なし（人手介在時）
	△あり	△あり	△あり	△あり
	△設備容量＆要員配置に依存	○設備容量に依存	△設備容量＆要員配置に依存	△設備容量＆要員配置に依存
	△電話よりは安い	○安い	○ツール使用時は電話より安い×手作業時は電話より高い	◎最も安価
	○電話より安い	○電話より安い	○電話より安い	○電話より安い
	△チャット利用習慣がある顧客	△チャット利用習慣がある顧客	△SNS利用習慣がある顧客	△PC/携帯Web利用習慣がある顧客
			△アカウント獲得/既知顧客のみ	△アドレス等獲得/既知顧客のみ
	○気軽に利用される	○より気軽に利用される	○サイレント顧客も含め、本音を把握しやすい○テキスト情報取得が容易	○詳細を把握しやすい○テキスト情報取得が容易
	△利用者が電話よりは少ない	△利用者が電話よりは少ない	△情報の欠落もあり	△限られた人が利用△件数がやや少ない
	○Webサイトから気軽に不明点等を質問でき、離脱防止に有効	○Webサイトから気軽に不明点等を質問でき、離脱防止に有効	○気軽に本音をつぶやける×炎上のリスクあり	○必要情報を比較しながら取捨選択して入手し、書き込みも可能

する。

④メール問い合わせを内容ごとにカテゴリ分類し、担当コミュニケーターに分配する作業に多大な稼働がかかる。

⑤メール問い合わせの回答を作成する際、顧客が「どのFAQを見たが解決できずに問い合わせてきたか？」という問い合わせ経緯を把握できない。

⑥同一顧客からの過去のメール問い合わせ履歴を探し出して参照するために多大な時間がかかる。

⑦問い合わせ内容への回答作成が、コミュニケーターのスキルに依存し、一定のサービス品質を維持することが難しく、回答作成にも多大な時間が必要となる。

⑧問い合わせ件数の日別・時間別分布や、問い合わせ内容の分布等を簡単に把握できない。

⑨コンタクトセンターのサービスレベルを把握する指標（問い合わせメール受付から回答メール返信までの時間、コミュニケーター毎の平均処理時間・処理件数・再問い合わせ発生率等）を簡単に取得できない。

⑩コミュニケーターが単独で回答を作成できず、スーパーバイザーや社内外関連部門へ転送した場合等、各々の問い合わせに対する処理状況を管理・把握できない。

■メールコンタクト実施時の要注意事項

　ホームページ上に問い合わせメールアドレスを公開し、顧客から直接的にメールを受ける方法は、顧客が自由に記述するため、回答を返すために必要な情報が欠落していることがあります。そのため、往復を繰り返すことになり、メール受信後のコンタクトセンター側での処理が非効率になるため、一般的にはあまり実施されていません。ホームページ上に問い合わせフォーム画面を設けることで、記入が必要な項目を誘導し、顧客が記入した内容をメール形式（Webフォームメール）でコンタクトセンターが受信することで一次解決率を高め、顧客満足向上が図れます。

　また、**問い合わせメールアドレスを直接的に公開することは、大量のスパムメールやウィルスメールを受ける危険性にもつながります。**現に着信メールの約9割がスパムメール／ウィルスメールというメールコンタクトセンターも実在します。前述のように、メールにはあふれ呼という概念が

なく無制限に着信するので、集中的にスパムメールやウィルスメール攻撃を受けてメールサーバがパンクしてしまうという事態も現に発生しているので注意が必要です。

■効率的実現に必要な条件

このように課題や要注意事項を列記すると、メールコンタクトは実施しない方が無難だと考えてしまうのも理解できないわけではありません。しかし、以下のような条件／機能を備えた適切な支援ツールを利用すれば、これらの問題や課題は一挙に解決することができます。

①メールでの問い合わせと回答を利用した効率的なFAQ構築と定期的更新の支援、及び、FAQのWeb上での顧客向け公開の連携した支援。

②受信メールの内容や顧客属性に応じて自動的にカテゴリ分類／振り分けを行う仕組み。

③コミュニケーターグループと処理を担務できるカテゴリとの対応関係の管理。

④メール問い合わせ内容に応じた回答候補FAQの自動提示の仕組み。

⑤FAQ、過去の問い合わせメール、顧客毎の応対履歴を蓄積管理し、効率的に検索する手段。

⑥メール回答作成時に、上記回答候補FAQや過去の問い合わせメールを容易に引用コピーできる操作性。

⑦メール転送による社内／社外の関連部門への意見照会の支援。

⑧管理者／スーパーバイザー等による回答文チェック手順の支援。

⑨メール受信から回答メール返信までの処理状況・履歴や返信済／未返信等のステータスの管理・把握。

⑩問い合わせ内容分布、サービス品質、効率を的確に把握できる管理指標をリアルタイム／ヒストリカル統計情報として取得・管理する手段。

同一の内容を電話とメールで応対した場合のサポートコスト比率は、一般的に電話「30」に対してメールが「10」と言われていますが、これは上記のような機能を備えた適切な支援ツール利用を前提とした場合に言えることです（単なる一般メールソフトでメール処理を実施した場合には電話よりもかえって稼働がかかってしまいます）。

様々なサービス・技術をいかに活用するか

■メールコンタクトのソリューション事例

　上記のような機能を具備したツールは国内外のベンダーから各種の製品が提供されており、メール受信→自動カテゴリ仕訳→回答候補FAQ自動引当→回答メール作成→必要に応じたエスカレーション→スーパーバイザーによるチェック→回答返信→FAQ候補登録→FAQ承認・更新→FAQ公開という一連の業務プロセスが確立され、同時に各々のメールの処理状況の管理も可能となります。この種のソリューションを使用したメールコンタクトセンターの業務処理フロー例を図に示します。

●メールコンタクトセンターの業務処理フロー例

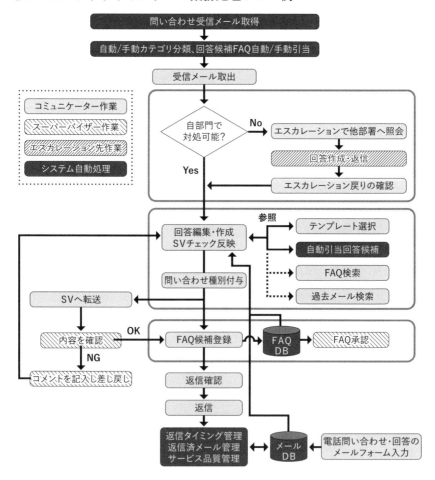

メールコンタクトソリューションを導入した効果として、顧客からの問い合わせメールを受信してから回答メールを返信するまでの時間（リードタイム）を50％短縮でき、時間あたりの処理件数も25％増加できたという事例もあります。

■メールコンタクトへの不安

近年は顧客から好まれるコンタクト手段となってきたメールですが、企業側から見れば以下のような不安感もあります。

①顧客との応対履歴が克明・長期的・電子的に顧客の手元に残る。

②電話のような「あふれ呼」という概念がなく、無制限に顧客からのメールが着信する可能性がある。

③一旦、着信した顧客からのメールには、適切な期間内に確実に返信しないと、二次的なクレーム発生の原因となる場合がある。

④電話のコールセンターより歴史が浅いので、適切な業務フロー構築手順やコミュニケーターの教育・評価手法が電話応対ほどまだ十分に確立されておらず、ノウハウが蓄積されていない。

しかし、これらは前述のような適切なツールを利用することでかなりの解決を図れる問題です。メールで企業とのコンタクトを希望する顧客が多いという顧客要望の実態（次項（2）チャットの活用で後述）を考慮すれば、メールコンタクトの実施は必須なコンタクトチャネルだと言えます。

■メールコンタクトの効果的活用に向けて

メールコンタクトはWebFAQセルフサービスを補完するチャネルとしても必須です。適切なツールを利用すれば、メールコンタクトの様々な課題は解決可能であり、電話応対より運用コストも下げられます。

また、WebFAQと連携することにより、効率向上を図ることができ、次ページ図のように、WebFAQ→メール応対のサイクルを繰り返す過程で自ずとFAQをブラッシュアップしていけます。また、**単に効率向上とコスト削減ができるだけでなく、顧客サービスの向上にもつながります。**

メールでの問い合わせ内容を分析し、チャットボット、メールコンタクトソリューション、RPAを組合せ利用する方法も試みられています。続いてメールコンタクトの活用事例を2例を紹介します。

● FAQを有効活用したコンタクトセンターの運用サイクル

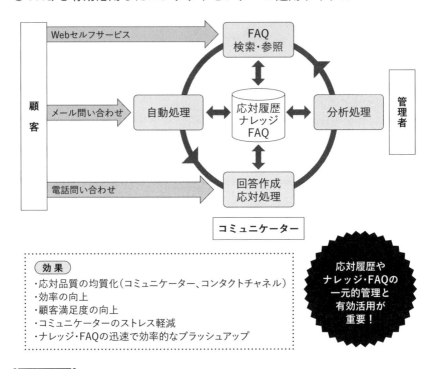

効果
・応対品質の均質化(コミュニケーター、コンタクトチャネル)
・効率の向上
・顧客満足度の向上
・コミュニケーターのストレス軽減
・ナレッジ・FAQの迅速で効率的なブラッシュアップ

応対履歴や
ナレッジ・FAQの
一元的管理と
有効活用が
重要！

| 事例13 |

大手音楽配信サービス企業の高定着率・高品質センター運営

　大手音楽配信サービス企業のメールセンターについて、ご紹介します。当センターのメール対応は常時10名程で行っており、電話窓口も併設しています。メールセンターの教育、品質管理、運営について、受託企業であるビーウィズ株式会社の溝上竜二氏に話を聞きました。

◆メール：電話＝9:1　まずはメール業務の習得から

　当センターでは「メール」をメインのチャネルと位置付けています。Webサイトの「困ったときは」の内容を充実させ、お客様が、できるだけご自身で解決できるようにしていますが、それでもわからなかったお客様にはメールでお問い合わせいただいています。電話番号も掲載していますが、問い合わせの約9割はメールです。

　新人教育はメール対応から始まります。研修カリキュラムは、「**業務知**

識／メール知識／OJT」に分かれており、OJTでは「過去問」を重要視しています。実際にあった質問に対して、テンプレートを探し、文章をアレンジしていくという練習です。「過去問」で鍛えられた上で、独り立ちするのですが、デビュー後もCSRが作成したメールはSVやLDRが「承認」しないと送れないフローになっているので、新人であっても安心して業務に就くことができます。

◆メールの熟練CSRが満を持して電話へ

　電話はメールに比べて、複雑な問い合わせが入ってくる可能性が高いため熟練CSRが電話を担当しています。日々の応対品質についてはビーウィズの専門チームが定期的にモニタリングし、第三者視点で確認しています。メールのCSRは文章を構成する力は鍛えられているのでチャネルが変わっても説明力は高いのですが、「書き言葉」が染みついており、やや堅めで丁寧過ぎると指摘を受けました。また「発声が弱い」ことも弱点です。メールと同じ場所で運営しているので、静かな中で声が響いてしまうことへの遠慮もあるのだと思いますが、これはSVにとっても意外な指摘でした。

◆朝イチで当日の業務量を把握できる

　メール業務が良いのは1日の動きが読みやすいことです。電話ではオープン前に業務量を予測できても、正確に把握はできません。メールの場合は、朝の着信件数を見れば、業務開始前に「通常の1.5倍」等、定量的に把握できるので、1日の業務の進め方を決めやすいという利点があります。

◆メール対応の面白さと難しさ

　当センターのメールは、Webの問い合わせフォーマットから送られてきます。メール本文の情報に加えて、そのお客様がどのFAQを見た後に質問を送ってきたかの情報を知ることができます。例えばメールに1行のみ「できません！」と書いてあることもありますが、このような場合には、このお客様が見たFAQ情報から「何ができなかったのか」を推測し回答文案を作ります。このあたりは、メールならではの便利さであり面白さだと思います。

　メールを書いていて難しいことは、言葉や文章を崩せないことと、「お

客様の仰っていることはこういうことかな？」と推測で返答しづらいことです。推測が当たれば「神対応」と称賛されるかもしれませんが、大きく外せば、さらされるリスクになります。

　お客様の状況やこれまでの経緯、気持ちに寄り添ったメールを書くことはとても難しく、良い文章がすぐに浮かばないこともあります。そんな時は他のお客様の対応を先に行う等、時間を空けられるのは電話とは異なる点です。時間をおいて見返すと先ほどまでは浮かばなかった良い文章がひらめくこともあれば、一人で考え込むのではなく皆と一緒に考えて良い文章に磨き上げることもあります。電話は切った後に「〇〇と言えれば良かったのに」と後悔することがありますが、メールは送る前に熟考できる分、後悔は少ないように思います。

◆安定した知識と属人化の課題

　当センターは、在籍の8割は3年以上勤務しているCSRという超安定センターです。サービスの系統が多く、問い合わせも幅広いため、長年かけて積み上げてきた知識や経験は何にも変えがたく、定着率が高いことは、業務運営がうまくいっている秘訣でもあります。一方で、任せすぎると業務が属人化しがちであることは今の最大の課題と言えるかもしれません。「モチベーション向上施策」と言われるようなことは、特にやっていませんが、長年かけてCSRそれぞれが互いに良い関係性を築くことができています。長く続いているCSRは、「テンプレートでほとんどできる」ところから「複雑な質問にイチから自分でメールを書く」という仕事そのものの大きな壁を、頑張って乗り越えられたという成功経験をしていることが大きいのかなと思います。

事例14

ニッセンでのAIチャットボットとRPA活用によるメール応対の効率向上・品質向上

◆顧客企業が抱えていた課題

　京都に本社を置く婦人服を中心とした衣料品、インテリア雑貨等のインターネット・カタログ通信販売大手、ニッセンでは、2017年1月に実施した基幹システム更改に伴うweb受注系のサービス仕様変更により、ネッ

トコミュニケーションセンターへのメール問合せ件数が翌年度には約2倍に急増することが想定されました。

株式会社ニッセン コンプライアンス統括部 お客様相談室室長の能勢智晴氏は以下のように述べます。

この課題に対処するため、人材難の状況も考えれば単に受付体制を増強する手段ではなく、近年のコンタクトチャネルの多様化、及び、お客様の価値観の多様化を踏まえ、お客様対応ポリシーの再設計を行い、より一層の顧客満足度向上と、より高度なカスタマーエクスペリエンスを提供できる方法を模索しました。

その結果、これまでメール返信は全てオペレーターが1件毎に対処していましたが、単純な質問や定型的な質問はお客様のセルフサービスによる自己解決を促進し、複雑で人でしかできないような質問をオペレーターが対処する方針を設定しました。

具体的には、「①ホームページ上のAIチャットボットに問合せをしていただき、簡単な内容はチャットボットで回答しセルフクローズしてもらう。②チャットボットでは対応できない内容は種別により有人チャットやフォームへ誘導する。③フォーム誘導した中で、定型的な業務でかつ問合せ比率の高い内容はRPAで自動返信処理を実施、それ以外の部分をオペレーターによるメール返信で対処することで、オペレーターが対処すべき業務量を大幅に削減する。」という目標を立てました。

● AIチャットボットとRPAによる自動応対処理イメージ

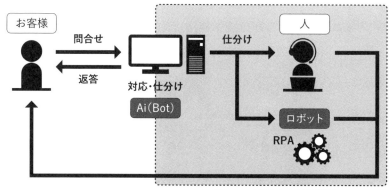

※Nissenで破線内を業務設計

◆AIチャットボットによるセルフクローズの実現

　AIチャットボットは、カラクリ株式会社が提供するAIチャットボット「KARAKURI」を活用して構築しました。選定理由は、言葉の揺らぎに対しての高度な処理と、操作性の良いユーザーインターフェースを持ち、その性能に対して安価に導入できたからです。

　有人チャットのオペレーターは、待機しながら全てのAIチャットボットの応対を監視し、AIの回答正否を判断して入力し、間違っていた場合には正しい回答に紐付けするか、正しい回答が用意されていない場合にはその回答を追加作成することで、精度の向上を図りました。

冒頭のAIチャットボット応対の中で、お客様からの問合せ内容（コールリーズン）を切り分けて、その内容に応じた問合せフォームを提示してお客様に入力してもらうことで、的確な内容を一度のやりとりで把握することができます。

　AIチャットボットでのお客様からの問合せに対する完結率は当初90％以上を目標として設定しましたが、上記の対処を実施することにより、実績としては95％以上の完結率を達成できました。

　AIチャットボット応対の段階での問合せ内容は上位から順に、サイズ問合せ、返品、退会、交換等で、一方、有人応対での問合せ内容は上位から順に、返品、パスワード、退会、交換等で、AIチャットボットになら気兼ねなしに聞けるが、オペレーターには聞き難いような問合せ内容（例えば、衣類のサイズ質問や送料無料となる条件等）もあり、お客様はそれを使い分けていることがわかりました。

●「応接ロボットみこと」（美古都）の画面イメージ

わざわざコンタクトセンターに電話をかけてまで言いはしないが、SNSでは何気なくつぶやいていることがあるのと同様に、**AIチャットボットは聞きやすい環境を作り出して幅広い質問を導き出す手段として有効**と考えられます。**物言わぬ顧客／サイレント顧客に物言わせる効果**があります。

　FAQコンテンツは常にメンテナンスして鮮度を保っておかないとすぐ陳腐化して使い物にならなくなってしまうのと同様に、**AIも常に教育を施して知識をブラッシュアップしていかなければすぐに能力**（回答精度）**が落ちてしまいます。**

◆RPAによるメール自動返信の実現

　RPAによるメールの自動返信は、NTT研究所で研究開発された技術をベースにNTTアドバンステクノロジ株式会社が商品化した純国産RPA「WinActor®」を活用して実現しました。選定理由は、コストとシナリオ作成のしやすさ、顧客対応で使用していたメールソフトとの親和性です。

　メールは1対1のものであり、**一般的にはメールの自動返信は困難と考えられていますが、問合せ内容／コールリーズンを絞り込めば自動返信を実現できる部分があると考えて検討**を行いました。

●カテゴリー分布比率（シェア）と RPA 対象の選定

カテゴリー	分布比率（シェア）	PRA対象（自動化）
返品	60.9%	●
パスワード	6.1%	●
退会	4.4%	●
交換	4.2%	
請求書再発行	3.7%	●
商品関連	2.6%	
注文関連	2.6%	
キャンセル	2.4%	●
商品不具合	1.8%	
登録情報	1.7%	
請求関連	1.3%	
お客様の声	0.8%	
その他	8.0%	
合計	100%	

その結果、①シェアが大きい、②定型的な処理、③処理内容が明確にパターン化でき、ファジーな判断・処理を必要としないものをRPA対象として選定しました。

　RPAのシナリオは、最初は一部、外注で開発しました。経費がかかる問題もありましたが、こまめにメンテナンスできるようにする狙いで、作成してもらったシナリオを基にノウハウ等を勉強し、その後は大半のシナリオを内製で開発しました。

　FAQ、AI、RPAのメンテナンスは開発ベンダー任せではなく、内部で定常的にメンテナンスできるようにすることが必須だと考えています。

◆課題改善の効果

　以前は、Webフォームからの問合せを全て有人メール返信で処理していましたが、図のように、AIチャットボットによるセルフサービス化と、RPA導入によるメール自動返信により、大幅な効率向上と、同時に品質向上も実現できました。具体的には以下の効果を得られました。

①メール問合せ全体の10％をAIチャットボットで、60％をRPAでの自動応対処理で実現し、オペレーターの業務量を合計70％削減できた。

②例えば、パスワード忘れの問合せについては、返信リードタイムが従来は約半日かかっていたが、AIボットとRPAで自動回答することで3分に劇的に短縮でき、また、問合せへの回答後の受注率も従来は44％でしたが、60％に大幅に向上した。

③プロモーション実施に応じて問合せが急増したカテゴリーへも柔軟に対応できる。

④RPAは手順通りの処理を行い、ミスはせず、問題があれば当該処理を停止するので、オペレーションミスが半減した。

⑤受注比問合せ率（受注件数に対する問合せ件数の比率）も半減した。

⑥メール問合せ業務量が当初よりも減少したため、オペレーター数を40％削減でき、ネットコミュニケーションセンターの営業時間を以前の9時〜21時から、現在は9時〜17時に短縮することができた。

● AI チャットボットと RPA による自動応対の処理フロー概要と効果

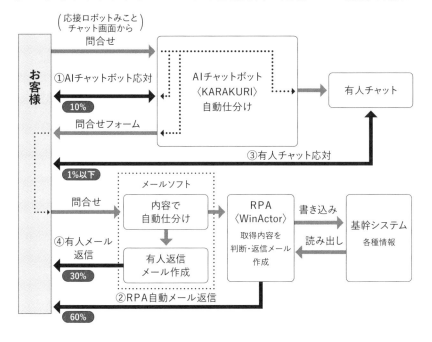

　また、AI−OCRを活用したはがき注文受付処理の自動化にも取り組み、既に70％を自動化できています。今後は、電話による返品応対の自動化にもチャレンジしていきます。

（2）チャットの活用
■チャット利用の急速な普及
　顧客が企業やコンタクトセンターにアクセスする時には、どのようなコミュニケーション手段を選ぶのでしょうか？　お客様窓口の利用実態に関するアンケート調査の結果を次ページの図1に示します（調査方法：インターネット調査、調査対象：20代〜60代の男女562名、調査時期：2018年12月、モビルス株式会社が実施した調査データを引用し、加工・編集）。
　この調査結果より、**若年層ほどチャットの利用率が高く、20代では53％の人がチャットを利用している**ことがわかります。一方、**メールは20代にはあまり利用されず、30代以上の世代に広くに利用されています**。

●図1　日常生活の中で最も馴染みのあるコミュニケーション手段

コンタクトチャネル	20代	30代	40代	50代	60代	平均
電話	20	28	38	35.7	52.2	34.8
ビデオ電話	5	1	2	0.9	0	1.8
メール	16	31	36	36.6	30.1	29.9
チャット	53	28	18	15.2	8	24.4
FAX	3	1	0	0	0.9	1
郵送	0	2	1	0	0	0.6
対面	3	9	5	11.6	8.8	7.5
合計(%)	100	100	100	100	100	100

●図2　音声通信とテキスト通信の年代別の利用比率

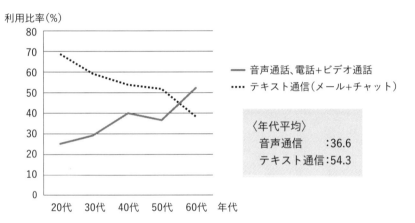

また、音声通信（電話＋ビデオ通話）とテキスト通信（メール＋チャット）でまとめてみたものを前ページの図2に示します。これより、**若年層ほどテキスト通信を好み、高年齢層ほど音声通信を好む傾向**が明確に読み取れます。

　本調査は、調査対象サンプル数がやや少なめなので、各比率の絶対値には若干の誤差があるかもしれませんが、各コンタクトチャネル毎の年代別の利用傾向は正しく捉えていると考えられます。

　チャットは、インターネットやコンピュータネットワーク上で、短い文章を準リアルタイムでやりとりするコミュニケーション手段であり、近年、企業／コンタクトセンターでも電話・メールに加え、新たなコンタクト

チャネルとして急速に普及が進んでいます。

　電話応対では、言うまでもありませんが、顧客とコミュニケーターが、伝えたい内容をリアルタイムで、交互に音声で話す形で会話を交わす［話す・聞く］ことにより、応対が進んでいきます。

　一方、チャット応対では、顧客とコミュニケーターが、伝えたい内容を入力して送信するまでの若干の遅延時間はありますが準リアルタイム的に、交互にテキストで送信する形で会話を交わす［書く・読む］ことにより、応対が進んでいきます。

　チャット応対も基本的には、電話応対と同様に、顧客からの問い合わせ等に対してコンタクトセンターのコミュニケーターが応対（有人チャット）しますが、最初からテキストでの通信であることから、コミュニケーター側を自動応答システムを利用して応対する方法（チャットボット）の活用も活発に進んでいます（たとえて言うなら、電話の自動音声応答／IVRを、テキスト通信で実現した自動チャット応対のようなイメージです）。

■チャットの利点

　チャット応対の特徴／利点としては、主に以下のようなものが挙げられ、メール応対と共通の利点もあります。

［顧客側の利点］

- 電話よりも気軽／気楽に問い合わせできる。
- 電話が苦手な若年層も気軽に利用できる。
- 回答を得るまでの待時間が電話、メールよりも短い。
- 電車の中、職場等でもアクセスしやすい。
- 応対の記録が残る。

［企業／コンタクトセンター／コミュニケーター側の利点］

- PDFファイル、写真、動画等の資料、WebサイトURL、携帯電話位置情報等も添付で送付できる。
- Webサイト／ホームページとの連携が容易であり、注文／問い合わせページからの顧客の離脱防止の効果が出せる。
- 複数顧客との同時並行でのチャット応対も可能（一般的には3人同時程度までが現実的）であり、効率向上につながる。
- フリーダイヤル等の通信料を大幅に削減できる。

- 電話と異なり準リアルタイム通信であるため、考えたり、調べたり、SV等に確認したりしてから回答することが可能であり、正確性を担保でき、コミュニケーターのストレスが電話より少ないとも言われる。
- 最初のコミュニケーターが十分な回答ができない場合、他のコミュニケーターに転送して容易に引き継ぐこともでき、顧客側には引き継いだことは名乗らない限りわからない。
- クレームに発展しそうな場合には、予め先行してSVに引き継ぐことも可能である。
- コミュニケーターの募集がしやすい。
- 適切なチャットサポートシステムを利用すれば、定型文支援機能、ナレッジ検索支援機能、サジェスト機能、自動翻訳機能、禁止用語アラート機能等の便利な機能も利用可能である。
- 自ずと正確で質の高いテキストベースの応対履歴を残せる。
- 従って、VOC分析の対象データとして利用したり、AIチャットボットの教師データとしても利用できる。
- イベント実施、災害発生、システム障害発生等の際に、急激な集中問い合せが発生しても、電話よりチャットの方が過負荷耐力がある。

🔳 チャットの活用①：有人チャット

　チャット応対では、コミュニケーターに必要とされるスキルも電話応対とは異なる部分があります。

　電話応対のコミュニケーターには、主にスムーズに話す力、声の音色やトーン、話すテンポ、相槌のタイミング、活舌の良さ等の話す力と、正確に聞き取る力が要求されますが、チャット応対のコミュニケーターには、主に正確に要点をまとめた短文を短時間に書く力と、読み取る力、正確で速いタイピングスキルが要求されます。

　近年の若年世代の人たちは、どちらかというと後者の方が得意な人たちが多く、電話コミュニケーターの人材募集を出してもなかなか集まらないが、チャットコミュニケーターの人材募集を出すとすぐに集められるという話もよく聞きます。

　有人チャット応対内容のコンタクトリーズン分布を分析することにより、頻度の高い定型的な問い合わせを切り出して、チャットボット応対へ移行することも有効な手段です。

|事例15|

コロナ禍、わずか数日で在宅チャットセンターを実現

　世界中に店舗を持ち、ECサイトも展開するアパレル企業のコンタクトセンターのチャット応対について、当センターを運営するビーウィズ株式会社での在宅チャットセンターの構築、新たな運営方法について紹介します。

◆問い合わせチャネルとして存在感を増す「チャット」

　現在の問い合わせチャネルは、電話、メール、チャットの3種類。チャットを始めた当初は約1割でしたが、数年が経過し5割まで伸びており、問い合わせチャネルとして存在感を増しています。電話の比率は当時とあまり変わらないため、メールで問い合わせていたお客様層が、チャットに移行したと考えられます。

　チャットの問い合わせは、「サイズの種類」「在庫の有無」等、ライトな内容が中心で、電話は「不良品」「返品」等、お客様にご不便・ご迷惑をかけた件を含めヘビーな内容が多い傾向にあります。

◆チャットと電話のマネジメントの違い

　元々電話の比率が高かったこともあり、運営ノウハウは電話がベースになっています。

　例えば、応対品質についてのコミュニケーター指導は、過去のやりとりを見ながら個別に指導するので、やり方は電話とほとんど同じです。異なるのは、個別指導をきっかけに「テンプレート」を追加・変更するケースが多いことです。電話でも「トークスクリプト」を改善することはありますが、効率・品質の両面において、チャット対応では「テンプレート」が非常に重要であるため、追加・変更の頻度が高いのだと思います。

　最重要KPIは「サービスレベル」です。電話に比べると「早く」反応することと、「高い」応答率を維持することが求められます。チャットは、1人のコミュニケーターが複数のお客様の応対を同時進行することができるので、トラフィックが増えたらコミュニケーター1人あたりが応対するお客様数を増やすことでコントロールしています。

　AHT（平均処理時間）については、電話に比べてお客様に依存する部

分が大きいです。入力するスピードが速くないお客様であれば、その分、明らかに時間がかかります。同じ種別の問い合わせで比べると、電話が3分に対してチャットだと6分、4分に対して7分と、約2倍近くかかります。

◆問い合わせの増加と従業員の安全、苦悩の末に生まれたチャット集約

　緊急事態宣言下では、店舗を閉店せざるを得ませんでした。これによりECサイトの需要が急激に高まることがわかっていたので、問い合わせ窓口を閉めるわけにはいきません。一方で、コンタクトセンターの従業員の安全も守りたい。もっとも早く在宅化に切り替えが可能という理由で、全ての問い合わせを「チャット」に集約することにしました。そのため、これまで電話対応を専門にしていたコミュニケーターに急遽「チャット」の研修を行い、対応することになりました。

◆顔が見えないコミュニケーターからの質問に、どのように答えるか

　予想通りトラフィックは増えましたが、緊急事態宣言下では新規のコミュニケーターの増員はせず、できる限りの対応をしました。占有率は100％に近い状態で、次から次へとチャットがくる毎日でしたが、社会的責任も感じたのか欠勤するコミュニケーターはほぼいませんでした。

　コミュニケーターが孤独にならずに、仲間の存在を感じられるようWeb会議システムで全員朝礼を行いました。「今日はこのメンバーで頑張るんだ」ということを、互いの顔を見て実感できる時間は、思っていたよりも意義のあることだったと思います。

　また、在宅開始2日目に「エスカレーション」の方法を変えました。初めは、チャットでのエスカレーションを基本にしていましたが、お客様とのやりとりもSVへのエスカレーションもチャットになってしまうので、エスカレーションには、**ビデオ通話**を取り入れました。書かなくても良い、身振り手振りも交えて伝えられることは、コミュニケーターのストレス解消になったようです。

◆もっと寄り添うチャットを目指す

　緊急事態宣言が解除された後は、電話での問い合わせも再開しましたが、緊急対応により、チャットのみでのコンタクトセンターが成立することが

証明されました。そして、今後ますますチャットのニーズは高まっていくことと思います。そのためには、電話応対で長年行ってきた「お客様への共感や寄り添い」を、チャットでも実現する必要があると感じています。テンプレートの拡充もこれまで通り進めつつ、テンプレートに頼らない心のこもった応対ができるような教育を実施し、チャット応対での満足度を高めていきたいと思います。

チャットの活用②：チャットボット

　チャットボットには、顧客からのチャット問い合わせに対して、①予め用意したシナリオ／ルールに基づいてチャット応対処理を進めるシナリオ型チャットボット、②AIエンジンの判断に基づいてチャット応対処理を進めるAI型チャットボット、③シナリオ型とAI型の両者を組み合わせたハイブリッド型（複合型）チャットボットがあります。

■チャットボットの活用方法
- 定型的な情報提供に利用する。
- FAQ／よくある質問の検索手順の誘導支援に活用する。
- 手続き処理の手順の誘導支援に活用する。
- 条件や手順の切り分けに活用し、有人チャットや他のコンタクトチャネルに引き継ぐ。

■他のコンタクトチャネルとの連携活用
- 有人チャットで応対後、定型的な情報提供や定型的な処理をチャットボットへ引き継いて実施する。
- チャットボットで顧客の目的を切り分け、目的に応じた電話応対窓口、あるいは、チャット応対グループに引き継ぐ。
- チャットボットでまず顧客の目的を切り分け、目的に応じた問い合わせフォームを送付し、顧客にその問い合わせフォームを用いて問い合わせを実施してもらう。
- チャットボットでは応対し切れない複雑な問い合わせを、そこまでの応対履歴を含めて有人チャットへ引き継ぐ。
- チャットボット応対で顧客の要望が確定した後、定型的でパターン化し

た手続き処理等を RPA に連携させて処理を実施する。

- 業務の特性から顧客がコミュニケーターと直接的に会話をすることにためらいを感じるようなカウンセリングサービス等で、あえてチャットを手段として活用したり、メールでの文通状態へ持ち込む。

●チャットボット構成方法の比較

<table>
<tr><td colspan="2" rowspan="2">項　目</td><td>シナリオ型
チャットボット</td><td>AI型
チャットボット</td><td>ハイブリッド型
チャットボット</td></tr>
<tr></tr>
<tr><td rowspan="4">概
要</td><td>処理方法概要</td><td>予め用意したシナリオ／ルールに基づいてチャット応対処理を進める</td><td>AIエンジンの判断に基づいてチャット応対処理を進める</td><td>予め用意したシナリオとAIエンジンの判断を組み合わせてチャット応対処理を進める</td></tr>
<tr><td>回答の精度</td><td>シナリオに依存</td><td>学習により回答精度が徐々に向上していく</td><td>両者</td></tr>
<tr><td>構築期間</td><td>比較的短期間</td><td>比較的長期間</td><td>長期間</td></tr>
<tr><td>構築費用</td><td>比較的安価</td><td>比較的高価</td><td>高価</td></tr>
<tr><td rowspan="6">適
用
領
域</td><td>問い合わせ内容が定型的で、パターンが想定できる場合</td><td>○</td><td>△
シナリオ型でも可</td><td>△
シナリオ型でも可</td></tr>
<tr><td>ツリー形式の問い合わせで順次絞り込める場合</td><td>○</td><td>△
シナリオ型でも可</td><td>△
シナリオ型でも可</td></tr>
<tr><td>FAQ／よくある質問の検索誘導</td><td>○</td><td>△
シナリオ型でも可</td><td>△
シナリオ型でも可</td></tr>
<tr><td>問い合わせ目的が明確な場合</td><td>○</td><td>△
シナリオ型でも可</td><td>△
シナリオ型でも可</td></tr>
<tr><td>問い合わせ内容が多様で、パターンを想定できない場合</td><td>×
シナリオ準備が困難</td><td>○</td><td>○</td></tr>
<tr><td>問い合わせ目的があいまいで、キーワード表現が多様な場合</td><td>×
シナリオ準備が困難</td><td>○</td><td>○</td></tr>
<tr><td rowspan="2">効
果</td><td>人件費削減</td><td>○</td><td>◎</td><td>◎</td></tr>
<tr><td>24時間応対</td><td>○</td><td>○</td><td>○</td></tr>
</table>

|事 例 16|

横浜市の画像認識 AI を活用した粗大ごみ受付チャットボット

◆横浜市が抱えていた課題

政令指定都市の中で最大の約375万人の人口を抱える横浜市の粗大ごみ受付センターには、月に約10万件に及ぶ電話問合せが入り、引越しシーズンや年末年始等の繁忙期は電話がつながり難い状況になることもありました。

従来から、インターネット（24時間年中無休）、電話（平日・土曜日8:30～17:00）によって受付けていましたが、年々増加する粗大ごみ申込み受付に対して、応答率の改善等が重要な課題となっていました。また、市民はホームページ等で公開している手数料表を参考に粗大ごみ受付センターに電話やインターネット経由で申し込みますが、手数料がわからない場合は受付センターに電話をかけ、オペレーターに問合せてから申し込む必要がありました。

◆**課題改善の方法と導入選定の要因**

粗大ごみ受付センターを受託運営する株式会社NTTネクシアは、横浜市が従来から運用していた分別案内チャットボットを活用し、AIよる粗大ごみ画像認識サービスと、チャットシステムを組合せ、市民が粗大ごみの画像を撮影してチャットで送ると、AIによる対話形式で、画像認識AIサービスが約300品目の中から該当品目を自動判定し、ごみの種類や捨て方、手数料等を24時間自動応答で回答するサービスを提供開始し、さらに、同一チャット画面内で粗大ごみの申込み受付ができるサービスを実現しました。また、画像認識AIで判定できなかった場合等には、有人チャットに連携することもできます。

同社営業本部部門長の菊地義博氏は、画像認識サービスとチャットシステムの選定理由について、同一のチャット画面内で、①チャットボットによる自動応答、②画像認識AIによる品目の自動判定、③有人チャットオペレーターとのチャット会話が連携し、チャットボットによる会話形式で粗大ごみの手数料の自動案内や収集自動受付ができ、わからないことがあれば、直接チャットオペレーターに相談や収集受付を依頼することもできる等、一元的なサービスが実現できたためと述べています。

◆**粗大ごみ受付チャットボットの導入効果**

導入効果については、ごみの品目がわからなくても写真を撮って送るだけで手数料を自動判定して案内し、24時間365日いつでもチャットボットで粗大ごみの申込み受付ができるようになり、市民の利便性が高まりました。また、電話での問合せの削減や、粗大ごみ品目を特定するための時間削減が期待できます。

画像認識AIの利用は、直近では月2000～3000件以上ですが、サービ

スの認知度向上と共に増大傾向です。

　利用した市民からは、「電話や文字では伝えにくかったが、画像を送ってすぐに理解してもらえたのでよかった。」等の声が寄せられています。

　また、最近では横浜市LINE公式アカウントの開設に併せて、LINEによる問合せや申込み受付も実施しています。今後も、DX化の浸透・促進を行なうことにより、さらなる市民サービスの向上や受付センターの効率化を展開する予定です。

●チャットボットによる粗大ごみ申込み自動受付サービスの流れ

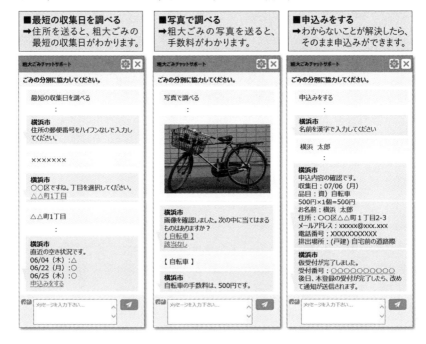

┃事例17┃

アニコム損害保険での保険金請求手続きチャットボットの活用

◆顧客企業が抱えていた課題

　ペット保険事業を柱に「どうぶつと人の幸せを追求する」アニコム損害保険株式会社では、郵送では通常1週間近くかかる保険金請求手続きや保険加入手続きをLINEチャットボットで自動受付する等の先進的なサービ

スを展開しています。

「保険業の最重要業務は、保険金支払です。堅い手続きのため、どうしてもお客様側にも企業側にも手間がかかることが課題でした。お客様や社内の煩雑な手続きをもっと早く楽に実現できるようにしたいと考え、保険金請求や保険加入の自動受付サービスを開発しました」と、同社経営企画部部長の小川篤志氏は語ります。

◆実現手法の工夫

アニコムLINE公式アカウント上から診療明細書の写真を送付することで、最短1分で保険金請求の手続きを行うことができる「LINE保険金請求サービス」は、モビルス株式会社がクラウドサービスで提供するコンタクトセンター向けチャットシステム「mobiAgent」を活用して実現しています。

自動受付サービスのボット設計では、チャットボットならお客様側も企業側も双方とも手間を簡素化できると考え、開発にあたっては手続きにかかる時間の短縮にこだわり、いかに手軽にできるかを重視しました。もっと取得しておいた方が良い情報はたくさんありましたが、あえてそこを削ぎ落とすことで、最小限の質問と操作で完結できる処理フローを意識し、「何をやるかより、何をやらないか、を決める方に心血を注いだ」結果、シンプルでわかりやすいユーザーインターフェースを実現できた上、社内業務の効率化にも貢献でき、人手に頼るしかなかった入力業務等は不要となり、大幅な業務効率化を実現できました。保険金請求手続きの処理フロー概要を図に示します。

氏名・住所・クレジットカード情報等の個人情報入力時には、LINEトーク上ではなく、専用Webページに遷移して入力することで、個人情報保護にも配慮したとのことです。

◆自動受付チャットボット活用の効果

保険金請求の自動受付の実現で、以下の効果が得られました。
①LINEトーク画面で、対話形式でナビゲートすることでお客様の負担を大幅に軽減し、手続き時間は最短1分と、従来の1/5～1/30程度に短縮できた。
②顧客利用率は、予測の半分の期間で目標を達成し、現在では3件に1件

がLINE経由で請求され、安定的に月間１万２千件以上の請求があり、これまで累計20万件以上利用された。
③事前の想定とは違い、意外に中高齢の方々の利用も多い。

一方、保険加入のチャット化でも以下の効果が得られています。
④サービス開始以降、順調に保険加入件数が伸び、これまでリーチできなかった顧客層にも保険に加入していただけるようになった。
⑤「書類申込みが煩雑で申込みを諦めていたけど、LINEで簡単に加入ができた」というお客様からの声も多く聞かれる。

●保険金請求手続きの処理フロー概要

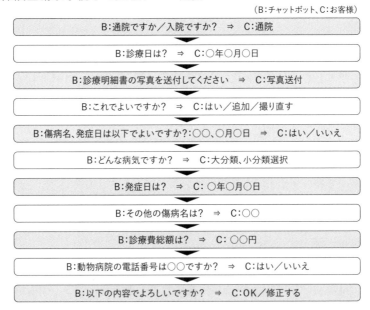

（B:チャットボット、C:お客様）

また、同社では、小さな悩みや疑問でも、お客様が獣医師に気軽に手軽に相談できることで救える命があると考え、獣医師による専門性の高い有人チャット相談サービス「どうぶつホットライン」も実施しています。

ＬＢＱ（3）SMS（ショート・メッセージ・サービス）の活用

SMSとは、Short Message Service（ショート・メッセージ・サービス）の略で、スマートフォンや携帯電話の電話番号を宛先として、テキストのみの短いメッセージ（ショートメッセージ）を送受信できるサービスです。

機能自体は古くからあり、かつては同一キャリア間でのやりとりしかできず、利用シーンが限定されていましたが、異なるキャリア間でも送受信が可能になったこと、一斉送信が可能な「SMS送信サービス」の機能が充実したこともあり、企業から顧客への連絡手段として利用されることが増えてきました。

みなさんの日常生活でも、Webサイトで新規会員登録する際に本人確認のためにSMSが送られてきたり、宅配便や修理等の訪問時刻のお知らせ、キャンペーンのお知らせ等が送られてくるのではないでしょうか。コンタクトセンターにおいては、これまでコミュニケーターが電話で対応していた案内をSMSに切り替える、案内中の補助的役割に使う等、様々なシーンで使われています。

■ SMS の特徴

SMSには次のような特徴があります。

・電話番号宛に送ることができる

メールアドレスを聴取できていない場合でも、電話番号宛に送信できます。よって緊急事態の安否確認等にも利用されることがあります。

・文字数が限られている

送信できる文字数が増え、キャリアによっては長文を分割して送ることもできるようになりました。しかし、受け取る機種によって上限文字数の制限があるため、基本的には70文字が上限です。そのため、ビジネス文書やメールに書くような時候の挨拶は省略し、簡潔に用件だけを送ります。

・即時受信でポップアップされる

スマートフォンや携帯電話でポップアップされることがほとんどであるため、開封率が高いことも、SMSが利用される理由の一つです。

様々なサービス・技術をいかに活用するか

コンタクトセンターでの様々なSMS活用事例

　アウトソーサーとして、多種多様な業種業態のコンタクトセンターを運営しているビーウィズ株式会社では、通話時間の短縮、案内漏れや誤案内の削減等を目的に、電話の補助的チャネルとして、SMS（ショート・メッセージ・サービス）を利用しています。

◆事例① デジタルクーポンのURLをSMSで送信

　加入勧奨のアウトバウンドセンターでは、成約したお客様にデジタルクーポンをプレゼントするキャンペーンでSMSを活用しています。デジタルクーポンをお受け取りいただくには、専用サイトでお客様ご自身に顧客情報を入力していただく必要があります。従来は、電話でメールアドレスを聴取し、終話後にメールでURLを送信していました。しかし、メールアドレスの聴取は、アルファベットの確認に苦労し、お客様にもコミュニケーターにも負担が大きかったため、SMSに切り替えました。電話番号であれば、メールアドレスに比べると聞き取りやすく、平均通話時間の短縮にもつながりました。

◆事例② 契約内容をSMSで送信

　同じく加入勧奨のアウトバウンドセンターの事例です。契約が成立したお客様への伝達事項が多く、通話時間が長引いてしまうことや、通話時間を気にして早口での説明になってしまうことが課題でした。そこで、お客様にしっかり聞いていただきたい重要事項の説明は、これまで通り電話で説明し、プランの詳細はSMSをお送りして確認いただくことにしました。これにより大幅に通話時間を短縮できる上、時間を気にしなくて良い分、重要事項を丁寧に説明することができるようになりました。お客様にも安心して聞いていただくことができ、案内漏れや誤案内も減りました。

◆事例③ SMSで電話案内を事前告知

　製品購入後の利用状況の確認をするアウトバウンドを行っているセンターでは、完了率の低さが課題でした。「知らない番号からの電話には出たくない」ことが理由の一つであると推測し、事前に「今月、○○の件で

電話をします」とSMSを送ることにしました。

　これにより、SMS送信前と比較して、完了率は約10%上昇しました。SMSの送信完了率は95%で、ほとんどのお客様にSMSが着信していること、アンケート回答者のうち約70%のお客様が「内容を読んだ」と回答しており、開封率の高さも証明される結果となりました。

◆事例④ コミュニケーターに代わってSMSが案内
「料金未納」「審査不適合」等、これまで電話や書面で行っていた案内をSMSに切り替える事例もあります。いずれも内容としてはややネガティブな案内にならざるを得ないため、電話で伝えると、お客様からの反発もあり、対応に苦慮することが多くあります。これをSMSに切り替えることは、運営コストの大幅な削減になります。しかし、お客様の状況との入れ違いがあること、インバウンドセンターへの苦情の入電が一定数あることは事前に考慮しておかなくてはなりません。

◆事例⑤ 通話中にFAQサイトやサポート動画のURLをSMSで送信
　あるテクニカルサポートセンターでは、お客様が電話で問い合わせる必要がないように、サポートサイトやFAQを充実させています。しかし「どのFAQを見たら解決できるかわからない」「見たいFAQや動画にたどり着けない」等、適切なWebサイトを閲覧できないお客様もいます。

　電話であれば、コミュニケーターが質問をすることで、お客様のお使いの機器の状況を正しく診断し、適切に案内することができます。そして電話でご説明しながら、同時進行でお客様に操作していただくのですが、機器を操作する時間を含めると通話時間は30分を超えてしまうこともあります。通話時間を短縮しながら、お客様の満足度を下げることなく、症状を解決する方法として、電話の補助的なチャネルとして、SMSを活用しました。

　15種類のテンプレートを用意しており、該当するFAQやサポート動画のURLをSMSで送ります。SMS導入当初は、あくまで補助的な位置付けとしていたため、SMSを送信するかどうかは、コミュニケーターの裁量に任せていました。しかし「いつSMSの件を切り出したら良いかわからない」「せっかくお電話いただいたのにSMSを案内するのは申し訳ない」等の理由から、上手く活用できないコミュニケーターが多く、なかなか浸

透しないため、思い切ってトークスクリプトを変えました。SMSでURL
を送る旨を伝え、ご了承をいただいたお客様にのみSMSをお送りする、
着信を確認したら終話する、と流れを明確にしたことで、コミュニケー
ターが案内しやすくなり、活用が進みました。

　SMS送信を了承するお客様の比率は、問い合わせ内容により大きく変
わります。複雑なサポートの場合は、既にお客様はご自身でWebサイト
を確認していることが多く、SMSの了承率が低いのが現状ですが、定型
化しやすい案内であれば了承率は高く、通話時間短縮に大きく貢献してい
ます。

（4）SNS（ソーシャル・ネットワーキング・サービス）の活用

　SNS：Social Networking Service（ソーシャル・ネットワーキング・サー
ビス）は、一般的には、「人と人とのつながりを促進・サポートするコミュ
ニティ型のWebサイト」のことを言い、多数のユーザーに利用されてい
る主なサービスとしては、「Facebook」「Twitter」「Instagram」等が挙げ
られます。

　8章1の冒頭の図でも示しましたが、SNSには、電話やメールでのコ
ミュニケーションにはない特徴を持っています。

　SNSを活用している企業は63%、今後取り組みたい企業は35%という
調査データもあり、SNS活用に対する企業の関心度は高く、多くの企業
や自治体のホームページ上に公式アカウントが掲示されています。

　一方、大手アウトソーサー（エージェンシー）の約40%前後が、コン
タクトセンター業務の一環としてSNSに関わる業務を実施しています
（日本コールセンター協会CCAJガイドブック、2017年度〜2019年度コー
ルセンター企業実態調査より）。

■企業／コンタクトセンターでのSNS活用方法

　企業／コンタクトセンターでは、以下のような目的や狙いに絞り込んで
SNSを活用しようとしている企業もあります。

①サイレント顧客の意見・要望の発掘

　コンタクトセンターや企業に、わざわざ電話をかけたりメールを送った

りまでして、**直接的に意見や要望を伝えたりはしないいわゆる「サイレント顧客」**も、**SNS上では気のおけない仲間たちに気軽に忌憚のない率直な意見や要望を発信している傾向**が見られます。このような情報を収集する手段として、SNSは有効と考えられます。

②世の中の風評の把握

SNS上の多数のやりとりを定常的に収集して、どのようなつぶやきが多いかをテキストマイニング等を利用して分析することにより、世の中の風評を把握することが可能です。

③アクティブサポートの実施

上記①や②の中で、ちょっと補足情報を提供すれば解決したり理解してもらえるようなものや、事実とは異なる内容がつぶやかれているもの等、放置しておくことが望ましくないような内容について、企業／コンタクトセンター側から能動的にアプローチして介在していくいわゆる「アクティブサポート」をうまく活用している企業／コンタクトセンターもあります。

④顧客の定着化、ファン顧客の醸成

企業のメンバーもSNS上の友達やフォロワーの一員になりきり、SNS利用者と気軽にフランクな意見交換を行っていくことで、自社企業の顧客の定着化・ファン化を進める一助としていこうとする試みも実施されています。

⑤異なる視点からの新規顧客開拓

SNS上では、特定の事柄にピンポイントで極めて強い興味を持つ仲間同士の集まり／グループもいろいろと形成されています。企業側が、そのようなグループに興味を持ってもらえるような企画やイベントを実施することにより、新たな視点からの新規顧客開拓につなげようという試みも実施されています。

コンタクトセンターの一つの重要な役割は、自社企業のCRM実現の一手段として寄与することであり、CRMの目的は、顧客との円滑なコミュニケーションを促進し、顧客の定着化、ファン化、新規顧客拡大を実現・推進することです。そのための補完手段として、電話チャネルやメールチャネルとは若干異なる特徴を持つSNSというチャネルを上手に活用していくことも有効ではないでしょうか？

以下では、SNSを利用してファン顧客創りや新規顧客開拓に有効活用している企業の事例を紹介します。

▌事例19▌

日本航空での SNS 活用

◆顧客企業が抱えていた課題

日本航空／JALでは、フェイスブック、ツイッター、インスタグラム、コミュニティ等のSNS：Social Networking Serviceを、ファン顧客創りや新規顧客開拓に有効活用しています。その推進役のリーダーを務める総務本部広報部Webコミュニケーショングループ長の山名敏雄氏にお話を伺いました。

JALは2010年の経営破綻の後、会社の建て直しを進める中でブランドイメージを回復するため、社員の仕事に対する想いやお客様への感謝の気持ちを発信する方法を有志が集まって考えました。

航空会社の中核となる商材の飛行機という交通手段は、一般的には年に数回利用される程度というお客様が多く、中には数年に1回利用されるようなお客様もいらっしゃり、利用頻度の少ない商材です。

このため、お客様が一度、飛行機をご利用になり、次にまたご利用になるまでの間に、しつこくなく適度にかつ継続的なお客様との接触機会を増やし、JALを想起していただける場面を増やすため、人と人（お客様と会社でなく、お客様と社員）の双方向コミュニケーションを活性化する必要があると考えました。

◆SNS活用の検討

その手段として、当時、アクティブユーザーが世界で5億人を超えていたフェイスブックを使って、実名・顔出しで社員が情報発信することを考えました。会社上層部からは心配の声もありましたが、「接客時には顔も出しているし、ネームプレートも付けているのだから問題はない」と説得して実施に踏み切りました。

発信した1件の記事に対し、多ければ200件程度のお客様からのコメントをいただき、その中の7〜8割に対しては個々に返信を返すことで、双方向コミュニケーションの促進を図りました。

その後、ツィッターやインスタグラムの活用も進め、SNSファン感謝イベントという飛行機内見学等を行うリアルイベントを企画して50人の参加者を募ったところ、2000〜3000人もの応募者が集まるようになりました。

さらに、コミュニティサイトも立上げ、JALファン同士や旅好き同士の情報交換／コミュニケーションの活性化も図りました。

JALでは、お客様の旅行への興味関心度×JALへの好意度に対して、各SNS媒体を図のように位置付け、情報発信やコミュニケーション促進の目的に応じて、SNS各媒体利用者の年代層・性別・利用傾向、メリット／デメリット等を意識してこれらの媒体を使い分けています。

●旅行への興味関心度×JALへの好意度とSNS媒体との関係

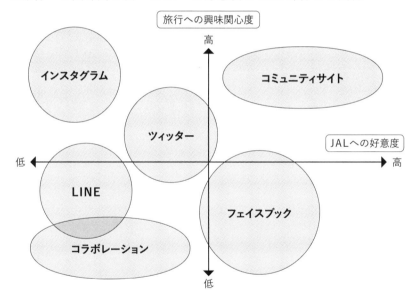

◆SNS活用によって得られた成果

SNSの活用を始めたことによって、以下のような新しいきっかけを掴むことができました。

①情報発信後のお客様からのコメントに対し、再度、1件毎に返信を返すことで、お客様と社員のコミュニケーション喚起に寄与できた。

②フェイスブック等で、リアルイベントの集客を行い、イベント実施後に

ファンからコメントをいただける等、お客様との絆創りに寄与できた。

③コミュニティサイトを立ち上げることにより、JALファン同士の情報交換を促進できた。

④コミュニティサイトの利用を起点として、ECでの購買履歴とSNS情報との紐付けが可能となった。

⑤ドライブ好き×JAL好き、アニメファン、○○のコンサート、町興しイベント等、既存ファン以外の開拓や新規需要創造の手段を開発できた。

　今後は、施策単位でのデジタルコミュニケーションの反響・営業範囲の把握や、媒体横断の共通評価指標の確立に向け、BIツールの活用も含め、取り組んでいきたいと考えています。

---

(5)マルチチャネルコンタクトの活用

　電話だけでなく、Web、メール、チャット等を組み合わせたマルチチャネルコンタクトが急速に普及しており、これらのコンタクトチャネルをうまく組み合わせ利用することで顧客側と企業側、双方共に大きな効果を期待できます。

■コンタクト方法の推移

　顧客が企業とのやりとりで利用を望むメディアは近年、電話、Web、メールの順で高くなり、一方そのサポートコストは、電話を「30」とすれば、メールが「10」、Webが「1」の比率で低くなると言われています。また、コンタクトセンターでの顧客コンタクトチャネルは、電話、メール、チャット等の中でメールやチャットのようなテキスト通信が占める比率が増大する傾向にあります。

■マルチチャネルコンタクトの流れと効果

　電話、IVR自動応答、メール、Webセルフサービスを組み合わせたマルチチャネルコンタクトの流れは、図のようにモデル化して表せます。

●マルチチャネルコンタクトの流れと効果（例）

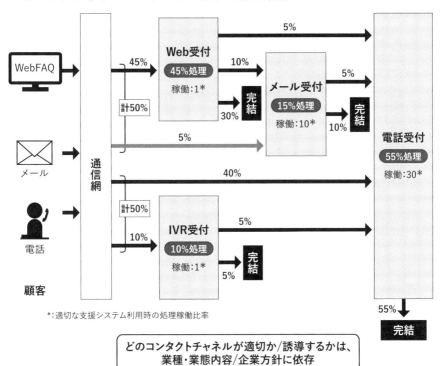

*：適切な支援システム利用時の処理稼働比率

どのコンタクトチャネルが適切か/誘導するかは、
業種・業態内容/企業方針に依存

　例えば、電話：Webセルフサービスでの問い合わせ比率が約半々だと
仮定すると（現に通信販売注文受付、航空チケット予約受付では、近年ほ
ぼこれに近い受付比率となってきたコンタクトセンターも実在し、さらに
パソコンメーカーのヘルプデスクサービスでは受付比率が電話：Web＝
3：7という事例も存在します）、前述したサポートコスト比率を考慮して
全てを電話のみで受付けた場合に必要な総稼働量を100％とすれば、図の
ようなWeb受付、メール受付、電話受付、IVR受付を組み合わせたマル
チチャネルコンタクトの流れを構築することにより、必要な総稼働量は約
60％で実現でき、企業側では約40％もの稼働削減効果を得ることができ
ます（次ページの図参照）。

　一方、顧客側から見れば、「夜中でも休日でも自分が都合の良い時に、
（各コンタクトチャネルの特性に応じた）自分に都合の良いチャネルでア
クセスできる」というサービス向上が同時に実現されています。

●マルチチャネルコンタクト実現で得られる効果（例）

> **電話のみ**
> 電話稼働：30×100％＝総稼働量：3000

約67％に稼働削減

> **Web＋IVR＋電話**
> Web稼働：1×45％＋IVR稼働：1×10％＋電話稼働：30×65％＝総稼働量：2005

約62％に稼働削減

> **Web＋メール＋IVR＋電話**
> Web稼働：1×45％＋メール稼働：10×15％＋IVR稼働：1×10％
> ＋電話稼働：30×55％＝総稼働量：1855

　このようにマルチチャネルコンタクトを上手に活用することで、企業のコスト削減／効率向上と共に顧客サービス向上も図ることができます。

■マルチチャネルコンタクトの課題

　最初はまず電話での問い合わせ窓口を開設し、後で追加して、メールでの問い合わせ受付窓口を開設するというような場合、それぞれの開設時点で独自に必要なシステムやDB構築を行うようなことが往々にして行われており、結果的にデータの一元管理ができなくなっている課題を抱えているコンタクトセンターも多いのが実態です。

　例えば、顧客がメールで問い合わせを行い、メール回答をもらった内容について、コンタクトセンターに電話で補足確認をしようとした場合、メールでの応対履歴を、電話応対を行うコミュニケーターが確認できないと、適切な応対ができず、顧客からのクレーム原因となりかねません。

　特徴の異なる複数のコンタクトチャネルを組み合わせ利用することで様々な利点や効果が得られますが、**組み合わせるコンタクトチャネルの間で、顧客情報や応対履歴がリアルタイムで一元的に管理されていて、どのコンタクトチャネルで応対しても最新の情報を参照・確認できるようにしておくことが必要**です。

●コンタクトチャネルの組合せ形態（例）

組合せ形態	概　　　要
(1)インバウンドと アウトバウンド	インバウンドで顧客リストが蓄積→アウトバウンドで情報提供/情報収集
	アウトバウンドで情報発信→インバウンドで顧客からフィードバックのアクセス
(2)自動音声応対と 電話応対	冒頭はボイスメール応答→本人不在で急用時は代表受付へ転送
	冒頭は自動音声応対で顧客の目的確認・切分け→担当部門コミュニケーターへACD振分け
	冒頭は自動音声応対→操作がうまく進まない時にはコミュニケーター接続
	冒頭はコミュニケーター応対で情報検索→定型的情報通知は自動音声案内
(3)Web応対と メール応対	Webページをセルフサービス検索→FAQを見ても目的が達成できないと問い合わせフォームから質問入力・送信
	Web上で申込み・予約を入力→受付確認のメールを返信
	メールアウトバウンドでWebページURLを配信→顧客がWebアクセスして申込/予約/情報取得を実施
(4)Web応対と チャット応対	Webページをセルフサービス検索→不明点がある時にチャット応対で確認
	チャットで問い合わせ→詳細情報のWebページURLを案内→Webページでセルフサービス確認
(5)メール応対と 電話応対	メール応対で何度も往復が発生→コミュニケーターが電話で応対
	メールで問い合わせ→コミュニケーターが電話で回答
	メールアウトバウンドで問い合わせ電話番号を告知→顧客からの電話問い合わせにコミュニケーター応対
(6)Web応対と 電話応対	Webページをセルフサービス検索→もっと詳しく知りたい時にコミュニケーター接続要求
	Webページをセルフサービス検索→操作方法がわからない時にコミュニケーター接続要求
(7)チャット応対と 電話応対	チャットで問い合わせ→内容が複雑な場合等に電話応対へ移行
	電話で問い合わせ→チャットで資料文書・写真・URL等を送付

┃事例20┃

嗜好品小売業でのマルチチャネルコンタクトの活用

◆顧客企業が抱えていた課題

　嗜好品の小売業を営む顧客企業は、業界全体として数年前からビジネスモデルの変革が進行しており、本企業はその先陣を切って事業変革を進めました。この事業変革に際しては、カスタマーケア部門に求められる要求や期待値も、劇的な変化が必要でした。

　変革以前は、お客様からの問い合わせは均一な内容で、問い合わせ件数

も少なく、小規模席数で運営可能なお客様相談室的な位置付けのコンタクトセンターでしたが、新商品を市場投入するにあたって、その使い方、動作不良、新モデルのプロモーション等、お客様問い合わせの内容が多岐に渡り、問い合わせ件数も激増することが見込まれ、マルチチャネル応対が可能な近代的な大規模コンタクトセンターへの更改が必須でした。

◆マルチチャネルコンタクトの実現方法

　本企業は、コンタクトセンターの更改にあたって以下を必須要件と考えて、システム選定を実施しました。
①マルチチャネル対応できること。
②常に進化し、自社の事業やお客様ニーズの変化に対応できること。
③規模の増減やコンタクトチャネル拡大の柔軟性や、常に最新機能が利用できるオールインワンシステムであること。

　その結果、オールインワンで最新機能を備え、柔軟性の高いジェネシス・ジャパン株式会社がサービス提供するクラウドベースのコンタクトセンターサービスを選定し、数センターで合計数百席のマルチチャネルコンタクトセンターを構築しました。

　このクラウド コンタクトセンター サービスは、最初からクラウドを意識して開発したサービスであり、コンタクトセンターで必要な電話、IVR、アウトバウンド、通話録音、メール、チャット、WFM等の各種機能はCRMアプリ以外はほぼ網羅してオールインワンで提供され、新機能は基本的には毎週リリースする迅速な対応を行い、2010年代中盤に日本市場に投入後、導入席数の累計は国内で1万数千席（グローバルでは10数万席）、国内では20席弱～1000席超の幅広いユーザー規模、BPO・製薬・地銀等を含め豊富な導入実績を持っています。

　導入決定からサービス開始までが半年以内という時間的な制約の中、まずはメールのコンタクトチャネルからサービス開始し、その後、電話、チャット、メッセージング、という順序でお客様とのコンタクトチャネルを拡大していきました。オペレーターが利用するツールという視点、統計データ等の稼働管理の視点から、お客様がコンタクトチャネルを横断しても、一つのツールで一元的な運用ができるジェネシスのクラウドソリューションの特性を最大限に活かしました。

また、電話応対が混み合っている場合には、お客様を不必要にお待たせしないように、ウェブまたはIVR（自動音声応答）からコールバックを予約することができ、コールバック実施の数分前にはSMS（ショートメッセージ）経由でコールバックを予定通り受けられるかどうかの確認を行い、メッセージのやりとりの中で必要に応じて予約日時を変更できるサービスも実現し、お客様の利便性向上と共に、無効なオペレーター稼働の最小化を図っています。本企業のお客様は大半が携帯／スマートフォン利用者であり、SMS通知も有効に活用されています。

　嗜好品を嗜むための器具の動作不良の問い合わせでは、スマートフォン上のメッセージングアプリの中で動作する診断プログラムで、具体的な不良状況を初期切り分けし、その診断情報やシリアル番号を引き継いで有人問い合わせ応対を継続することがジェネシスクラウドサービスと企業の基幹システムとのシステム連携によって実現されています。

●マルチチャネルコンタクトのサービスイメージ

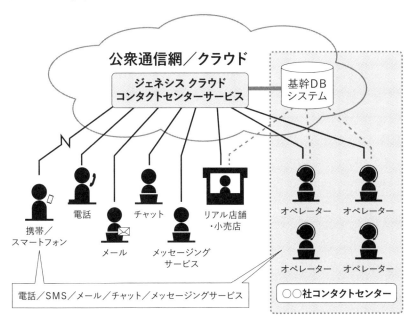

顧客のセルフサービス化を支援する

　顧客の支援／セルフサービス化を支援するものとしては、自動音声応答サービス、ビジュアルIVRサービス、チャットボットのサービス、Webセルフサービス等があります。

　セルフサービス化というと、一見、企業側の効率化を実現するために、顧客側に手間や負担を押し付けているようにも思われがちですが、そうとばかりは言えません。セルフサービスであれば、原則、24時間365日いつでも利用できるので、顧客側から見れば、**夜中でも土日祝日でもいつでも自分が好きな時にコンタクトセンターにアクセスして目的を達成できる**ようになり、**利便性も大きく向上する**と共に、CES（Customer Effort Score）／顧客努力目標の向上にもつながります。

　顧客の支援／セルフサービス化を支援することで、**企業側の稼働を削減して効率を向上できる**と共に、**顧客側もコンタクトセンターを利用する際の手間を軽減したり、自由度を向上する**ことができます。

（1）自動音声応答サービスの活用

　インバウンド呼の電話着信に対し、自動音声応答システムが応答し、電話機のプッシュボタン入力や音声認識による操作で、自動応対による受注受付や情報案内を行います。**自動音声応答サービスは、適切な適用場面の選定と、コールフロー作成方法の工夫によって成否が分かれます。**

■動作の概要

　インバウンド呼の電話着信に対し、自動音声応答システム（IVR：Interactive Vioce Respopnse）が応答し、誘導ガイダンス音声送出と顧客のプッシュボタン選択入力を繰り返して、自動応対により顧客への情報提供や、顧客からの注文受付等を実現します。

　ガイダンス音声の送出には、予め録音した音声を使うことが多いですが、

テキスト情報を基に自動音声合成するテキスト音声合成（TTS：Text-to-Speech）技術も使われます。テキスト音声合成は、ガイダンス内容や情報提供内容の変更頻度が多い業務の場合には、変更の度に録音し直す必要がないので非常に有効な手法です。

　また、顧客がプッシュボタン選択入力する代わりに、会員番号や商品番号等を自動音声認識で入力する方法が使われることもあります。

　自動音声応答サービスは、全てをこの方法だけで押し通すことは難しく、**顧客が思うように操作が進まない場合にはコミュニケーター応対に切り替えられるルートも準備しておくことがサービス性の向上には大切**です。

　また、多くのACDシステムでは、コミュニケーター応対を前提にその前段としてまず自動音声応答で顧客が電話をかけた目的等をプッシュボタン選択入力で切り分け、各々のサービス目的に対応付けたコミュニケーターグループに呼を分配する機能も内蔵されています。単純なものはこの自動音声応答で完結できてしまう場合もあります。

■稼動削減効果

　例えば、通信販売インバウンドジョブで全体の30％の受注呼を自動音声応答で完結させることができれば、コミュニケーターの稼働も30％に削減することができます。また、自動音声応答サービスであれば、コミュニケーター応対の電話チャネルが輻輳している時に、自動応対チャネルであれば待たずに電話がつながって受注が可能となったり、容易に低コストで24時間サービスを実現することも可能であり、顧客の利便性向上やサービス向上にも寄与できます。

●自動音声応答サービスの効果

通販カタログ受注インバウンドジョブの例

全てコミュニケーターが応対時

コミュニケーター応対で完了：平均応対処理時間：**210秒／呼**

IVRセルフ応対の活用で約30％の稼働削減が可能

自動音声応対＋コミュニケーター応対併用時

自動音声応答で完了：コミュニケーター応対で完了＝30％：70％
とすれば、全体的な平均応対処理時間は、

0秒／呼 × 0.3 ＋ 210秒／呼 × 0.7 ＝ **147秒／呼**

■自動音声応答サービスの課題

　Webセルフサービスは近年急速に普及し、企業とのコンタクトに顧客から好んで利用されています。それに対し、同じセルフサービスでありながら自動音声応答サービスは歴史が古い割に活用される場が少ないのはなぜでしょうか。

　両者を比較してみると、Webは読む・書くが主体で、一覧性があり、概して利用者に好評であるのに対し、自動音声応答は話す・聞くが主体で、最後まで聞かなければわからず、概して利用者に不評です。

　ある調査データによると、WebFAQを見ても問題が解決できないという意見の理由は、「FAQが多過ぎてうまく検索できない」「情報が更新がされていない」というのが大半であり、前述の方法で改善可能です。

　一方、自動音声応答の肯定派：否定派は約半々であり、否定派の理由は大半が（a）操作が面倒、（b）時間がかかる、（c）目的の用件がない等、操作性に関わる問題が指摘されます。（c）は提供情報内容自体の問題ですが、（a）、（b）はコールフローの構築方法を工夫することでかなりの改善が可能です。自動音声応答サービスのコールフロー構築には以下の注意が必要です。

①業務フローを定型化する必要（定型化できるサービスに適する）
②冒頭挨拶段階での切断率が高く、ここを通過させる工夫が必要
③ガイダンスは極力簡潔にし、聞き取りやすい用語を工夫
④ガイダンス速度は利用者層を意識したテンポ設定が必要
⑤ガイダンス中の入力機能／ガイダンススキップ機能はほぼ必須
⑥目的とする内容にたどり着くまでのステップ数を極力少なくする必要
⑦各ステップでの選択肢の数は、3項目程度が限度（数字入力は別）
⑧選択内容の復唱確認は極力簡潔にし、まとめて確認する工夫も必要
⑨うまく操作が進まない場合／目的に合わない場合には、コミュニケーターに接続できるルートも用意しておくことが必要
⑩音声認識の利用は極めて有効
⑪途中切断率の高いステップは、ガイダンスの言い回しを少し工夫するだけで改善できる場合もある

■適用場面の工夫が重要

上記注意事項の中で、特に①、⑥、⑦を考慮すれば、自動音声応答が適用できるサービス場面はある程度は限られ、業務を定型化できるもの（例えば金融業の残高照会等）、サービス目的の確認・切分け、サービス目的や条件が絞り込まれた後の情報提供（電話番号案内等）や受付（保険業の控除証明書発行受付等）等、マルチチャネルコンタクトの一環として有機的に組み合わせ活用する方法の工夫が重要であり、うまく活用すれば大きな効果が得られます。

サービスを利用する顧客の立場から見れば、自分が好きなように話をすれば基本的には応対してもらえるコミュニケーターサービスに比べ、予め決められた手順に従って、システムから要求された操作や情報を忠実に入力たり音声認識させたりしなければならない自動音声応答サービスには、やや抵抗感を感じることは否めません。

しかし、コミュニケーター応対窓口に電話をかけてもいつも混み合っていてなかなかつながらないが、自動音声応答窓口であればすくにつながって自分の目的をほぼ達成できるというような場面や、顧客にとって必要性・緊急性の高い場面であれば、若干面倒であっても利用されるはずです。

例えばTVショッピング番組では、電話受付が混み合ってきた時にはIVRでの自動音声応答受付に視聴者を誘導する手法が日常的に実施されており、顧客側にとっても、なかなかつながらない電話を何度も架け直しているより、IVR自動音声応答受付を利用することで商品が売り切れる前に迅速に注文することができるメリットがあります。

|| 事 例 21 ||

IVR を使った呼減対策・ピーク対応

数年前まで、IVRでセルフサービスが完結する最も身近な事例と言えば「宅配便の再配達受付」でした。電話を架け、不在票の「番号」や、届けて欲しい「日付」「時間帯」等、ダイヤル番号を押すだけで、24時間いつでも好きな時間に手続きができることは大変便利でしたが、現在その機能はアプリやLINEに代わってきています。

「宅配便の再配達受付」や「タクシーの配車」等、IVRだけで完結するかつての代表的なサービスは、今もアプリと併用して活用されていますが、

ここでは、SMSや音声認識技術と組み合わせてIVRが使われている事例を含めて紹介します。

◆事例① IVR×SMS で呼減対策、時間外にも対応

あるテクニカルサポートセンターでは、電話をするとまず自動音声が流れ、顧客は「コミュニケーターにつなぐか、サポートページのURLをSMSで送るか」のいずれかから選択します。既にサポートページ等で自己解決を試みている顧客の大半は「コミュニケーター」を選びますが、一部の顧客が「SMS」を選ぶことが、呼減に貢献しています。

また窓口終了後も「営業時間外アナウンス」で同様の案内を流しており、顧客はいつでもSMSを受け取ることができます。

◆事例② IVR×SMS×音声認識で、住所変更も可能

IVR（音声自動応答）のみで手続きを成立させるためには、ダイヤル番号しか押せないことがIVRの限界でしたが、「音声認識」と組み合わせることで住所変更手続きもできるようになっています。

顧客はIVRの指示に従い住所を口頭で伝えます。それを「音声認識」技術で「テキスト化」し、認識に間違いがないか「SMS」を送信し、顧客は内容を確認します。

音声認識率は年々上がっていますが、中でも「住所」や「数字」の認識率は高いためIVRとの組み合わせにより、手続きが可能になりました。

◆事例③ テレビショッピングやチケット発売のピーク対応

テレビショッピングの注文受付や、発売開始直後のチケット受付等は、限られた時間に顧客からのアクセスが集中するため、企業は、同時に大量なトラフィックの処理を行い機会損失を避けねばなりません。

テレビショッピングでは、会員番号を持つ顧客であれば、「会員番号」を入れることで、住所や名前を入れる必要がなくなります。よって、「商品番号」「個数」と、支払い方法に割り当てられた「番号」を入力することで手続きが可能です。チケット発売も同じく「会員番号」「公演番号」「席種」「枚数」を、ダイヤル番号を押すことで申し込むことができます。

◆**事例④ 待時間の案内**

　IVRの使い方として、お客様に「電話がつながるまでの待時間」の目安を伝えるアナウンスを流す事例もあります。

　コンタクトセンターの混雑は企業にとっても課題であり、顧客にとっても最大のストレスと言えます。そのため、Webサイトに混雑予想カレンダーを掲載し、トラフィックを分散する取組みもされています。さらに、電話を架けてきた顧客に対して、「ただいま電話が大変込み合っており、おつなぎするまでに5分程度いただいております」と目安時間を伝えることで、待時間に感じるストレスを軽減しています。

◆**事例⑤ 顧客満足度調査**

　コミュニケーターが通話の最後に、顧客満足度調査に協力いただけるかを聞き、了承をもらった場合、IVRに切り替えます。顧客は音声に従って、サービス、商品、コミュニケーターの応対等を、ダイヤル番号を押して評価します。

　人が行う満足度調査に比べて、大量な回答が収集できること、忖度のない回答を得られることが特徴です。郵送でのアンケートと比べても、サービスを受けた直後の回答であるため、回答率が高く、また鮮度の良い調査結果が得られます。

（2）ビジュアルIVRサービスの活用

　ビジュアルIVRサービスは、自動音声応答システムの音声ガイダンスをビジュアル化してテキスト等で表示するサービスです。

　自動音声応答サービスでは、音声応答システムが誘導ガイダンスや選択肢を音声で送出して応対を進めましたが、ビジュアルIVRサービスでは、顧客のスマートフォンやパソコンの画面に誘導ガイダンスと選択肢（テキストだけでなく、画像でも良い）を表示し、顧客は選択肢の項目をタップしたりキー入力することで応対を進めます。

　従って、顧客の操作性が向上し、自動音声応答サービスで課題となった自動音声応答のステップ数や、各ステップでの選択肢数に対する制約条件がある程度は緩和され、適用できるサービス範囲が格段に広がります。

　ビジュアルIVRサービスは、最近はスマートフォンのアプリケーショ

ンを構築することで容易に実現することができます。

（3）Web セルフサービスの活用

　Webセルフサービスは、改めて説明するまでもありませんが、航空券の予約・変更・座席指定、ホテルの予約・変更、通信販売の商品購入、各種問い合わせ窓口でのよくある質問／FAQ検索等、パソコンやスマートフォンから日常的に多くの顧客に利用されているサービスです。

　企業側の利点としては、電話応対には多くの要員稼働や設備が必要ですが、顧客がセルフサービスで予約や購入をしてもらえることで大幅に稼働や設備を削減できます。

　一方、顧客側の利点としては、24時間365日いつでも自分が好きな時に予約や注文ができることに加え、自分でいくつかのものを詳細に比較検討しながら予約や注文をできることも大きな利便性です。

コミュニケーターの応対を支援する

コミュニケーターが苦労する部分の協調的な支援を考える

コミュニケーターの応対は、電話での通話が始まってから／着信したメールを開いてから／チャット応対が始まってから等、コンタクトチャネルに応じて実施すべき作業内容は少しずつ異なります。

しかし、顧客からの依頼・要望に対処するための処理を実施したり、顧客からの質問に対する情報や答えを準備して回答したり、かつ、その応対履歴を的確に入力して記録するという部分は、どのコンタクトチャネルであっても共通に必要で欠かせない作業内容です。

●コミュニケーター支援手段の概要

分類	項　目	概　要
着信支援	着信呼均等分配	着信呼を、待機時間が最も長いコミュニケーターから優先的に振り分け接続
	スキルベースルーティング	着信呼を、コミュニケーターの業務スキルが適合する待機時間が最も長いコミュニケーターから優先的に振り分け接続
	インテリジェントルーティング（AIルーティング）	着信呼を、コミュニケーターの業務スキルに加え、顧客属性との相性等が適合する待機時間が最も長いコミュニケーターから優先的に振り分け接続
発信支援	プレディクティブダイヤリング	コミュニケーターの空発生タイミングを予測して先行して自動ダイヤル発信し、発信先が応答した呼だけを最も待機時間の長いコミュニケーターに自動接続
通話中支援	スクリーンポップ	着信時に通知された発信電話番号を基に、顧客情報を検索して自動表示
	スクリプト表示	顧客の要望に最適な応対スクリプトを自動表示
	ナレッジ／FAQ検索表示	顧客との応対状況に応じて必要なナレッジ情報やFAQの候補を自動的に検索表示
	抜け漏れチェック	顧客との応対必須項目の抜け漏れをチェックしてアラート表示
	禁止用語／不適切用語チェック	顧客との応対中に禁止用語や不適切用語を使うとリアルタイムにアラート表示
後処理支援	応対履歴入力支援	音声認識により、顧客との応対内容をテキスト表示し、応対履歴欄への入力作業を支援
	コンタクトリーズン設定支援	顧客との応対内容に相当するコンタクトリーズンの設定を支援（候補提示／自動設定）

▼ 8 章 様々なサービス・技術をいかに活用するか

（1）ナレッジ／FAQ の検索表示

　電話、メール、チャット等、どのようなコンタクトチャネルであっても、コミュニケーターは顧客からの要望や依頼に具体的に対処するための処理を実施したり、様々な質問や相談に対する回答や情報を提供したりしなければなりません。

　しかし、初期研修やフォローアップ研修の中で学んで覚えた知識だけに頼って、これら全ての対処するのは現実的には困難であり、顧客からの問い合わせを受けた時点で、必要となるナレッジ、FAQ ／よくある質問、知識や情報等を、テキスト情報、静止画や動画等のイメージ情報、動画に付帯した音声情報等により、迅速に参照できるようなコミュニケーター支援が必要です。

　ナレッジツールでは、一般的には以下のような基本的な機能が実現されています。

①コンテンツ管理機能（作成、更新、削除）

②コンテンツ検索機能（メニュー検索、キーワード検索、目的検索等）

③コンテンツの活用状況を把握できるレポート機能

④コンテンツのインポート／エクスポート機能

　これらの基本機能だけでは、コミュニケーターは顧客と会話しながら、問い合わせ内容に関連するメニューを選択する／キーワードを入力して検索する等の操作を行い、表示されたコンテンツの中から最も関係のありそうなのを選ばなくてはなりません。

　このため、上記基本機能に加え、音声認識技術やテキストマイニング技術を組み合わせて、コミュニケーターの検索操作や関係の深いものを選択する作業まで支援しようとする以下のような複合機能も実現されています。

⑤電話応対での顧客とコミュニケーターとの会話をリアルタイム音声認識でテキスト化し、テキストマイニングによりキーワードを抽出して、候補となるナレッジを自動的に検索し、確度の高い順に表示する機能

⑥メール応対やチャット応対のテキスト情報からテキストマイニングによりキーワードを抽出して、候補となるナレッジを自動的に検索し、確度の高い順に表示する機能

本項後半では、⑤を具体化した活用事例について、実際に現場で運用する中で確認された導入効果も含めてご紹介します。

事例 22

オペレーションナビゲート機能 seekassist で効率・品質を向上

繁忙対応のセンターで、seekassist（シークアシスト、FAQ自動表示によるオペレーションナビゲート機能）を導入した事例をご紹介します。通常期も複数拠点運営を行っているセンターですが、繁忙期は通常センターの席数だけでは対応ができず、約2か月間、別拠点に40席増席しました。seekassistの導入準備とその成果について、導入支援を担当したビーウィズ株式会社の高田亮氏と、繁忙対応センター長を務めた同社の東風谷厳貴氏に話を聞きました。

◆会話をテキスト化し回答を自動表示する

seekassistとは、株式会社アイブリットが開発し、ビーウィズ株式会社が販売する次世代型AI-PBX「Omnia LINK（オムニアリンク）」に付属するFAQ機能です。従来のFAQシステムは、お客様との会話からコミュニケーター自身がキーワードを抽出して手動で検索しますが、欲しい回答が見つからなければ、たどり着くまで、そのキーワードを変更したり足したり消したりを繰り返さなくてはなりません。そのため、うまく検索できるコミュニケーターがいる一方、慣れない新人コミュニケーターは欲しい情報にたどり着くのに時間がかかってしまうという実情があります。seekassistでは、音声認識によりお客様との会話をテキスト化し、自然言語処理により自動的に回答候補を表示させます。

◆導入のステップ

seekassistで使われているAIを使ったFAQ自動表示機能は、いわゆる「機械学習」であり、運用するには「教師データ」と言われる大量のデータを入れ、チューニングし、seekassistを育てていく必要があります。

まずは**対話の収集**、Omnia LINKからテキスト化された対話履歴を収集します。次は**FAQ投入**、質問と回答の一覧データを投入します。その後に、「対話データ」や「FAQデータ」を連携させる**教師データ生成**を行い、利用しながら**チューニング**を行います。

「教師データ生成」には、いくつかの工程があるのですが、その中でも**ストップワード登録**の内容がその後の回答精度を大きく左右します。seekassistに反応させない言葉のリストを作るという作業です。

● seekassist ストップワード登録

助詞、接続詞、感嘆詞等は標準登録されている

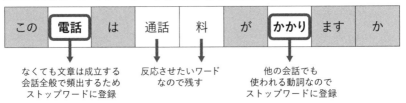

上の例文のうち、グレー部分の「この／は／が／ます／か」等の助詞、接続詞、感嘆詞等は標準でストップワード登録されています。これ以外の残る単語「電話／通話／料／かかる」をseekassistに反応させるか、させないかを決めて、登録していきます。この作業を繰り返してseekassistに教え込んでいくことで、リコメンドされるFAQの精度を上げていきます。

今回の導入にあたっては、まずは高田氏が専任で準備を行い、ある程度の精度を確保できた状態で、センター長の東風谷氏に引き継ぎました。そ

して、各FAQの評価結果（コミュニケーターが閲覧した後に各FAQに対して"助かった"または"違った"で評価）を基に、東風谷氏やセンターのSVがチューニングを続けました。

　導入後は、現場のSVがチューニングし育てていくことが、うまく活用する秘訣の一つである一方、導入準備はナレッジ専任担当者を配置するか、または導入コンサルティングサービスを利用し、専任者により土台を作り上げることが現実的な方法です。

◆新人コミュニケーターは「これなくしては不安で電話が取れない」？
　新人コミュニケーターにとって、seekassistは「なくてはならない存在」になりました。自分の会話に導かれるようにFAQの表示が変わっていくことや、お客様との会話が文字で残っていくことは、新人にとっては当たり前のことになり、「ないと不安で電話が取れない」とも言われました。デジタルトランスフォーメーションとはこういうことを言うのだなと、コミュニケーターの言葉を聞いて実感しました。

　また、「マイトーク」欄が好評でした。「マイトーク」欄には、お客様とコミュニケーターの会話がリアルタイムでテキスト化されます。音声認識の精度の課題はゼロではなく、時にコミュニケーターの本意でない認識をされることもありますが、住所は大変高い確率で認識します。お客様には馴染みのある住所であっても、別の土地で暮らすコミュニケーターにとっては初めて聞くような住所ばかりです。音声認識によりナビゲーションしてくれる機能は新人コミュニケーターの強い味方になったようです。

　次ページに画面イメージを載せましたので参考にしてください。

● seekassist 画面イメージ

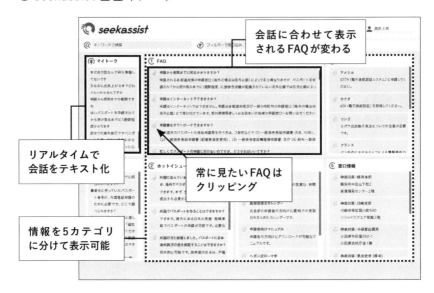

◆平均通話時間と保留率が改善

　seekassist導入前の入社グループと、導入後の入社グループの各種数値を比較したところ、次のような結果になりました。

　平均通話時間は50秒改善されました。主に理由は2つ考えられます。一つは前述の「マイトーク」機能。お客様のおっしゃった内容を言葉と文字で同時認識できるため、聞き直す時間を省略できていることが考えられます。もう一つはSVがラウンドしながら「マイトーク」や表示されている「FAQ」を見ることで、会話の予測をつけやすいことです。関連するFAQは既に画面に表示されているので、指しながら指示できることで効率的なフォローができたと言えます。

● seekassist 導入による効果

グループ	平均通話時間	平均後処理時間	平均保留時間	保留率
seekassist**導入前**の入社グループ	7:19	3:31	0:55	22.4%
seekassist**導入後**の入社グループ	6:29	3:30	0:52	16.0%
導入後の改善	50秒改善	ほぼ変わらず	ほぼ変わらず	6.4ポイント改善

平均後処理時間と、平均保留時間に差はありませんでしたが、**保留率**（応対件数に対して保留が発生した件数）が6.4ポイント改善していることも大きな成果です。保留して調べたりエスカレーションしたりせず、表示されたFAQを見て回答ができたと推測されます。

当然、グループを構成するメンバーも異なり、seekassistのみの効果とは言いにくい部分もありますが、明らかな改善が見られました。

◆コミュニケーター支援は進化する

新しい技術は、技術やシステムが優れていても、それを使う「人」が受け入れなければうまく活用されません。今回は導入後に、センター長を中心にSVが「チューニング」をしたことや、新人研修で導入の目的をしっかり説明したことが、コミュニケーターにうまく受け入れられた理由の一つだと言えます。

今回は導入時の「ストップワード」登録を「人」により丁寧に行いましたが、頻出ワードを一括登録する等、短期間で導入するための別の方法もあります。さらには導入工程を効率化する機能が開発されるという話も聞いていますので、ますます便利に、ますます当たり前の機能になっていくのではないかと思います。

（2）応対履歴入力支援

応対履歴は、顧客からの注文・要望・意見等、コンタクトセンターでの顧客との応対内容を正確に記録して、以降の必要な処理を実施するだけでなく、関係者で情報共有して、様々な視点から分析活用を行うための元データとして必須な情報であり、非常に重要なものです。

応対履歴には、①顧客との応対内容が的確に要約されている、②重要な内容が漏れていない、③入力するために後処理時間がかかり過ぎ応答率やサービスレベルに影響を及ぼさない、という条件が同時に要求されます。

ここで問題となるのは、①②を徹底すれば必然的に入力時間が長引いて③が問題となり、③をあまり重視すると自ずと①②が不備となりやすくなるという、①②と③が相反する要素を持っていることです。

VOC収集を一つの重要なセンターミッションと考え、後処理時間が延びることは容認して、VOCに関わる情報はできるだけ丁寧に入力するこ

とを徹底しているセンターも実在します。「二兎を追うもの一兎を得ず」という考え方です。

　コミュニケーターのスキル向上だけに頼って、①②＆③を両立して実現しようとすることは自ずと限度があります。このため、最近は音声テキスト化技術を活用して顧客とコミュニケーターの会話をリアルタイム音声認識で全文テキスト化し、コミュニケーター端末の応対画面に表示して、コミュニケーターが応対中や後処理中の応対履歴入力にテキスト表示された会話情報からカット＆ペーストで利用する方法も試みられています。

　コンタクトセンターのミッションに依存して重視すべき点は変わりますが、有効活用できる密度の高い応対履歴DB構築のポイントを示します。

①Who：誰が、What：何を、When：いつ、Where：どこで、Why：なぜ、How：どのように、を確認してDB入力する

②何でそうなるか／使われた状況等の背景も、応対時にきちっとヒアリングし、DB入力する

③顧客の真意を探り出す質問スキルも大切

④顧客の温度感や気持ちの変化を察知する感受性も大切

　これらのポイントは、電話の通話時間、後処理時間をシビアに考えると実現し難い面もありますが、活用目的を意識して重要度が高いと判断するならば通話時間や後処理時間が伸びることへの割り切りも必要です。この対策として音声認識による入力支援／自動入力の活用も有効です。

（3）コンタクトリーズン設定支援

　コンタクトリーズン／コールリーズン（呼種別）は、業務の内容や状況を的確に把握して具体的な改善策を検討するために非常に大切な情報です。

　コンタクトリーズンは、通常、コミュニケーターが後処理中にプルダウンメニューから選択する等の方法で設定しますが、業務内容によってはコンタクトリーズン種別が階層構成になっていたり、分類数が多くスクロールしないと選択できない、どちらの分類を選択すべきかが明確に判断できない、コミュニケーターにより選択の判断が異なってしまう等、コンタクトリーズン設定のためにかなり時間や手数がかかっているのが実態です。

　このため、繁忙時にはコンタクトリーズンを設定できずに後処理を終わらせ、次の着信呼の応対を始めてしまう場合もあり、コンタクトリーズンの設定率が低下する課題を抱えているセンターも実際に見受けられます。

　このような課題を改善するため、顧客とコミュニケーターとの会話をリアルタイム音声認識で全文テキスト化し、テキストマイニングによりキーワードを抽出することで、コンタクトリーズンを自動判定する方法の実現にチャレンジしているコンタクトセンターも実在します。

　続いて、AIを活用してコールリーズン設定を自動化して設定率を改善した事例を紹介します。その結果、把握できるコールリーズン分布精度が向上し、平均応対処理時間：AHTが異なるコールリーズン毎にトラフィック予測（呼量予測）を実施することで、予測精度も向上できた事例です。

スカパー・カスタマーリレーションズの
AIを活用したコールリーズン分析と呼量予測

◆顧客企業が抱えていた課題と対処

　日本最大の有料多チャンネルデジタル衛星放送「スカパー！」のカスタマーセンターを運営する株式会社スカパー・カスタマーリレーションズでは、札幌2センター、目黒に本社他1センター、横浜1センター、沖縄2センターに設置した合計約1000ブースのコンタクトセンターにおいて、年間約350万件に及ぶお客様からの各種問い合わせに対して、電話、LINE、メール、チャット等のマルチチャネルで対応しています。

　同社経営企画部部長の伊藤正裕氏からお話を伺いました。これまで、大きく3つのStageでその時々の課題を解決してきました。

●カスタマーセンターの概要

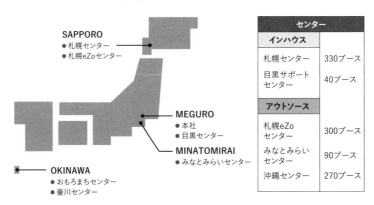

センター		
インハウス		
札幌センター		330ブース
目黒サポートセンター		40ブース
アウトソース		
札幌eZoセンター		300ブース
みなとみらいセンター		90ブース
沖縄センター		270ブース

SAPPORO
●札幌センター
●札幌eZoセンター

MEGURO
●本社
●目黒センター

MINATOMIRAI
●みなとみらいセンター

OKINAWA
●おもろまちセンター
●壺川センター

　Stage1では、コールリーズンをCSR（コミュニケーター）が手入力していたため、「手入力により伸びていた平均処理時間：AHTを短縮したい」「忙しい時には入力しそびれてしまうコールリーズンの入力率を向上したい」という課題がありました。

　Stage2では、お客様とCSRの会話を音声認識システムでテキスト化し、コールリーズンを抽出するためにテキストマイニングツールを導入しました。しかし、テキストマイニングにはルールのチューニングが必要であり、「ルールの設定自体にも膨大な工数がかかる」「チューニングはベンダーに

依頼しなければ対処できないため、その都度コストがかかる」「分類精度自体が50％程度にとどまる」「全体の約20％がルールに当てはまらないコールとして「その他」に分類される」といった問題が生じました。また、「その他」の内訳を調べると、本来は正しいコールリーズンに紐付けできるものが約半数ありました。

　Stage3では、自然言語処理および機械学習に対応したAI（株式会社レトリバ社「Predictor」）を導入しました。同製品を選んだ理由は、大きく2つあります。1つ目は、AIのモデル構築に要する工数がこれまでルール設定に要していた工数に比べ少ない点、2つ目は、モデル構築やチューニングを自社で行えるため、精度の検証が容易になる点です。

　また、AIソリューションを導入したことにより、次の効果を得ることができました。

◆AIソリューション導入の効果
①分類精度が50％→75％に向上した。
②分類結果の「その他」が、20％→5％に減少できた。
③自動分類のメンテナンス工数を1/10以下に削減できた。
④CMSデータと紐付けて、コールリーズン毎の平均処理時間：AHTを正確に把握できるようになった。
⑤タイムリーにコールリーズン数を把握できるようになった。

　また、コールリーズン集計が正確かつタイムリーに行えるようになったことで、分析のサイクルも格段に速くなりました。現在ではAIの実装から2年が経ち、PDCAを回しながら呼量予測や分析の精度をさらに高めるとともに、育成、回答支援、品質管理等、テクノロジーを活用したコンタクトセンターのエフォートレス化をさらに推進している状態です。

◆今後の展望
　今後は、スカパー！事業で培った様々なノウハウを、異なる分野のクライアントにも提供して、より多くのお客様に喜んでいただけるように、人による高い接客力と先端テクノロジーの融合をさらに進めて行きたいと考えています。

センターマネジメントを支援する

人が苦手で、AIが得意な領域を探そう

　大量情報の中から、特徴的な規則性を持つ情報を短時間で見付け出すこと等は、AIが得意な領域であり、AIの活用が効果的です。

　センターマネジメントを支援する手段としては下図のような例がありますが、この他にも様々な活用方法が考えられます。

●センターマネジメントを支援する手段の概要

項　　目	概　　　　　要
コミュニケーターの 応対品質管理	音声認識、テキストマイニング、AIを活用して、モニタリング評価を自動化する
コミュニケーターの シフト管理	ワークフォースマネジメント機能に、AIを活用して、シフト管理機能を高度化する
人材管理 〜離職予兆の検知〜	勤怠管理情報等を基に、AIを活用して、SVやコミュニケーターの離職予兆を検知する
経営への貢献 〜売上向上への寄与〜	コミュニケーターの応対スクリプト準拠状況と売上実績の関係をAIで分析し、コミュニケーター応対改善、スクリプト改善に反映することで売上向上に寄与する
経営への貢献 〜VOC分析による CS向上への寄与〜	顧客とコミュニケーターの会話をテキスト化してVOCC分析を行い、CS向上に反映する

(1)コミュニケーターの応対品質管理

　近年、急速に実用の域に達してきた音声テキスト化と、テキストマイニングのサービス/技術を活用して、従来はSVやQA／QC担当が人手で多大な労力と時間をかけて実施していた品質評価作業を、極力、自動化する手法が開発され、トライアルが始まっています。

　従来の人手によるサンプリング評価手法と自動システムによる全件評価手法を比較すると、自動システムによる全件評価手法は、全体的に有利な比較項目が多く、特に特定ワードの発話回数や発話スピードは、自動シス

テムによる全件評価手法の方が圧倒的に容易に取得することができます。

　また、**顧客発話時間、コミュニケーター発話時間、同時発話時間、沈黙時間の内訳等、人手によるサンプリング評価手法やCMSでは取得困難な情報も収集することが可能**になります。

　しかし、自動システムでは、質問力、説明力、問題解決力等の会話意図の把握を含むような評価にはまだ課題があります。

●品質評価手法の比較

比較項目		人手による サンプリング評価手法	自動システムによる 全件評価手法
実施方法		録音音声をSV等が聞いて評価	録音音声を音声認識でテキスト化し、テキストマイニング等で分析評価
評価対象		サンプリングチェック	全件チェック
サンプル数		△コミュニケーター1名あたり、月に2件程度が限界	○全件
信頼度		△サンプリング方法に依存した当たり外れ、ブレ	○全件評価による平均値と課題抽出、精度向上
評価に必要な時間		△5分の通話の評価に、約30〜45分程度は必要 評価対象抽出にも時間がかかる	○システムが自動的に評価するので不要 ○フィードバック・研修に専念できる
評価の基準合せ		△評価者毎の感覚のぶれを補正するための基準合せが必須	○システムが自動的に評価するので不要
可能な評価項目	会話意図の把握（質問力、説明力、問題解決力等）	○	△
	特定ワードの発話（名乗り、挨拶、敬語、クッション言葉等）、発話スピード等	○ （手間がかかる）	◎
	顧客発話時間、コミュニケーター発話時間、同時発話時間、沈黙時間等	△ （現実的には困難）	◎

（2）人材管理〜離職予兆の検知〜

　コンタクトセンター業界での近年の人材採用難は著しく、特に、SVやマネージャーの欠員ができると、経験豊富な後任人材を見付け出して採用することは極めて困難な状況です。

　このため、遅刻回数が増えたコミュニケーターの離職予兆を検知したり、中には毎週簡単なアンケートを送って回答の変化から離職予知を行う等の

取り組みも行われています。

　続いて、人事情報や勤怠実績のデータを基にAIを活用して離職予兆を検知し、予め離職予防の対処策を講じる取り組み事例を紹介します。

事例24

かんでんCSフォーラムでの離職予兆検知へのAI活用検証

◆企業が抱えていた課題

　コンタクトセンター、マーケティングソリューション、Webコミュニケーションの3事業を柱とする株式会社かんでんCSフォーラムでは、AIを活用した離職予兆検知の実現に取り組んでいます。

　その推進役を務める同社営業部R&D推進グループグループマネージャーの平田和義氏にお話を伺いました。

　採用環境が厳しい中、コンタクトセンター運営の要である管理者、特にスーパーバイザーの突然の離職は、経営上も大きな課題であり、AIを活用することで離職予兆を検知して、図のようなイメージで離職予防活動を行うことで離職者の低減を図り、センター運営をより安定した強固なものにしたいと考えました。

● AIを活用した離職予防活動のイメージ

AIを活用した離職予兆検知により、離職予備軍を検出し、人事部門がこれに対処する仕組み

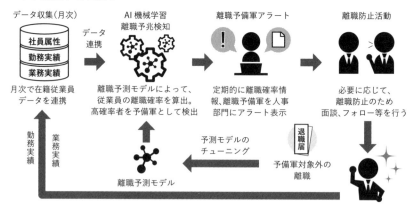

◆実現手法の検討

　まず、①離職に影響を及ぼすと考えられるデータの準備、整理を行います。②機械学習を含む作業・特徴量分析を行って、一定の仮設に基づいた最初の離職予測モデルを作成します。この際、データの前処理やチューニングにあまり手間がかからず、かつ、精度の高いアルゴリズム2案（ランダムフォレスト、XGBoost）を選定しました。③評価対象者のデータを収集して教師データを準備します。④選定したアルゴリズム2案について学習・検証を繰り返し行います。精度向上を図るべくさらに教師データの追加、削除を行いモデルの精度を高めていきます。⑤離職予測モデル完成という流れで実現しました。

　同社では開発経費の問題もありますが、以下の狙いから開発は外注せずに、全て内製で進めています。

- ベンダー任せでは的確な予測モデルを作れない。
- 実務を熟知した自分たちで、こまめにチューニングができる。
- ベンダーに外注すると外注先のエンジニアのスキルに依存して、実現できる精度が変わる。
- 将来、外販を考える際にも、内製により自分たちに蓄積したスキルを有効に活用できる。

●離職予測モデルの概要

離職予測モデルは、一度構築して完成というわけではありません。検知精度向上のため、追加要素となるデータを付与して、作業・分析を継続し、PDCAを回していきます。

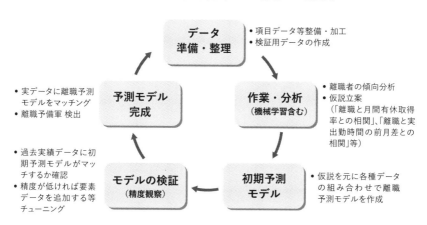

◆教師データの準備

教師データの準備は以下の手順で行いました。

①教師データの収集

- 少しでも多く、離職予兆検知に有効と考えられるデータを入手するため、データ所管部署の手間を最小限に抑えつつ、必要なデータを収集するという狙いから、提供可能な範囲の項目について「ありのまま」のデータを提供してもらいました。結果として収集できたデータの形式や対象期間等はまちまちでした。

- 所管部署から提供されたデータを整理整頓します。

- 教師データとしては、勤務実績（出勤時刻、残業時間、有休、遅刻、早退、欠勤等）、人事情報（基本属性情報、入社配属時からの異動情報等）、帰属意識（入社時からの行事参加情報、登用試験受験状況）等を示すものを準備しました。

②教師データの整形

- 形式の異なるデータ同士を対象者単位で結び付けます。

- データの形式や対象期間を揃えます。

③教師データの加工

- データを、正規化や統計的な処理を行って、辞めた人と辞めていない人とで違いが明確となるように加工します。

- あまり特徴が見られない項目は削除します。

- 欠損値や外れ値の処理を行います。

◆離職予測モデルの評価

離職予測モデルの評価は以下の手順で行いました。

①検証データの準備

- 教師データと同じデータ仕様で、時期が異なるものを準備します。

- 過学習を防ぐため、検証データに未来の正解データとなり得るものが含まれている場合は「確実」に削除します。

②離職予測モデルの評価

- 検証データを予測モデルに投入し、実際に予測を行ない、得られた結果の適合率、再現率で評価します。

●離職予測モデルのブラッシュアップ

2年分の勤務実績と各種属性から教師データを作り、学習・検証を重ねました。

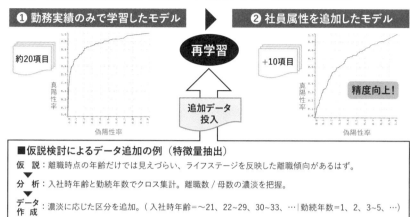

❶ 勤務実績のみで学習したモデル

約20項目

真陽性率

偽陽性率

再学習

追加データ投入

❷ 社員属性を追加したモデル

+10項目

真陽性率

偽陽性率

精度向上！

■**仮説検討によるデータ追加の例（特徴量抽出）**

仮　説：離職時点の年齢だけでは見えづらい、ライフステージを反映した離職傾向があるはず。

分　析：入社時年齢と勤続年数でクロス集計。離職数／母数の濃淡を把握。

データ作成：濃淡に応じた区分を追加。（入社時年齢＝〜21、22〜29、30〜33、…｜勤続年数＝1、2、3〜5、…）

◆**離職予測によって得られた成果**

　モデルをブラッシュアップした後の予測精度は、ランダムフォレストのアルゴリズムでは正解率98％を実現できることが確認できました。

◆**離職予測モデルの見直し**

　初期モデルのアルゴリズムであるランダムフォレストを使った機械学習では、月によって予測の精度に変動が生じ、予測が当たる月もありますが、外れる月もありました。

　PDCAサイクルが一巡する中で、学習データの再構築、初期モデルのチューニングを行いましたが、精度の向上には至らず、アルゴリズム自体をより精度向上を期待できるディープラーニングに変更し、再構築した教師データを投入して、新たな離職予測モデルを構築しました。

①**見直しのポイント**

・予測した時期よりもその前に離職に至っている事例があり、学習対象期間の見直しを行った。

・正社員登用試験の結果をきっかけに離職する事例があり、要素データを追加や登用試験受験状況データの作り直しを行った。

・予測した結果の中に、離職が決まって有休消化に入っている事例や育休や傷病による長期休暇者が含まれており、外れ値として処理した。

②特徴量の追加例

「特徴量」の追加は、例えば、離職と以下の項目との相関があると仮説を立て、追加候補として考えました。

- 1日の総労働時間（労働時間が閾値を超えると辞めるのではないか）
- 勤務曜日（転職活動する場合、平日に休みを取るのではないか）
- 有給休暇取得日数（転職意思を固めると「急に」有給休暇取得が増えるのではないか）

　今後は引き続き、仮説検討の上、新たな「特徴量」の追加や、最新月のデータを追加し、学習、チューニング、答え合わせのPDCAを回すことで、精度の向上を図っていきます。

　また、既にAIを使った呼量予測や特定健康診断受診率の予測でも実績が出ており、採用活動への適用や、アウトバウンド業務の接続率や獲得率の予測等、AIの適用領域をさらに拡大し、お客さま企業へのさらなる高付加価値サービスご提供に努めていきたいと考えています。

(3) 経営貢献～売上向上への寄与～

　応対の通話録音分析を基に、応対スクリプトの改善やコミュニケーターの応対改善を工夫することで、アウトバウンドでの受注率向上が可能です。

●応対録音分析を反映したスクリプト改善・応対改善の流れ

通話録音を音声認識で全文テキスト化

テキストマイニングで主要なキーワードを抽出

スクリプトと実際の応対の中のキーワードを比較

両者の整合性／乖離状況を把握

受注率の高いCMのトークを参考にスクリプトを修正	他のCM、特に受注率の低いCMには乖離状況を的確に把握してフィードバック・コーチングを実施
スクリプト自体のレベルアップ	スクリプトに適合した応対へレベルアップ

CM：コミュニケーター

実際に受注率の高いコミュニケーターのトークをお手本にして、応対ス
クリプトを改善することにより、応対スクリプト自体のレベルアップを図
ることができます。また、他のコミュニケーター、特に受注率の低いコ
ミュニケーターに対しては、お手本となるコミュニケーターのトークとの
違いを的確に意識してフィードバック・コーチングを実施することにより、
応対の改善を図ることができます。

　受注率に限らず、例えば応対品質の高いコミュニケーターのトークをお
手本として同様の手順を実施すれば、応対品質の向上につながるような応
対スクリプトの改善や、フィードバック・コーチングができます。

　他にも、業務の目的に応じて最適なお手本を選べば、様々な活用方法が
考えられます。

┃事例 25┃

ダーウィンズでの ForeSight Voice Mining 活用による 業務改善の検証

◆顧客企業が抱えていた課題と、解決策の仮説

　通信販売企業向けコールセンター事業を基盤する株式会社ダーウィンズ
は、受電・架電冒頭の挨拶から販売成立まで、緻密に設計されたスクリプ
ト通りにトークを展開するようオペレーターの教育・指導を徹底し、完成
度の高いトークスクリプトを遵守することで経験やスキルの有無を問わず
サービス品質を高いレベルで均質に維持できると考えています。

　同社コールセンターでは、インバウンドならアップセル率やクロスセル
率、アウトバウンドならば販売成約率が最も大切なKPIであり、その維持
・向上がスーパーバイザーの最大の役割りとなっています。

　KPIが思うように上がらない場合、従来はトークスクリプトの内容をど
のように改善するかに焦点を当てていましたが、それはオペレーター全員
がお客様にトークスクリプト通りのアナウンスを実践している前提であ
り、対策としては不十分ではないかという疑問を持っていました。

　しかし、「全オペレーターが決められたトークやキーワードを漏れなく
伝えているか否かを確認するには、1日に数百件も蓄積する通話録音を
個々に聞き直すしかなく、現実的に確認できる手段がありませんでした」
と新規事業部長執行役員の佐藤渉氏は語ります。

そこでダーウィンズは、音声認識技術と音声データ分析技術を活用し、NTTテクノクロスの分析・コンサルティング業務の専門アナリストと共同で通話録音を分析して仮説を立て、その検証にチャレンジしました。

【仮説1：応対評価】

　トークスクリプトに従った応対をオペレーターが実施しているかを調べるため、お客様との全通話を対象にモニタリングし、内容を可視化・分析することで、KPI停滞の原因を把握すると同時に、オペレーター個別の教育・指導も効率化できると想定しました。

【仮説2：優良事例抽出】

　受注成績上位者の通話内容からノウハウとなる応対方法や出現頻度の高いフレーズを抽出し、トークスクリプトに反映・改善して全員で共有すれば、受注成功率が向上すると考えました。

　仮説の検証には、NTTグループのAI技術「corevo」をベースにNTTテクノクロスが開発した「ForeSight Voice Mining」を活用しました。

◆仮説検証で確認できた効果

　検証結果について、佐藤渉氏は以下のように述べています。

「応対評価については、トークスクリプトの遵守状況を把握するモニタリング効率が従来のやり方に比べ数倍に向上したことに加え、トーク未実施の部分が可視化され、業務指導が必要な通話の抽出と問題箇所の特定が容易になり、スーパーバイザーの業務負担軽減に貢献しました。また、対象オペレーターに対して定量的評価を基に客観的に公平な指導ができることからオペレーターの納得感を高めることにも貢献しました。

　優良事例抽出については、受注成績上位者のトークから効果的な提案フレーズやセールストーク例を数多く収集でき、それをトークスクリプトに反映すれば、実際の売上向上に役立てられる可能性があります。

　さらに売上向上効果を試算すると、インバウンドとアウトバウンドの合計で、年間商品売上が1.5倍に伸びることが見込まれ、実際に売上成績も向上して、社内のモチベーションも向上しました。このアップ率は従来の人手に頼ったオペレーションでは考えられない数字です。

　ForeSight Voice Miningの活用で、トークスクリプトの内容を変えるよりも、まずは全オペレーターにトークを徹底してもらう指導が最も効果的であることや、優良事例からノウハウを導出して水平展開すれば売上向上

に貢献できること等が確認できた意義は非常に大きいと思います」

　通信販売や各種商品・サービスの販売勧奨等を実施するコンタクトセンターでは、基本となる効果的なトークスクリプトを準備することが重要ですが、そこに優良事例のノウハウを反映してブラッシュアップしていくことや、そのトークスクリプトの主旨を全員が理解してポイントを遵守していくことが売上向上につながります。但し、あまり押し付けがましくなって顧客満足度を損なわないように、個々のお客様の状況に応じた臨機応変な応対を行うことも忘れてはなりません。

●応対評価と優良事例抽出による業務改善の PDCA サイクル

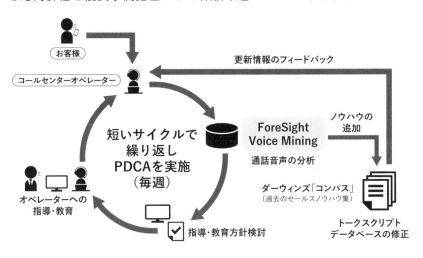

(4)経営貢献～ VOC 分析による CS 向上への寄与～

　応対の通話録音を音声認識で全文テキスト化し、テキストマイニングツールで分析することで、顧客の声：VOC（Voice of Customer）を抽出することができます。

■ VOC の収集・分析の目的／活用方法の明確化

　VOCは、電話応対、メール応対、チャット応対、Webフォームからの問い合わせ、店頭／訪問応対等、顧客との様々なコンタクトチャネルから抽出できますが、電話でのコンタクト比率が高いサービスでは、コンタク

トセンターの通話録音は容易に確実に取得できるので有力な情報源です。

　VOCの収集・分析の目的／活用方法を以下に示します。コンタクトチャネルに依存した特徴もあるので、VOCの活用目的に応じて適切な情報源を選択することも大切です。

　VOC収集は、目的に応じて収集対象とすべきコンタクトチャネルや適切な分析方法も異なるので、目的を明確に意識して取り組むことが重要です。

［**VOC 分析を、何のために？／どう活用したいか？**］
• 個々の顧客の潜在的な要望・疑問・不満を見付け出して対処したい。
• 既存顧客維持を図りたい。
• 新規顧客獲得・拡大を図りたい。
• 顧客満足度向上を図りたい。
• 業務の課題を見付け出して改善したい。
• 製品・サービスの改善を図りたい。
• 新製品・新サービス開拓のヒントを見つけ出したい。
• マーケティング・市場調査を行いたい。
• 世の中のトレンドを把握したい。
• コンペティターの状況を把握したい。
• ビジネス戦略・企画のヒントを得たい。
• ブランドイメージ向上を図りたい。
• 風評を把握して、対処したい。　　等

［**VOC 活用方法のタイプ**］
①ミクロな活用：例えば、個々の顧客への対処をしたい。
②マクロな活用：例えば、製品・サービス全体への対処したい。　　等

■ **VOC 分析・活用の手順と要検討事項**

　VOC分析・活用の手順と要検討事項を図に示します。目的が不明確なまま、VOC分析に取り組んでいるところでは、あまり成果を得られていないケースが多く見られます。

　分析結果を単に社内に周知／報告するだけで終わっているケースもよく見られますが、その内容に関連して責任を持つ部署に確実に顧客の声を届け、具体的な改善策検討と対処の進捗状況をフォローすることが重要で

す。またこのような**VOC分析・活用の社内の連携体制を確立すること**も**必須**で、VOC活動がうまく回っていないところはだいたい社内の連携体制に問題があります。

● VOC 分析・活用の手順と要検討事項

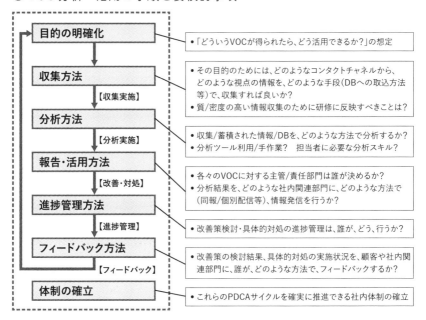

■ VOC 分析・活用の課題

VOC分析・活用の課題としては、主に以下のものが挙げられます。

①社内での認知（VOC 分析・活用の定着には経営層の理解が重要）

②稼動の確保

③収集→分析→対処→フィードバックの体制の確立

④密度の高い応対履歴DBの構築方法

⑤分析スキルの育成／習熟した人材の育成

　（分析ツール活用方法／ノウハウ修得、分析手法のパターン化／定石化等）

⑥分析ツールの使いやすさ向上、知能処理の実現

⑦分析ツールの導入判断／投資対効果

⑧時系列的な VOC 分析活用

⑨SNSの特徴を活かした VOC 分析活用

■ VOC分析・活用のポイント5か条

①目的（＝どう活用して、どう対処したいか？）を明確に意識する。

②各コンタクトチャネルの特徴を活かした活用方法を工夫する。

③VOC分析の成功事例を早期に作り上げることで、社内の認知を得る。

④PDCAサイクルを推進する組織体制を確立して確実に運用し、継続的に見直しをかけながら、PDCAサイクルを回していく。

⑤社内各部署にあるVOC情報源、1件1件を大切にする。

| 事例26 |

NTTコミュニケーションズでの音声テキスト化と VOC分析活用

◆顧客企業が抱えていた課題

　様々なネットワークサービスやソリューションを提供するNTTコミュニケーションズ株式会社では、サービスの改善、市場ニーズ把握、新たな顧客接点構築に活かす狙いで、コンタクトセンターでの応対履歴やSNS情報等を基にVOC分析を行っています。「お客さまの声担当」として、その推進役を務める同社セールス＆マーケティング部デジタルマーケティング部門第二グループ第一チーム主査の山本有樹氏にお話を伺いました。

　従来は、コンタクトセンターのオペレーターが後処理で入力した「お客さまの声」を基に分析していましたが、以下の課題がありました。

• 繁忙期は業務が逼迫し、「お客さまの声」の入力に濃淡が出るため、結果的に「お客さまの声」の収集件数が減少する傾向がある。

• 入力して報告する要否の判断基準がオペレーター毎に異なる。

• 同じ内容は入力されないので、類似の声が何件あるかを把握できない。

　これらの課題を解決するため、お客さまとオペレーターの通話録音をテキスト化し、そこから「お客さまの声」を抽出しようと考えました。

◆VOC分析の実施内容

　日に数万件に及ぶコンタクトセンターの応対履歴等から抽出したVOC情報を、毎日、社員から募った希望者約800名に発信しています。

　また、SNS（Facebook、Twitter）からも、24時間365日情報収集を行い、

故障、クレーム、不祥事等の「お客さまの声」を抽出しています。

　抽出した「お客さまの声」は、当初は、1：受付応対関連、2：案内関連、3：サービス機能／仕様、4：その他　に分類していましたが、声を基に実際に改善を行う部署にとっては、活用目的が明確になってない状況でした。

　今後、さらなる自動化を実現した際にスムーズに活用ができるよう、誰もが活用目的がわかりやすいことを意識して見直し、01：オペレーター応対品質改善、02：サービス改善、03：プロセス改善、04：市場把握、新サービス開発、05：新たな顧客接点構築、06：オペレーターのモチベーションアップ、07：その他　の分類に整理しました。

　コンタクトセンターの応対履歴：数万件／日のうち、約1万件が01〜06のカテゴリ分類に該当し、01〜03は守りのカテゴリ、04〜06は攻めのカテゴリです。カテゴリ02、03、06に関する声はオペレーターも気付きやすい内容ですが、カテゴリ01、04、05に関する声は分析ツールに頼った方がより的確に声を抽出することができることが多いと思います。

● VOC 分析活用の流れ

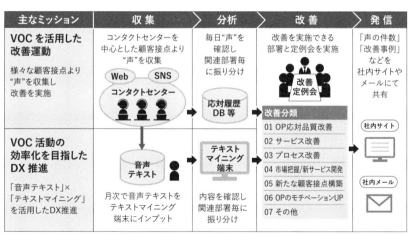

OP：オペレーター

　分析ツールで大、中、小項目に分類して分析し、課題毎の関連部門に報告して「具体的に何ができるか？」を検討・対処すると共に、社内にも発信しています。報告後には、具体的な対処の進捗状況の管理やフィードバックも「お客さまの声担当」が実施しています。

お客さまとオペレーターの通話音声をテキスト化したものを分析する分析ツールとしては、一部、Excel ベースの分析も実施していますが、話題毎の分析が容易なことから、ベクスト株式会社が提供する VextMiner を導入し、各拠点との連携を意識しながら分析を進めています。

◆VOC 分析実施で得られた成果

　新商品・新サービス・イノベーションのヒントを得られたり、ニーズやサービス・商品の検証、事象の要因分析、顧客のプラス体験／マイナス体験の可視化等、多くの有益な情報が得られています。

　一つの成功事例として、あるサービスが終了する際、お客さまからの問合せが激増して「なかなかつながらない」という多くのお声をいただき、担当部門に報告してオペレーターを増員してもらうと共に、オフィシャルサイトへも FAQ 等を追加したことにより、コンタクトセンターへの同様の問合せが減少し、年額約 700 万円を経費節減できたと推定しています。

　今後は、従来は手作業で実施しているものを、RPA を利用して自動化し、お客さまがどのようなことに関心があり、どのようなことを疑問に思っているか等を自動的に定点観測できるようにしたいと考えています。

コンタクトセンターの
マルチサイト化を図る

マルチサイト化は運用柔軟性や信頼性・BCP の観点から有効

マルチサイト化の目的

コンタクトセンターは 1 か所に設置されているより、2 か所以上に設置されている方が、運用の柔軟性、信頼性や安全性等がより高くなります。

コンタクトセンターをマルチサイト化する目的としては、一般的に、以下のようなものがあります。マルチサイト化を考える際には、目的に応じて最適な実現方法も変わるため、何を最も重要な目的とするかを最初に明確に意識しておくことが重要です。

(1) 運用の柔軟性

年間、月間等のトラフィック変動に対する運用／要員配置の柔軟性を確保したい。

(2) トラフィック負荷の分散、ピークトラフィックへの対処

例えばテレビショッピング等でトラフィック変動が極めて激しい場合、短時間（一般的には商品放映直後の15分〜 30分程度）のピークトラフィックに対処するために、その時間帯だけ受付席数を大幅に増やしたい。

(3) 雇用の分散

1 か所にあまり大規模なセンターを設置すると、多数のコミュニケーターの雇用確保に苦戦するため、複数場所に設置して雇用場所を分散したい。

(4) コストの削減（人件費、社屋建設費等の節減）

人件費や建設費等の節減を目的として、国内大都市圏より、地方や海外の人件費単価、土地代、社屋建設費等が少しでも安い地域にセンターを設置したい。

(5) 時差の活用

時差の活用を目的として、日本では夜間の時間帯に、海外では昼間帯の人件費で、業務を実施したい。

8章
様々なサービス・技術をいかに活用するか

(6) 多言語応対でのネイティブスピーカー人材の活用

　多言語応対業務を実施する目的で、言語や文化の違いを考慮して英語圏／中国語圏等にセンターを設置し、ネイティブスピーカーを雇用したい。

(7) コミュニケーターのスキルの活用

　熟年OBや在宅主婦等の豊富な経験やノウハウ、専門スキル（IT技術者、医療関連の有資格者、薬剤師、獣医師等）を、在宅コミュニケーターとして雇用して活用したい。

(8) コンタクトセンターサービス機能の信頼性、安全性

　コンタクトセンターの設備機器や商用電源等の障害、通信事業者／ネットワークキャリアの通信ネットワーク等の障害、あるいは、地域的なトラフィックの輻輳があっても、コンタクトセンターサービス機能を安定的に維持して運用を継続したい。

(9) BCP／事業継続計画

　台風、洪水、地震等の大規模な自然災害、火災、テロ等の災害や人災、疫病や感染症の大流行等が発生しても、企業活動／事業／コンタクトセンターサービスの運用を安定的に維持して継続したい。

　近年、地震や台風等の大規模災害が多発したり、新型コロナ感染拡大等、(9) BCP／事業継続計画の視点からコンタクトセンターを複数拠点に設置する傾向が加速しています。

　この目的の場合には、距離的にある程度は離れた地域にセンターを設置する必要があります。例えば、東京都心と周辺都市に設置するのは、距離的に近過ぎて同時に罹災してしまう可能性もあるので、東日本と西日本等のように離れた地域を選定してセンターを設置する必要があります。

マルチサイト化を検討する際に考慮すべき条件

　マルチサイトはを検討する際には、以下のような条件について検討、考察することが必要です。

①センターの立地場所：都市部／地方／周辺都市／海外等
②雇用環境：住宅地域／学生在住地域（例えば大学等の近隣地域）等
③自治体の誘致施策や支援の有無
④通信設備環境
⑤交通環境：公共交通機関での通勤可否／車通勤前提／本社や関連組織等

との行き来の利便性等

⑥気象環境

⑦近隣地域での過去の自然災害等の発生状況

⑧アウトソーサーの場合は、クライアント企業の関係組織との立地関係

バーチャルコンタクトセンター

論理的にIPネットワーク等でつながった企業内ネットワーク中では、コンタクトセンターの各拠点の設置場所や拠点間の距離、大規模であるか小規模であるか、サテライトセンターであるか在宅コミュニケーターであるか等に関係なく、バーチャルな一つのコンタクトセンターとして機能させることができます。

●バーチャルコンタクトセンターの構成イメージ

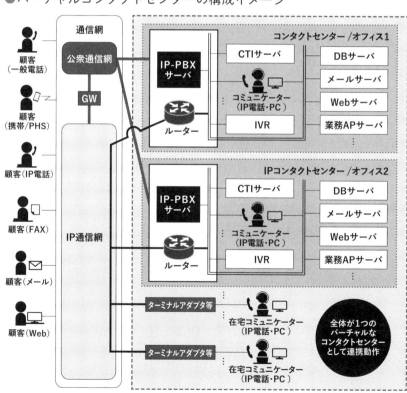

言い替えれば、IP-PBXや各種の関連サーバ機器等の全部あるいは一部が、自社内に設置されているか、自社の他社屋内に設置されているか、他社に設置されているか、公衆通信網内に設置されているか等、物理的にどこに設置されているかは関係なく、一体化した一つのシステムとして動作させることができます。

　従って、企業は自社内にこれらの設備機器を独自に設置する必然性はなく、通信事業者等が公衆通信網内に設置した機器あるいは他事業者がどこかに設置した機器を、クラウドサービスとして、端末機器のみを自社内に設置してサービス機能のみを利用することが可能となります。

　IPネットワークの普及や、ネットワーク通信速度の高速化が実現したことにより、2010年代に入った頃から、このようなクラウドサービスの利用が急激に一般化して普及が進んでいます。

■マルチサイト化の実現形態

　マルチサイト化の実現形態には以下のものがあります。ネットワークセンター／地方分散センター／サテライトセンターは、目的に応じてセンターの設置地域やセンター規模が異なるだけであり、センターの運用設計やシステム設計自体に特別な差異が発生するわけではありません。

●マルチサイト化実現形態の概要

項　　　目	概　　　要
ネットワークセンター	複数のコンタクトセンターをネットワーク化し、1つの業務を負荷分散して実施できるようにしたセンター構成
地方分散センター	都市部に設置したメインセンターと、地方、あるいは、海外に設置した1か所または複数か所のサブセンターを連携させたネットワークセンター
サテライトセンター	都市部に設置した中核センターと、その都市の周辺部のベッドタウン等に設置した1か所または複数か所の小規模なサテライトセンターを連携させたネットワークセンター
在宅コミュニケーター／ホームエージェント	コンタクトセンターの顧客応対業務を、負荷分散してコミュニケーターの自宅で実施すること

(1) ネットワークセンターの活用

　全国ベースの大規模なサービス受付のためにネットワーク化されたコンタクトセンターを構築している大手企業の事例があります。

　ネットワークセンターを構築することにより、着信呼の拠点間転送も含めた最適ルーティング機能による顧客待時間の短縮、あふれ呼の拠点間転送による受付呼負荷の平準化、IPネットワーク活用による拠点間転送通話料の低減、トラフィック繁忙時・輻輳時の過負荷耐力の向上等の効果が得られています。

　また、運用面からも、1か所で大規模なコンタクトセンターを構築するとその1か所の地域で多数のコミュニケーターを採用しなければなりませんが、複数箇所のコンタクトセンターをネットワーク化して運用すれば、コミュニケーターの採用も複数箇所の地域に分散することができるので、人材募集の面からも柔軟性を持つことができて有利になります。

　さらに、どこかの拠点でシステム障害が発生したり、台風等の天候不順や、地震や洪水等の大規模災害が発生した場合には、その拠点の業務を他の拠点で肩代わりすることもでき、また、コミュニケーター稼働確保の柔軟性向上、社屋・システム設備面での冗長化構成実現も含め、BCP：Business Continuity Plan（事業継続計画）の視点からも重要な意味を持つ有効な施策です。

|事例 27|

ショップジャパンでのネットワークセンター活用

◆顧客企業の現状と課題

　テレビショッピングとEコマースを主体としたショップジャパンを運営する株式会社オークローンマーケティングは、受注受付のお客様窓口として24時間365日運用の自社コールセンターを札幌に設置し、コミュニケーター応対と共に自動受注システムによる応対も活用しながらお客様からの注文を受けるだけでなく、お問い合わせ対応やアンケートを実施し、お客様の「声」を商品開発の場にフィードバックできる体制を構築しています。

●ショップジャパン公式キャラクター「WOW（ワオ）」くん

　同社コミュニケーションセンターディビジョンダイレクター／センター長を務める八倉巻徳佳氏からお話を伺いました。

　コミュニケーションセンターの品質管理では、お客様に寄り添った応対をしているか（お客様に配慮したトークができているか）という視点を重視してモニタリングを実施し、お客様サービス向上に努めています。

　また、VOC（Voice Of Customer）活動も重視し、コミュニケーションセンターのメンバーが中心となったVOCプロジェクトが、お客様との各タッチポイントでいただいたご意見やご要望を、社内の商品担当、品質管理、サービスオペレーション等の関連部署にスピーディーに共有して協議を進め、商品やサービスの改善に取り組んでいます。

　同社では、地上波キー局でのテレビショッピング大型枠で放映をしているため、主に午前10時台〜11時台の入電がメインとなりますが、深夜や早朝4〜5時にも受注呼のピークがあり、時には最大1000呼／時間に及ぶ等、トラフィック変動の波が極めて大きいことが最大の課題でした。

◆課題改善のためのアクション

　このような課題に対処するため、自動受注システムによる応対の積極的活用や、IVRで最小限（氏名、電話番号のみ）の一次受付を行い、ピークが収まった後、担当者からお客様へ折り返し電話を架けて受注を完結させるスナッチ応対の手法も組み合わせています。

　また、近年の人材難の時代では直接雇用での採用が厳しいという現状から、BPO（Business Process Outsorcing）も活用しています。

さらに、人材採用拠点を分散させること及びBCP対策の視点から、10年程前から福岡でアウトソーシングセンターも運用し、札幌：IN&CS（計172席）、福岡：IN&OUT&CS（計94席）で、合計266席のネットワークセンターを構築し、BPO5社も含め、受注呼に柔軟に対処しています。

　札幌センターと福岡センターは、オンプレミス設置のAvayaの同一ACD配下で制御する構成となっており、BPO各社もソフトフォンを活用して同ACD配下で制御を行い、スキルベースによる呼の割振りを実施しています。コミュニケーションセンターの構成概要を次ページの図に示します。

●コミュニケーションセンターの構成概要

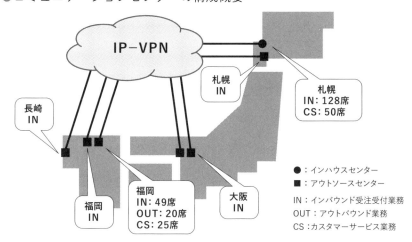

主に朝方5時台前後、10時台から11時台、夕方の時間帯にトラフィックがピークとなってスナッチ応対で受付を実施することもあり、平均的には受注呼のうちの約10〜15％程度をスナッチ受付で対処しています。

　自動受注システムの概略は以下の通りですが、今後はIVR応対後の受注システム登録までを含めた自動化を行うことを考えています。

①予め、放映する商品に対応するフリーダイヤル番号に対してIVRの設定を実施。

②お客様からの電話が着信するとそのIVRが自動応答し、ガイダンスに沿って氏名、住所を録音（電話番号は発信者番号通知から取得）。

③自動応答ガイダンスにはアップセルの案内も入れてあり、アップセルの

獲得もできるようにコールフローを設定。

④お客様に支払い方法までご納得いただけたら受付を完了。

⑤録音されたデータを専担のコミュニケーターが聞き起こしを行って受注
システム受注情報を登録。

　自動受注でのアップセルは、TV映像内や新聞書面の中にアップセル対象商品の紹介も入れて、お客様により伝わりやすい状況を作るように工夫することで、商品によっても異なりますが多いものではアップセル率約40％を獲得できています。

　商品毎の入電予測を基に、自動受注で何％、コミュニケーターで何％、スナッチで何％を応対するかというシミュレーションに基づいてコミュニケーターの要員配置計画を立てています。

●札幌センターのブース配置

　現在は自動受注という選択肢が増えたため、コストの最適化と受注率やアップセールス率等のパフォーマンス向上との最適なバランスを考えながらオペレーションを回しています。

　札幌の自社センターでは、チームビルディングや管理者フォローのしやすさ等の目的から、通常の教室形式ではなく、少し広めの間隔でテーブルを斜めに配置し、席の間隔もゆったりした席配置を採用しており、コミュニケーターからは解放感があり、管理者とのコミュニケーションがとりや

すくなったとの声が挙がっていて好評です。ちょっとした工夫ですが、コミュニケーターが少しでも快適にお客様応対を実施できるように業務環境を整備することにも気を配っています。

◆ネットワークセンターと自動受注の活用による効果

　ショップジャパンへの入電呼は、時間帯、月によって入電の波が大きく、その波に合わせて要員配置を張るのが困難になってきていますが、札幌、福岡、及び、複数のBPOセンターをネットワークセンター構成とし一元的に管理して運用することで、以下の効果が得られています。

①要員配置状況の実績に応じて、リアルタイムに各拠点をまたいで入電呼を最適なACD分配を行うことで、安定した応答率を維持でき、平均応答時間も拠点によらず平準化できる。

②トラフィックピーク時にも、あふれ呼／取りこぼし呼を減少できる。

③どこかの拠点でシステム障害が発生したり、大規模災害が発生した時にも運用を継続でき、BCPの視点からも有効。

　また、入電呼の波があるので、月によってはかなりの要員配置過多、月によってはその逆になってしまうこともありました。自動受注IVRの運用を始めてからは、必要な一定キャパシティをコミュニケーター応対で担保し、それを超える入電の波に対しては自動受注IVR応対もしくはスナッチ応対でカバーするという運用方法を組み合わせて一定の応答呼率とパフォーマンスを担保しました。

　これらの対処により、コミュニケーションセンターでは、インバウンド受注受付業務は、1万呼/日、応答率：97.5%以上、平均応答時間：7秒、カスタマーサービス業務は、2,000呼/日、応答率：70%以上という現状を安定的に維持しています。

●受付呼の概要（年間）

	コミュニケーター応対		自動受注 IVR応対	スナッチ 応対	合計
	札幌・福岡	BPO			
受付呼数	1,672,556	758,693	896,877	446,750	3,774,876
比率	44.3%	20.1%	23.8%	11.8%	100.0%

◆**今後の展望**

　今後は、自動受注の本格的な自動化を推し進め、コミュニケーターでないと受注率向上やアップセル獲得が難しい商品はできるだけ優先的にコミュニケーターに振り、それ以外の商品は自動受注IVR応対を行うと共に、ピーク時にも自動受注の方を優先して、スナッチ応対は極力減らす方針で、オペレーションの安定運用と顧客サービスの向上を実現したいと考えています。また、カスタマーサービス業務では、チャット応対活用も積極的に拡充していく計画を進めています。

（2）地方分散センター／サテライトセンターの活用

　メインセンターを大都市（東京等）に設置し、地方分散センターを地方（九州、北海道等）や国外（中国、米国等）に設置している大手企業での活用事例があります。

　大都市と地方あるいは国外との人件費や地価・社屋構築費の格差の活用、時差や言語・文化の差異の活用、トラフィック繁忙時・輻輳時の過負荷耐力向上等の効果が得られています。

　また、ネットワークセンターのところで述べたのと同様に、BCPの視点からも重要な意味を持つ有効な施策です。

　一方、大都市にメインセンターを設置し、その都市の近郊のベッドタウンとなるような場所に中小規模のサテライトセンターを設置して、それらをネットワークセンターとして運用している事例もあります。

　このようなサテライトセンターは、主に人材採用の拠点を分散させる目的や、職住近接を図ってコミュニケーターが通勤しやすくすることで人材採用の課題を克服する目的で利用されています。

（3）在宅コミュニケーターの活用

　大手テレビショッピング会社での活用事例として、IP-PBXとIPネットワークを利用して在宅コミュニケーター（ホームエージェントとも言う）を設置し、主として深夜の特定時間帯のピーク呼受付に対処しています。これはブロードバンド回線で常時接続を利用することでコスト的にも現実化したものであり、熟年OBや在宅主婦の豊富な経験やノウハウの活用、ピーク負荷時の効率的な短時間勤務の実現、設備費や交通費の削減等の効

果が得られています。

🚛 （4）事業継続計画：BCP の一環としての活用

　2020年春には、新型コロナ感染症の急速な感染拡大により、政府から緊急事態宣言が発出され、多くの業種・業態の企業が好むと好まざるにかかわらず可能な限り在宅勤務を行わざるを得ない状況に追い込まれました。

　典型的な三蜜の職場であるコンタクトセンターも同様であり、多くのコンタクトセンターで在宅コミュニケーターの活用にチャレンジしました。

　一方、コンタクトセンターは、ライフラインを支える社会インフラの一環として改めてその重要性が認識され、安易に業務を縮小したり中断したりはできない業務もたくさんありました。

　こうした中、緊急事態宣言が発令された翌日から、大々的に在宅勤務に切り替えたコンタクトセンターもありました。この企業は危機管理に対する意識が非常に高く、2010年代当初から事業継続計画：BCP の一環として在宅勤務実現への取組みを進めてきたことが迅速に円滑に在宅勤務へ移行できた要因と思われます。以下でその事例をご紹介します。

　また、事業継続計画は、単に計画を作っておけば良いというものではありません。筆者がコンタクトセンターのコンサルティング業務を実施する中で気付くのは、BCP は作られているが意外と意識していないコンタクトセンターの管理者も多いのが実態です。多くの職場で年に一度は火災避難訓練が実施されるのと同様に、有事に現場の指揮命令を行う立場の管理者等は、万一その事態が起こった時に円滑に行動できるよう、時にはリマインドしてシミュレーション等をしておくことが重要です。

‖事例28‖

チューリッヒ保険でのコールセンター業務の
全面的な在宅勤務活用

　チューリッヒ・インシュアランス・グループのアジアにおける重要拠点として日本に設立されたチューリッヒ保険会社は、「ケア」の精神と「イノベーション」の発想を企業理念として、お客さまの期待を上回るサービスの提供を目指し、自動車保険、バイク保険、傷害保険、医療保険等の保

険商品を様々な販売チャネルを通じて、個人のお客さまに提供しています。同社 日本における代表者及び最高経営責任者の西浦正親氏からお話を伺いました。

◆**在宅勤務の検討経緯と緊急事態宣言への迅速な在宅勤務全面対応**

　2010年代初頭から事業継続計画（BCP）の一環として在宅勤務実現への取り組みに着手し、管理部門やコールセンターの一部で先行して在宅勤務を実施していました。近年、自然災害の発生頻度が高まる中で危機感を高め、コールセンターや保険金支払い部門で全面的に在宅勤務を実施できるよう準備を進めてきましたが、緊急事態宣言に先立つ2月より、何よりもまず社員の安全と健康を守るため、また、地域社会の一員として感染拡大防止に協力することを重視し、全社員へ在宅勤務を推奨してきました。2020年4月7日の政府の緊急事態宣言発令を受け、翌日4月8日より東京本社オフィスと大阪オフィスの2拠点で働く約500人を在宅勤務に移行、4月20日に長崎オフィスでも全面的な在宅勤務へ移行、4月30日時点ではコールセンターと損害保険金支払い部門全体の95%を在宅勤務へ移行しました。

　システムや機器の導入というハード面の環境整備に加え、電話でお客さまへの対応を行うカスタマーケアスタッフ（以下ケアスタッフと表記）への情報発信や計画的研修実施というソフト面の体制整備が今回の迅速で円滑な在宅勤務への移行につながったと考えています

●カスタマーケアスタッフ不在のコールセンター

◆システム構成の概要

　在宅勤務中の電話は、同社のPBX/ACDが起点となり、ケアスタッフ各自のスマートフォンとお客さまとの回線をつなぎ電話応対しています。お客さまからの電話を受ける際は、一度、クラウド上のPBXで電話を受けた後、そのPBXが発信元になり在宅勤務中のケアスタッフのスマートフォンに着信する仕組みであり、ケアスタッフのスマートフォンにお客さまの電話番号が表示されたり、履歴が残ることは一切ありません。また、ケアスタッフからお客さまへお電話する際も、同社フリーダイヤル番号が通知されてケアスタッフのスマートフォン番号が通知されることはありません。お客さまとの音声データは暗号化され、全ての通話は通常のコールセンターでの業務時と同様に録音もされています。

● コールセンターとシステム構成の概要

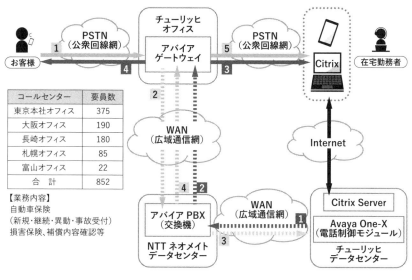

コールセンター	要員数
東京本社オフィス	375
大阪オフィス	190
長崎オフィス	180
札幌オフィス	85
富山オフィス	22
合　計	852

【業務内容】
自動車保険
（新規・継続・異動・事故受付）
損害保険、補償内容確認等

◆在宅勤務環境の整備

　緊急事態宣言発令に先立つ2月より、新型コロナウイルス感染症に起因するリスク対策の一環として全社員に在宅勤務を推奨し、カスタマーケアセンターについても最悪の事態を想定して必要機器を大量に手配して、一

凡例:
▬▬ ：お客様からの着信（音声）　▬▬ ：チューリッヒからの発信（音声）　▬▬ ：データ通信
▪▪▪ ：お客様からの着信（制御）　▪▪▪ ：チューリッヒからの発信（制御）

定の見通しがついた2月下旬から、対象となるケアスタッフ約700名に対し、在宅勤務移行に向けた事前研修を開始しました。研修では、実際の執務をイメージできるようにオフィス内に模擬的に在宅勤務環境を作ると共に、在宅勤務に使うパソコン、スマートフォン、Wifi等のネットワーク環境、パソコンソフトウェアのバージョン等の機器のセットアップも含めて各人の状況やレベルに合わせた研修と支援を行い、ケアスタッフが心理的にも安心感を持って在宅勤務へ移行できるよう配慮しました。

　ITスキルの異なる大人数を対象に研修を実施することは大変でしたし、3月頃は人によって危機感のレベルも異なり、出勤による感染を恐れる声より、「自宅で仕事をするのは難しい」と在宅勤務を疑問視する意見もあり、在宅勤務という新しい働き方への移行が重要であることを意識合わせすることが大変難しかったです。

　また、パソコン、スマートフォン、ヘッドセット、WiFiを必須備品として希望者へ貸与し、さらに周辺備品（モニター、机、椅子等）の購入についても一律金銭補助を行うことで、より快適な執務環境の整備を進められるように配慮しました。

●在宅勤務の様子

　在宅勤務中のケアスタッフとスーパーバイザーとのコミュニケーションにはチャット機能を活用し、平時と変わらないようなお客さま対応とサービスを提供できるように努めています。

　また、わずかではありますがどうしても出社しなければならない社員に

対しては、ハードシップ手当として特別手当を支給し、昼食の手配、通勤時のタクシー利用の推奨等、できる限りのケアを行いました。

◆個人情報セキュリティへの対処
　個人情報を扱うため、オフィスと同様のセキュリティレベルを保つことに配慮し、情報管理システムと設備面で以下のような対処を行いました。
①仮想デスクトップ技術により、画面に表示された情報や入力した情報はケアスタッフ側のパソコンには残すことができない仕組みとした。
②電話の接続は個人が特定できないコールルーティングを実装し、お客さまとケアスタッフ双方の電話番号を保護した。
③お客さまとのやりとりがケアスタッフ側に残らない音声基盤システムを導入した。
④運用面では、ケアスタッフ本人以外にはパソコン画面を見ることができない執務環境確保を在宅勤務の条件として誓約書を交わした。
⑤平時より、電話の応答状況、電話を受けた後の後処理時間等をリアルタイムでモニタリングし、不自然な空き時間等があればすぐに連絡が取れる状況にした。Webカメラ等は設置していない。
⑥誰が、いつ、どの情報にアクセスしたかを事後に確認でき、万が一の場合もアクセス履歴を追跡できる環境を整えた。

◆働く人の重要さを意識
　同社グループは世界215以上の国と地域でビジネス展開しており、国によっては地震・大規模災害等のリスクが高い国もあり、どのような不測の事態が起きても業務を継続する方策をグループ全体で模索していました。
　こうした中、最初はしっかりとしたオフィスを作ることに重きを置いていましたが、オフィスだけあってもそこで働ける人がいなければ事業は継続できないことに気付き、誰もがどこでも働ける体制作りを目指しました。
　また、「自社の従業員として長年働いている人の方が、知識とノウハウを蓄積できて、契約者に対するサービスの質を上げられる」と考えて直接雇用を重視しています。これらの経営方針が、ケアスタッフの柔軟な働き方や大々的な在宅勤務の実現につながっています。

◆今後の課題と展望

　在宅勤務への移行当初は新しい環境に慣れていないスタッフのハンドリングタイムが数分長くなることがありましたが、現在は品質面・効率面で大きな課題はありません。スタッフからのアンケート結果も、概ね良好で、「通勤がなくて快適」「集中できる」「この状況でも安全を確保され仕事も続けられており会社に感謝」といった声が多く寄せられています。新入社員教育や研修についてもビデオやオンラインで行い、不足分はチャットや電話でのコミュニケーションを積極的に行うことで補っています。

　感染拡大がおさまった後は、安全を確認しながら少しずつ平時の体制に戻していく予定です。一方、今後も在宅勤務はBCP対策、働き方の多様性への対応、優秀な人材を確保するための施策等、多面的に有効で重要な業務運営の選択肢であると位置付けています。生産性、効率という観点でどのように活用するべきか、継続的に研究していきます。

　今後も、損害保険会社として事業を継続し、非常時であっても可能な限り普段と変わらぬサービスを提供できるように努め、お客さまのニーズ、社会の変化を敏感に捉え、先を見据えた事業運営を心掛けていきます。

コンタクトセンター構築・運用の
コストダウンを図る

クラウドと RPA は有力なコストダウンの武器！

（1）クラウドサービスの活用

　コンタクトセンターのシステムの構築方法には、大別してオンプレミス型とクラウド型があります。

　オンプレミス型は、コンタクトセンターシステムを構成する機器類を自社の資産として保有し、自社内に設置して構築する方法のことを言い、昔から実施されている方法です。

　クラウド型は、クラウドサービスを提供する事業者が、コンタクトセンターシステムを構成する機器類をその事業者の資産として保有し、基本的にはその事業者内に設置してシステム構築を行い、システムが持つサービス機能を複数の顧客にサービス提供する方法のことを言い、2010年代に入った頃から急速に一般化して普及し始めた方法です。**クラウドサービス活用はセンターシステムの柔軟性向上と設備コスト削減に大きな効果**があります。

　もっと身近な例で説明すれば、多くの人たちが、パソコンやスマートフォンからインターネットにアクセスして、行先の地図を検索して見たり、目的地への電車の経路や時刻を調べたりしていると思いますが、これもクラウドサービスを利用しているのです。

　また、コンタクトセンター全体を構成する各種サービス機能のうち、あるもの（例えば、ACDサービス機能等）はクラウド型で構築し、別のもの（例えば、DBやアプリケーションサービス機能等）はオンプレミス型で構築するという複合型での構築方法もあります。

　総論的には、**オンプレミス型は、機能・カスタマイズの柔軟性と長期間利用には有利**であり、**迅速なサービス開始や規模変更の柔軟性には不利**です。一方、**クラウド型は、迅速なサービス開始と規模変更の柔軟性及び短期間利用には有利**ですが、**機能・カスタマイズの柔軟性には不利**です。

●オンプレミス型とクラウド型の特徴の比較

項目		オンプレミス型	クラウド型
機能・柔軟性	システム利用者	○ 自社のみが専有して利用	△ 他社と共同で利用
	実現機能範囲	○ 自由に選定可能	△ サービス提供事業者の考えに依存
	機能の柔軟性	○ 自由度大	△ 制約あり
	カスタマイズ対応	○ 自由度大	△ 制約あり、基本的には不可
	バージョンアップ時のユーザ対応	△ けっこう稼働がかかる	○ 基本はユーザの対処は不要
	最新機能の利用	△ バージョンアップ実施のための稼働と経費が大	○ 常に最新機能を利用可能
	応答速度	○ 早い（設計に依存）	○ ネットワーク環境や他ユーザの利用状況により変動もあり
	過負荷耐力	○ 自由に設計可能	○ サービス提供事業者の考えにも依存
	システム信頼度／冗長構成	○ 自由度大	○ サービス提供事業者の考えにも依存
	他システムとの連携	○ 自由度大	△ 制約あり
	規模拡大／縮小の柔軟性	△ 1～2か月程度必要	○ 短期間で可能
	最小利用期間	△ 一般的には6年程度以上	○ 一般的には1年単位の契約（1か月単位のものもあり）
	システム維持管理	△ 必要、保守要員も必要	○ 不要
	サービス開始までの期間	△ 検討開始～サービス開始までが1年程度（規模に依存）	○ 短い（数日～2か月程度）
経費	初期費用	△ 大	○ 小
	月額費用（構築費÷使用期間）	○ 長期間（一般的には3～4年程度以上）使用すれば有利	△ 長期間（一般的には3～4年程度以上使用すれば不利
	保守費用	× 必要	○ 不要
	経費種別	△ 固定費	○ 変動費
総合		○ 機能・カスタマイズの柔軟性 ○ 長期間利用すれば有利 △ 迅速なサービス開始 △ 規模変更の柔軟性	○ 迅速なサービス開始 ○ 規模変更の柔軟性 ○ 短期間利用には有利 △ 機能・カスタマイズの柔軟性

　続けて、機能拡張とコスト削減を狙ってクラウドACDを導入した事例、センター規模の変動や業務の変更に対する柔軟性を狙ってクラウドACDを導入した事例について紹介します。

Omnia LINK 導入で機能拡張とコスト削減を実現

　生命保険や損害保険の販売代理店業務を展開する企業での事例を紹介します。同社のコールセンター（約80席）では、エンドユーザーの契約に関する保全・更改の受付・問い合わせ対応業務を実施しています。課題の一つであるコールセンターシステムの老朽化と保守コスト増大への対応策として、システムのリプレースを検討していました。

◆機能拡張に期待しクラウド型を導入

　保守コストを抑えることが目的であったため、クラウドを中心に選定を行いました。クラウドは一般的に**保守コストを抑えられる**、**初期導入コストが安価である**、**利用場所を選ばない**、**機能の拡張性**等のメリットがありますが、今後の「機能の拡張性」に注目し、株式会社アイブリットが開発し、ビーウィズ株式会社が販売する次世代型AI-PBX「Omnia LINK（オムニアリンク）」を導入しました。Omnia LINKは、アウトソーサーでもあるビーウィズが自社コンタクトセンター数千席で利用していること、運営者目線での新たな機能拡張に期待できることが決め手でした。

◆多様な機能を利用し効率化を実現

　実際、導入前の打ち合わせで出された要望に対して、販売会社と開発会社が連携して迅速な改善がなされ、いくつかの機能が実現しています。

　その一つは「自席からの音声聞き越し」機能です。コミュニケーターは、お客様との会話終了後、自席の電話機を操作することで、自分の応対を音声で確認することができます。「メモを取り忘れた」「聴取内容に自信がない」といった場合に、SVに相談することなく自分で確認できるため、エスカレーションの削減やミスの防止に役立っています。

　また、コールセンター運営に必要な基本機能が揃っているので、導入後も日々の運営では、各種機能が便利に役立っています。特に窓口別の入電数を把握できるようになったことで必要要員数の予測精度が上がりました。また、コミュニケーターのスキル設定機能を上手く使いこなすことで、効率的な受電体制を整備することができました。

◆毎月の変動席数にも対応、通信費は40%削減

　オンプレミス型からクラウド型に変えた効果はいくつかありましたが、大きいのはコスト面での効果です。機能拡張しながらも**導入費や保守費を**必要最低限に抑えることができました。さらに効果が大きかったのは、**通信費削減**です。Omnia LINKでは、割引率の高いビーウィズの回線を利用できるため、40%の削減効果がありました。また、**毎月契約席数を変更**できるため、月毎に契約席数を数席単位でこまめに調整することもコスト削減につながっています。

◆在宅コールセンター化の実現を目指す

　コロナ禍ではクラウドの良さがさらに発揮されました。以前より在宅コールセンター化は重要事項の一つであり、同社の「Bewith Digital Work Place（在宅コールセンターサービス）」の利用も検討しています。在宅コールセンター化にあたっては、課題が数々ある中で、コミュニケーターが使い慣れたシステムを、在宅でもそのまま使えることは大きな安心材料です。今後は**平時は会社**、**有事は在宅**を速やかに切り替えられる、お客様にもコミュニケーターにも安心・安全のコールセンターを目指しています。

●複数拠点・在宅コールセンターのネットワーク構成図

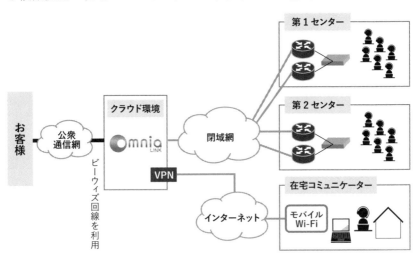

LIXILでのクラウドACD活用

ネットワークキャリアやITベンダー等がクラウド上にACDシステムを設置し、複数のユーザーがそのサービスを共同利用する事例です。

◆顧客企業が抱えていた課題

キッチン、お風呂、トイレ等の水まわり製品と窓、ドア、インテリア、エクステリア等の建材製品を開発・提供する大手住宅機器メーカーのLIXILでは、使う人が困らないサービスを提供していくことをミッションとして、全国12拠点に合せて1000席規模のコンタクトセンターを構築し、修理の受付や製品に関するお問い合わせ等のお客様サポートを実施していますが、以前は以下のような課題を抱えていました。

①複数社が経営統合した経緯から、それぞれ独自に構築されたコンタクトセンターが存在していたため、拠点間を連携させて柔軟にお客様からの電話に応対することができず、また、統計レポートも各々独自であり、拠点間を同一の指標で比較評価することができなかった。

②住宅設備業界は、工場、流通店、大工、消費者等が関係する複雑な業界であり、それに応じてコンタクトセンター拠点の増減、拠点規模増減、季節変動に応じた席数増減等、業務の柔軟性を高めたかった。

③これら全ての拠点を一度に更改することは困難であり、順次に更改・統合して一元管理できるようにしていく必要があった。

④実際に製品を使う立場のお客様、製品を選ぶ立場のお客様、VIPの優先受付制御等、お客様属性に応じたコールフローを構築し、最適な受付グループへの柔軟な着信制御を実現したかった。

⑤繁忙期/閑散期のトラフィック変動に応じて、常に適切な応答率を維持するためには、受付席数を柔軟に増減させる必要があるが、従来のオンプレミス型システムでは常に最大値の受付席数を設置しておかなければならず、設備投資が負担になっていた。

⑥BCPの一環として修理等の社会インフラを担うことから、コンタクトセンターの高いレジリエンス/強靭さが求められていた。

◆導入選定の理由

　株式会社LIXILマーケティング部門 カスタマーサービス統括部 サービス改革推進部 部長の髙野弘志氏は、次のように述べます。

　これらの課題を解決するため、安易なIT化でなく、柔軟なシステム構築を目指し、9社のサービス（うち、クラウドサービスは2社）を候補として既存システムのリプレース検討を進めた結果、クラウドサービスの柔軟性、サービスと保守の信頼性、フリーダイヤルサービス等のネットワークサービスとの連携力と営業力の観点から、NTTコミュニケーションズ株式会社がクラウドサービスとして提供するArcstar Contact Center Service（ACCS）を選定し、既存システムをリプレースして導入しました。

● Arcstar Contact Center Service による
　LIXIL コンタクトセンター構成

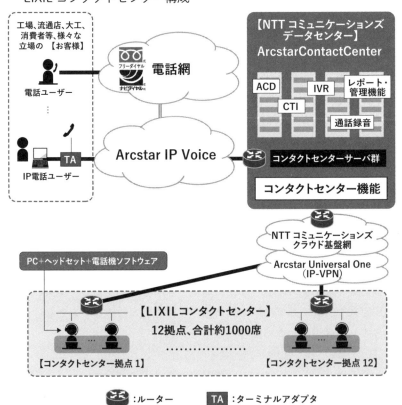

ACCSの導入により、各拠点のコンタクトセンターを一元的に統合管理でき、全拠点を同一のKPIで評価することができるようになりました。

業務内容は、お客様相談、リフォーム受付、修理受付、コンサルティング、会員サービス、証明書発行受付等で、28万呼/月に及ぶインバウンドコールを受けています。

コンタクトセンター拠点や規模の増減、季節変動に応じた各拠点の席数の増減、及び、新規サービスやコールフローの追加・変更に対して、柔軟に迅速に対処できるようになったことも非常に大きなメリットです。

現在は蓄積されたコンタクトセンターの応対データに対し、テキストマイニング等の言語解析技術の活用を行い、消費者ニーズの把握を継続して行うことで改善を進めより良いサービス提供を進めています。

(2) RPA の活用

RPAは、Robotic Process Automationの略で、ロボットによる作業の自動化を指します。これまで人が行ってきた作業をロボットに覚えさせ、自動で実行することで、正確性を維持しながら人件費を削減します。労働人口の減少という社会的背景もある中、人に代わって業務を遂行できるため、仮想知的労働者（Digital Labor）とも呼ばれ、2025年までに全世界で1億人以上の知的労働者、もしくは1/3の仕事がRPAに置き換わると言われています。RPA活用は業務の効率化と人件費節減に非常に有力な手段です。

■ RPA が得意な仕事

RPAは作業をミスなく繰り返します。人は長時間働くと集中力が落ちますが、RPAは休みなく、疲れもなく、集中力を落とすこともなく、作業を続けることができます。

特に得意な仕事は、**参照して入力する、作成してアップロードする、転記や参照を繰り返す、データを収集しメールで送信する**等、業務フローや判断基準が明確な作業です。

■コンタクトセンターでの RPA 導入

コンタクトセンターでは、顧客対応に必要な情報収集や、顧客対応後に発生するバックオフィス業務でRPAを導入することがあります。

例えば、通信販売を受注した後の受注伝票や配送伝票の作成、請求書の作成、送付状の作成、配送部門への連絡等の作業を自動化します。

■ RPA 導入の効果

RPA導入には次のような効果があります。

①稼働を削減し、人件費を削減できる。

②業務を効率化し、24時間稼働も容易に実現できる。

③ルール通りの処理により、ミスが低減し正確性が増す。

これらの効果を得るためにRPAを導入する際は、「業務フロー」や作業の「判断基準」の整理が必要です。人が行ってきた曖昧なフローや判断ではロボットは動きません。また、一度設計したフローに誤りがあった場合は、修正しなくてはならないため、現在の業務の整理を含めてアウトソーサーやコンサルタントを起用し、RPAを導入するケースも多くあります。

RPAを導入すると、例えば毎日30分間、人が行わなければならなかった作業がなくなります。日々の残業時間削減にもなり、「**働き方改革**」に貢献します。

┃事例31┃

RPA 導入で 70% の工数削減を実現

ビーウィズ株式会社のマイナンバー収集サービスの事例を紹介します。マイナンバー制度の開始にあたり、各企業の人事・経理部門は限られたリソースでマイナンバー収集を行わなければならず、この事態に対して同社では従業員への収集依頼、従業員からの問い合わせ受付、提出勧奨の連絡、受付後の審査・登録、不備解消までをパッケージサービス化し、提供しました。

◆3つの作業で、合計70%の工数削減を実現

本業務では、3つの工程でRPAを導入し、約70%の作業工数の削減を実

現しました。下の図の「リスト受領」とは、各取引先企業の対象者リスト
が適切なタイミングで提出されているかを確認し、ファイルを適切なフォ
ルダに格納するという単純な作業です。1社であればSVが行えば良いの
ですが、取引企業数は毎月200社を超えるため、これを200回繰り返さな
ければなりません。このような単純作業を正確に繰り返すことこそ、RPA
の得意な仕事です。

● RPA 導入による作業工数削減効果

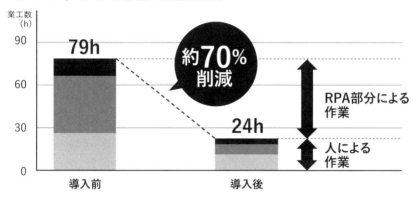

■データ登録件数算出業務 ■請求書作成 ■リスト受領

◆夜間作業をRPAに任せる

　最も削減効果が大きかったのは、アウトソーサーである同社が、取引先
企業に毎月送る「請求書」の作成業務です。月末に対応件数を締めた後、
各企業の経理処理に間に合うよう早急に「請求書」を発行し、送付しなけ
ればなりません。日数に限りがあるため担当者は夜間の作業を余儀なくさ
れていました。

　RPA導入前は、月末の処理が終わったところで、Excelのマクロ処理で
顧客企業別にファイルを分割します。この処理は以前から自動化できてい
たため、RPA導入時にもフローは変えませんでした。その後、取引先企
業別に分割されたファイルから「処理対象」となる企業を選定し、「請求
金額を算出」する作業を取引先社数分つまり約200回、繰り返していまし
た。RPA導入後は、この繰り返し作業を全て自動化しました。ロボット
を深夜に動かしておけば、翌朝出社すると全て作業が終わっており、翌日
は目視でのチェックに集中することができ、正確性を高めることにつなが

りました。

● RPA 導入前後のフロー比較

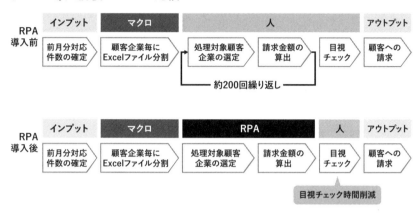

◆導入前も導入後も可視化が重要、ブラックボックス化に注意

　RPA導入にあたっては業務フローを改めて整理する必要があります。人にとっては十分に整理されている業務フローであっても、人間の勘に頼った曖昧な判断はフロー内に存在しているもので、ロボットに明確に判断させるには、再整備が必要なこともあります。しかし、一度導入し浸透すれば、人による処理の機会はなくなり、これまでは人に蓄積されてきたノウハウや知見が失われていきます。そのため、RPAの処理がブラックボックス化しないように処理を可視化しておくことが大切です。

◆日々の残業削減で「働き方改革」にも貢献

　RPAが安定稼働すると、毎月の定型作業を行う必要がなくなり、日々の残業時間が削減されます。特に本業務では、月１回の夜間作業をしなくても良くなったことは、精神的負担の軽減にもつながっています。

9 / 章

最新のコンタクトセンターを
支えるテクノロジー

Contact Center

次世代コンタクトセンターへの高度化と最適化

電話の向こうにある進化するテクノロジー

　みなさんのライフスタイルが充実し楽しい時間を過ごすことができるのは高度化する製品や新たに進化したサービスに包まれ、快適な環境が当たり前となっていくことで感じる日常があるからだと思います。

　しかし、何かの不具合やトラブルで利用できなくなる「**不安**」や、新しく購入し買い替える変化の中で起こる「**わからない**」や「**不満**」は快適な環境を崩すことにつながります。そして、安定した生活のリズムを取り戻すために、WEBやコンタクトセンターへ電話して、**コミュニケーターへ解決を期待**します。

　コミュニケーターは何でも知っていて即答してくれるわけではありません。また、お客様のニーズや傾向を把握して改善できるわけでもありません。多くのコミュニケーターの努力を支える、**常に進化するテクノロジーがコンタクトセンターにはあるから解決**してくれるのです。

　世界中に猛威を振るい深い悲しみを引き起こしたCOVID-19（新型コロナウイルス感染症）でAIは活躍しました。有効な医療論文があっても、目の前の大勢の重篤な患者の前では一つひとつ咀嚼して活かすことができませんが、AIは2、3か月で数万の論文を分類・分析し多忙な製薬会社のデベロッパーや医療ドクターへメッセージのように伝えました。そのことで多くの命を救うことができたのは、大きなテクノロジーの進化を表す結果となりました。

　今の時代ができる感染症に対抗しライフスタイルを取り戻すことに向かっていけるのは、**NLP（Natural Language Processing：自然言語処理技術）であるテキストアナリティクス技術が、AIのコア技術として大容量テキストデータを高速処理し、高度な認識や学習技術により、無数のCOVID-19医療論文や報告データのテキストに書かれている意味合いやコミュニケーションを理解しているからです。**そうしたテクノロジーの正確

性が高くなったことが成果につながっているのです。

　但し、長年コンタクトセンター等で利用されてきたテキストアナリティクスの分析や開発・研究の経験がこれらのテクノロジーの発展に活かされたことはあまり知られていません。

　テキストアナリティクスの技術の進化は、AIの分析だけでなく、**FAQ**や**チャットボット**の応対ツールやWEBでの自己解決支援システムをはじめ、**音声認識**等の自動化や**高度な検索性に優れた回答に導く**ことを可能とし、さらに技術は進化しようとしています。

　電話の向こうで回答するコミュニケーターの知識や笑顔を支える高度なテクノロジーは簡単ではなく完全でもありませんが、コンタクトセンターの多くの努力と経験で獲得した理解の上に実用化され進化しています。

　9章では筆者の経験や考えから、多くの読者へ「何ができるのか!?」「なぜできないのか!?」という視点からコンタクトセンターに必要な新しいテクノロジーをわかりやすく解説します。

●全てのテクノロジーはテキストアナリティクスが核となる

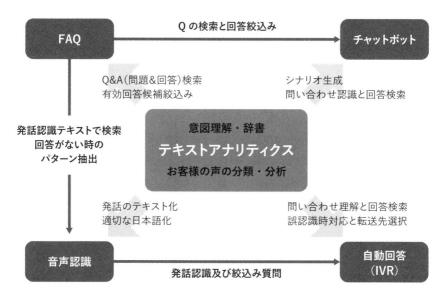

本当の"テキストアナリティクス"知ってますか？

テキストアナリティクス(Text Analytics)の力

みなさんは、どれだけのお客様の声（VOC）が自社に入ってくるか知っていますか？

多くの企業が顧客志向である「お客様第一主義」についてCSRや経営方針に盛り込んでいますが、年間で何人のお客様の声を傾聴し目を通して振り返りをされていますか？

どうやってお客様のことを把握していますか？

お客様の声を受け止めて社内に共有することができていますか？

多く寄せられた声から１件でも多くニーズや知見を獲得し、ギャップや対策のヒントにつながる活動ができていますか？

コミュニケーターにVOCを活用したらフィードバックしていますか？

◢▉◣ テキストアナリティクスの進化と可能性

コンタクトセンターのテキストアナリティクスは、コミュニケーターがお客様との会話をテキスト化し蓄積されたVOCテキストを自然言語処理技術による分析で可視化することを目的とした技術になります。

この技術で有効な分析ができると、コンタクトセンターのテキストからお客様の想いやニーズのダイジェストでありサマリーを導いたり、分類による数値化から傾向を把握したり、多くのテキストからトピックスやアラートを知ることが可能となります。

しかし、テキストアナリティクスは人工知能（以下AI）ブームにより進歩しているものの不確実な技術でもあり、多くのアイデアや分析手法（分析モデル）を知り努力することで、確実な技術として活用することが可能となります。

製品や機能、分析方法によって異なりますが、全てに共通していることは、コンタクトセンターへ電話することには理由があり、企業が把握できていない事実を把握する等、導入目的や利用用途の明確化が重要になりま

す。

　本章では、テキストアナリティクスを始める時や困った時に役立ててい
ただけるように解説します。

■テキストアナリティクスの可能性

　テキストアナリティクスは分析エンジンであり、FAQ等のナレッジの
検索エンジンでもあり、チャット、メールコンタクト、音声認識とも同じ
自然言語処理技術であって、手段や利用目的が違うだけなのでVOCの分
析は始まりに過ぎないということです。最近ではAIもNLPというテキス
トアナリティクスが核となっています。

テキストマイニングからテキストアナリティクスへ

　近年、海外ではテキストマイニングとは耳にしません。こちらからの説
明は通じますが、返す言葉はテキストアナリティクスと言い直されるよう
になりました。

　テキストマイニング技術は高度化され意味を理解する技術やAI、音声
認識技術のコア技術として進化していきました。利用用途でも、従来のコ
ンタクトセンターだけでなくNASAの宇宙開発や海外の警察の捜査、裁
判、金融、医療等あらゆる分野で活用されるようになり、テキストアナリ
ティクスと呼ばれることになったと筆者は感じています。

■人ができないことをコンピュータがやってくれます

　テキストアナリティクスを解説する前に、分析資源であるテキストとテ
キストアナリティクスの必要性について説明します。

　コンタクトセンターでは、電話によるオーダー処理を受け付けした履歴
や、問い合わせ内容をテキスト欄にメモを記録する習慣を重要視していま
す。このテキストメモにはお客様要望や理由等のコミュニケーターの気が
付いた知見が書かれています。非常に簡潔なテキスト文章から詳細に書か
れているテキストまでコミュニケーターのキャラクターが反映され、コン
タクトセンターが応対記録を重要視しているかによって文字数やテキスト
内容が異なります。

　この一件一件のテキストメモからトピックを抽出でき、分類することで、
現実的な顧客ニーズを捉え発見につながりやすくなれば多くの悩みや課題

を解決する可能性があります。これがテキストアナリティクスが必要とされる理由です。この一連の活動は、お客様の声を聞く企業スタイルと言えます。

コンタクトセンターのテキストアナリティクス

なぜ、こんな面倒なことに開発や導入費用をかけてまで不確実な技術を活用するのかを考える方も多いと思います。人ができないことをテキストアナリティクスは実現してくれますが、人の方が繊細で理解の精度が高いです。テキストアナリティクスを導入すれば楽に分類や分析できるわけではありません。また頑張っても自然言語処理技術は100点を取ることはできません。目的に応じたツールの選考や、辞書や分析技術の習得が必要です。

テキストアナリティクスは100％品質でなくても合格点を目指せます。

一例ですが、画期的な開発による新商品のシャンプーが思ったほど売れなかった時に利用者の声（テキスト）から 理由（ネガティブ）を探していると、「悪い」の回りに共起する語彙「泡立ち」「落ちない」等から「シャンプーの洗浄力が弱くて汚れが落ちていない」という原因とギャップに気が付くことができます。

①製造者の想いとしては
- 安価でありながら肌や髪に優しいアミノ酸系やベタイン系の洗浄能力を高めたい。副作用として泡立ちが悪くなるが仕方ない

②消費者の意識は
- 泡立ちが多いことを洗浄能力が高いと思う
- 香りが良いと洗浄されたと思う

開発者の数値意識とお客様の「泡立ち」という洗浄能力を判断する視点にギャップが判明したことで対策アクションにつながります。

■こんなコンタクトセンターレポートがあれば嬉しくないですか？

コンタクトセンターでテキストアナリティクスを導入すると、どんなアウトプットができるのかを2つの例で説明したいと思います。

いくつかのコンタクトセンターへVOCの活用法について聞くと、「マンスリーレポートや、ご指摘（クレーム）があった時にコンタクトセンターで対応しており、1か月間のクレーム内容を翌月や翌々月に経営者や関係

部署へ報告しています」という回答が多いです。経営者からは、「コンタクトセンターのレポートが遅く翌月に報告されても……」と言われかねません。これはコストセンター扱いされる要素の一つです。歯医者に行くのは嫌だけど、痛いから今直ぐ処置して欲しいわけです。治して欲しいために翌月出向くわけではありません。

　2つ目は、レポート内容がVOCよりコール数や応答率が中心で、トピックとしてCTI問い合わせ項目に選択された数値で新商品のポジティブな反響を伝えVOCはネガティブを伝えるといった例です。お客様が新商品に「概要や操作がわかりにくいから」と電話を架けなければいけない時はストレスがあります。それを理解していないコンタクトセンターを多く感じます。クレームだけでなく多くの問い合わせの背景にストレスという不満があるのだから、クレーム同様にネガティブであろうとポジティブであろうと時系列でVOCの変化を捉えることが顧客理解を意味し、リアルタイムなアウトプットとして鮮度ある情報を伝えることが必要です。

　VOCが得意とする**今困っているお客様をテキストアナリティクスで分類することによってアクティブなレポートとなる真の顧客理解を目指し**ましょう。

■ VOC アクティブレポートイメージ

- 全てをオープンに多くの社員やスタッフへ今直ぐに共有
- 新商品や経営課題等のテーマ性や時期的なことを考慮した分析を強化
- コンタクトセンターが知見を得たVOCの変化を共有
- お客様が判断した理由や傾向を共有
- 予兆（プロアクティブレポート）を共有　等

　これらのレポートはVOC分析で得た本質が書かれているものになります。月に1件でも、日に1件だけでも、モノを言うコンタクトセンターはいかがですか？

テキストアナリティクスで何ができるの？？

　テキストアナリティクスは、技術が向上するだけでなく製品も増え機能もリッチになってきました。製品のタイプも増え、簡単に結果を出す製品から、しっかり分析して高度なレポートを作成するまで、多くのバリエーションがあります。

しかし、**テキストアナリティクスには正解が見えない特異性があるため分析者の感性が必要**となります。

基本的に何ができるのか？ 技術を少し理解することで明日からの分析イメージがつくように引き続き解説します。

■VOC を活用したコンタクトセンターの企業価値

テキストアナリティクスが進化を遂げる中で、コンタクトセンターでの注目や用途は広がっていきました。

主なコンタクトセンターの分析目的は次の通りです。

- お客様の声を可視化し把握する
- 製品やサービスの品質を把握する
- 問い合わせ傾向を分類しサービス・商品の対応力を強化する
- CS満足度を向上させる
- 応対品質を把握する

テキストアナリティクスを始める前に考えてみましょう

コンタクトセンターでVOC分析を始めるためには、3つの準備が必要です。

①テキストアナリティクス技術を把握し分析目的をイメージする
②分析者（アナライザー）を育成する
③多くの有効なテキストを収集する

■テキストアナリティクス技術を把握し分析目的をイメージする

コンタクトセンターの本質と分析について気が付いたことがあります。それは**振返り（CAP Do）を意識した分析をする**ことです。

面白くて役立つ分析をVOCから狙いたい。分析する側も、分析を依頼する側も同じことを考えます。例えばテーマを「今までとは違う新商品をVOCの要望から企画する」。しかし、成果は見つかりません。分析技量がないのでしょうか？ そうではありません。理由は簡単でVOC分析ではテキストメモに書かれていることから、いくつもの知見を分析で得ることができますが、分析テーマを決めてから関連するテキストを書いてもらうわけではありません。分析テーマに関係するテキストがないと分析はできません。

では、企画系やマーケティングのための分析はコンタクトセンターのVOCではできないということでしょうか?

　分析に重要なのは、自分の意思で検索式を考えるのではなく、お客様応対の中でコミュニケーターが書いたテキストメモにある語彙を一つでも多く見つけて母集団化することです。母集団は大網と同じで、サンマを釣る際に大網でサンマ以外の魚も一緒に釣り、後でサンマだけ取るのと同じ手法です。一本釣り型の手法もありますが、ここでは大網の母集団形成の手法で説明します。

　最初に「新しい商品」「今までにない」という要望を頭で考えた検索式を中心に母集団を作成しようとしたらVOCは20件でした。そこで、視点を変えて、先ほどの検索式で得た20件のVOCから、「○○が嫌だ」「折角購入したのに…」という不満のテキストを中心とした母集団を形成し直すと500件のVOCが抽出できました。500件の不満の詳細は4つに分類され、それらの不満の対策を検討し、さらに不満から得たアイデアで新技術を用いた新商品を企画しました。コンタクトセンターへの問い合わせで要望よりも不満の方が多いことも事実です。

　商品が発売になればお客様の反応や利用状況を1番知る**コンタクトセンターが商品や企画を振り返ることから始めるサイクルが、VOCという資産を宝物に変えてくれるのです。**

　CAP Do!!(キャップ ドゥ!!)と覚えておいてください。意味は、「PDCAサイクルのCから始めてみる」です。**振返りの手段がテキストアナリティクスの強みとコンタクトセンターのVOC資源を活かす**ことになります。

　その他の振返りの方法ですが、不満を見つけたら下記のような疑問文でテキストアナリティクスで問うてください。

- なぜダメだったのか? 考えられる全てのなぜ? なぜ? なぜ?
- VOCにある不満は収束したのか?
- 分析結果から今度はどうすれば良いのか?
- 最後に、真の原因は何だったのか?

　お客様のダイレクトな声の裏側に潜在ニーズがあるかもしれません。

■分類や分析をイメージしておきましょう

　分類・分析を導入前にイメージしましょう。

実現できるかは置いておいて、要望、ご指摘、問い合わせの３つに分類するイメージは大切です。

VOCテキストメモを分類・分析して結果を出すまでの基本的な流れと全体像を把握する流れから特徴に「気付く」ことです。

●分類・分析イメージ（定量分析と定性分析）

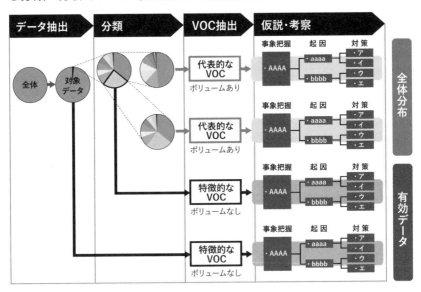

■分析者（アナライザー）を育成する

「どんなスキルがアナライザーに向いていますか？ 技術者？ 業務の有スキル者？」。筆者の回答を以下に伝えます。

どちらもメリットがあります。どちらも歩み寄ることが必要なので、コンタクトセンターの業務知識が豊富でお客様を知る経験を分析に活かせるアナライザーに化ける可能性が高いです。自然言語処理技術を知るデータサイエンティストの手法を活用した分析が魅力です。多くの企業では、コミュニケーター業務経験者がアナライザーになって分析しているケースが多いので、**サービス・商品の知識や質をイメージできてお客様を肌感覚で知るコンタクトセンターの強みを活かす分析者が、自然言語処理の特性を理解し経験を積むことで真のアナライザー（分析者）になれます。**

■多くの有効なテキストを収集する

　お客様との５分の会話から正確にポイントだけを要約し箇条書きで読みやすくしたテキストが分析しやすいわけではありません。

　自然言語処理技術は要約し過ぎると単調になる可能性もあります。要約すると分析は語彙数が減り、２つ以上の語彙を捉えて意味を理解する等のノイズが減り楽になるのですが、折角、**テキストアナリティクスでVOCを分析するのですからニュアンスや臨場感を少しでも残せた方が良いです。また、要約すると主語と述語の語彙の関係性だけを見ることになり、お客様の行動や思考の中にある不満や理由を把握する確率が下がります。**

　コミュニケーターのキャラクターや性格によって書き方は違うため、テキスト欄にお客様との会話内容は、同じ問い合わせであっても違うものになります。また、コンタクトセンターの意識によっても違う傾向を感じます。コミュニケーターに書く意義を説明したり、コミュニケーターの声を聞くことを忘れないでください。

■テキストを書くポイントは？

　基本的には「自由に思った通りに書いてください」と「可能な限り長めに書いてください」です。本音は、「○○について」や「主語や述語は最低限書いて欲しい」ですが、理由等もあると分析価値が向上します。

　コミュニケーターへの注文が多くなると、書くことに悩みストレスを与え応対時間にも影響が出ます。分析のためのコンタクトセンターではなく、お客様応対が大事ですから、無理をしないで自然体で書いてもらうことを推奨しましょう。コミュニケーターが書きやすいテキストメモから分析しましょう。また、書くことと分析することのバランスを考えると良いテキストが集まりやすくなります。

■分析にあると役立つフレーズ

「急に…」「気になる…」等、流行や障害といった関心や問題が表面化する前に出現する語彙のおかげで、VOCからトピックや時間軸の流れを把握できます。テキストアナリティクスは、シナリオや脚本のように綺麗な文脈が続くことで分析がしやすくなったり、良い分析結果につながったりするわけではありません。**テキストメモは雑でも良いので、理由や動きがあると良いでしょう。**

■ VOC の収集はコミュニケーターの稼働負担がかかる

　お客様の声をテキスト化することで、後処理時間が従来よりかかるため、多くのVOCを収集することは応対品質に影響します。コミュニケーターの採用を考えることも良いですが、まず現状のコンタクトセンターで**応対品質を落とさずに応対中にテキストメモを入力できるように訓練してみましょう**。

　こうしている期間にVOCを分析する能力も高くなっていきます。テキストアナリティクスを導入して直ぐにコミュニケーターが活躍できるわけではありません。

■ テキスト資源と分析の価値

　コンタクトセンターのテキストアナリティクスの分析用のテキストは、次のようなデータ蓄積方法の経緯がありました。

　コミュニケーターの手紙きメモを、専門のパンチャーによる書き起こしでテキスト化している企業もありましたが効率の悪さから、コールセンターシステム投資が広がりCRMの応対履歴としてCTI問い合わせ項目を選択後、フリーテキスト欄に概要や関連情報を残す習慣が広まっていきました。

　コンタクトセンターの価値を示すものとして、何件の問い合わせがあったのかを書けば、それは、どんな問い合わせが多かったのか？ がセットになってレポート化しなければいけません。コミュニケーターがCTI問い合わせ項目を付けることは当たり前になっていきましたが、選択項目「その他」を付けるコミュニケーターは多く、全コール数の50％ぐらいを大項目「その他」中項目「その他」小項目「その他」にしている企業から相談を受けたことがあります。

　実際には、階層化した項目選択は誤設定も多いので60％以上が正しくないコールレポートになっていたようです。このような相談の類似している特徴は、階層化した選択項目が多すぎて選べないため、待呼が多いことから後処理時間を削減したいため、時間がかかるなら「その他」設定を容認していると思っていましたが、ほとんどが迷いに迷ってわからなくて「その他」にしているようでした。「その他」項目設定者は後処理時間が長いのです。

　筆者への相談で多いのは、「その他」選択を改善するのではなく、設定

項目がわからない場合はテキスト入力すると時間がかからないので、テキストアナリティクスを利用して、お客様の真の悩みや問い合わせた理由を知ることができないか？ というものでした。

　筆者の回答は、「その他」だけを無理矢理テキスト化することにより、応対時間を延ばすことなく理由を聞いたりする等、新しい問い合わせなので書き残したいとコミュニケーターが判断した場合はテキスト化してみてはどうか、そこにはCTI問い合わせ項目とは別のVOCレポートが策定できる、というものでした。

■コミュニケーターの感性による誤差（CTI問い合わせ項目）

「PCを落して水に濡れて液晶破損になった」というVOCは、CTI問い合わせ項目カテゴリーだと、

①一部破損もしくは全損

②水濡れ

③液晶破損

　このうちのどれになるでしょうか？ 水濡れは全損であることから、一部破損もしくは全損になるか、水濡れと選択するのが正解ですが、一つひとつの問い合わせ事象をどちらに付けるかというルール決めはコミュニケーターのストレスになるだけです。

　液晶破損という言葉に惑わされるコミュニケーターもいるでしょう。重複して付けることを推奨するコンタクトセンターもあるかもしれませんが時間がかかることになります。このようなことからテキストメモの分析で問い合わせ項目をなくすといった、テキストや音声認識の代用への期待感は高くなってきています。

テキストアナリティクスの基礎と応用

　テキストアナリティクスとは、単なる便利ツールでしょうか？

　たくさんの文章群を目視するのは大変なので便利ツールとして利用するものでしょうか？

　そうではなくて、**テキストアナリティクスは、テキストにある規則性を見抜き、"ことば"にある想いや感情を理解し、背景となる意味や予測を定量的、定性的に知るためにあります。VOCを利用する人や組織の目的次第です。**

例えば、目的として「コンタクトセンターを可視化したい。VOCを社内に伝えたい。」というものがありますが、筆者が考える目的は、見えている（話している）姿の裏にあって本人も知らない**顕在性（本質・心理）**を、テキストアナリティクスというテクノロジーで知ることへのチャレンジです。

■自然言語処理技術テキストアナリティクスの正体とは？

　コンタクトセンターの大量のデータからビッグデータというフレーズを聞きますが、最近のビッグデータはテキストもデータ活用しています。

　分析データには、契約者の性別や年齢や購入有無等の数値で管理できる**構造化データ（ストラクチャドデータ）**と、テキストメモのように整理しようのない**非構造化データ（アンストラクチャドデータ）**に分別されます。

　お問い合わせ内容も、CTI項目として予め設定していれば、コミュニケーターは選択するだけなので綺麗な数値データのストラクチャデータとして統計分析が可能です。ごちゃごちゃした言葉の意味を持つテキストデータはデータとしては構造化されてないためテキストアナリティクスにより構造化する必要があります。

　項目選択型アンケートと自由記述型アンケートで互いに同じテーマで分析した時に、数字とテキストの性質から異なる結果となりギャップが見つかることもあります。

　例えば、年度末に銀行に口座開設に行った帰りに、待時間にアンケートを取っていて1000人の来行者の分析をしたら、平均待時間が1時間20分だったのですが、アンケートを取ると80％以上が応対や待時間に普通と回答し、70歳以上の高齢者ではやや満足や満足が多いと回答しました。

　しかし、テキスト自由欄に書かれていたことは、「暇人じゃない」「何時間待たせる」「待たせ過ぎ」「腰が痛い」等、70歳以上の高齢者のほとんどが満足とは思えない結果でした。

　テキストは、とても真っ直ぐな性質なため、顕在性が現れた結果となりました。

　多くの企業では、お客様の行動分析はデータマイニングで解析していますが、テキストアナリティクスによって見つかったギャップは、データマイニングの仮説を分析するものとして役立つこともあります。

　データマイニング等の数値は事実ですが、今回のアンケート例は正しい

結果だったのでしょうか。言えることは**テキストアナリティクスは顕在性を知ることが可能**な点が分析の醍醐味ということです。

■テキストアナリティクス分析結果をデータ分析する

テキストアナリティクスの分類結果が数値になれば、変化や時系列的に捉えることで経営やマーケティングのキーマンが求めるVOCデータとして経営に役立つ真実のデータになります。

また、テキストアナリティクスは数値の管理や統計処理はできないので、ExcelやBOツール等の利用も考えておくと良いでしょう。

テキストアナリティクスのアウトプット

分類・分析した成果がVOCの可視化であることを説明してきましたが、それは報告やレポートを通して社内に共有され改善していくことがコンタクトセンターから発信されることで達成されます。

●分析手法とアウトプット例

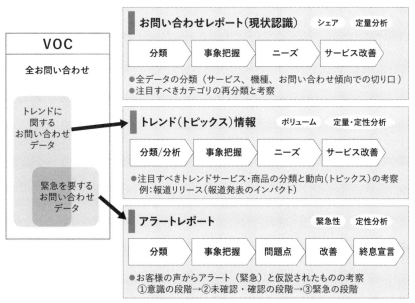

305

■新しい分類手法

　クラスタリング（分類）はカテゴリー間の綱引きであり、共通するテキスト同志が引き寄せられて集団化していくものですが、分類するのではなく、必要なカテゴリーを予め用意して、一つひとつのカテゴリーを主題分析して、横に並べてみれば分類のように見えます。無駄な分類を避けることができます。分類だからクラスタリングを利用すると決めつけないで、製品名やサービス名等、必要な分類カテゴリーだけを主題分析しバケツに積み上げることも分類に代わるアイデアになります。どちらが良いかはカテゴリー数と何がしたいのかという分析・分類の目標次第です。

■主題分析（テーマ分析）

　新商品やキャンペーン施策などのスポット的な分析、解約や返品理由といった毎月定点的なサービス監視のための分析等、主題分析のレポートで、些細なことや今まで知らなかった事実を知ることで、今を伝え、先を読みましょう。そして理由や原因を把握しましょう。

　お客様へ回答するコンタクトセンターのディフェンス業務が、企業がチャレンジし創出した製品やサービス等のオフェンス部門に対して、**反響や結果の理由を把握できるコンタクトセンターがVOC分析力を持つことで、守備に立つだけでなく一歩先のDX化した戦略的なコンタクトセンターを目指せます。**

　また、多くのテーマを分析し継続することで、よりお客様のニーズに接することができることは、企業にとって重要な戦略となります。

■コンタクトセンター自身のための分析もやるべき

　分析レポートは業務だからと、お客様視点と分析するテーマだけを意識することは悪くはないですが、応対で確認したコミュニケーターが楽になり、その先のお客様が嬉しくなるような、"コミュニケーター自身"のための分析もお勧めします。

■事例：分析テーマ「今週のお客様のわからない」

「○○がわからない」が急増

　××が急増している（とても大変になるのでは!?）

　アクションンとしては、

①ナレッジツールで想定問答ではなく実在問答を作成し即答する
②お客様向けFAQオフィーシャルホームページに掲載し呼減対策を図る
③対応ポイント等を明確化し新人向け、ベテラン向けの研修強化

　このテーマ分析の活動を頑張ることで、コンタクトセンター発信型の分析ではなく、サービス管轄部門やマーケティングセクションや経営層からの分析依頼がくるようになると理想のコンタクトセンターになります。

● VOCから何ができますか？

・サービスや商品別
・ニーズや事象別

・原因を把握するために
・アラート、トレンドの把握
・トピック抽出

話題・アラートの早期発見
・仮説立案・原因の解析として
・理由

現状把握（問題把握・課題整理等）
・重要度の把握
・主題分析のための母集団作り

テキストアナリティクスの少しテクニカルな話

　みなさんが日常で触れることのできるテキストアナリティクスは、Googleの検索エンジンを利用することもあると思います。ググるです。
　検索結果にみなさんは満足していますか？　いくつかの単語を並べて検索して情報を得ることが当たり前の日常です。検索される側のテキスト文章がニュース記事やブログのような成形された綺麗な文章のため検索ヒットしやすいですが、これがTwitter等のSNSでは主語がなかったり独特な表現や略語が多くて、成形されていないテキストだと検索してもヒットしないケースが多くなります。
　コンタクトセンターのテキストは時間のない中、努力して書かれたテキストなので、１件のVOCも逃さないで分析することが重要です。
　ここでは、コンタクトセンターの分析に悩む多くの声や、これから始めてみたい方にイメージして一歩進められるように解説します。

■コンタクトセンターでの主な分析・分類メニューと分析レシピ

①お問い合わせ傾向把握のための分析

- 問い合わせランキング
- トピック抽出（定性分析）
- 未知語抽出による早期トレンド・状況把握
- 障害・不具合の早期発見
- 障害・不具合の詳細内容と顧客の心象
- VOC分類（定量分類）
- 顧客の要望・不満毎の定量分析・分類

②マーケティングのための分析

- 企画立案のための顧客ニーズ分析
- サービス改善、ギャップ分析
- 新商品・新サービスの反響調査
- 競合他社との比較分析

③デジタルマーケティングのための分析

- 予兆分析（解約予兆分析等）
- 分類（問い合わせ理由、テキストから抽出できた属性）
- 顧客に紐付く行動分類

■分析のメカニズム

　カタカナと違い、ひらがなや漢字で文章が書かれていると、何となく感情やニュアンスが伝わりやすくなります。このニュアンスを大事に分析することが良い分析につながります。

　テキストアナリティクスは言葉を理解しているわけではないですが、テキストの特徴やルールを把握する技術を活用し分析につなげています。

■テキストの特徴と構造

　1つの単語や語彙の回りは関連する語彙がつながり言葉となります。
「淡いうす紅色の花が咲く」
「花」という主語の回りにある「うす紅色」だけだと何の花が咲くのかわかりません。「淡い」という3つの言葉が連想させる花のイメージが情緒

的なだけで相手に伝わりません。さらに関連する他のテキストを探すと

「ヤマアジサイという花のうす紅色に儚さがあった」

　うす紅色の花はヤマアジサイと仮説立てできます。この花の情景が少し
感じられるようになりました。さらに関連するテキストを追加すると、

「あさ、ヤマアジサイの雨露と静けさから梅雨を感じた」

　今度は、梅雨の季節感や6月という時間情報と「静か」というニュアン
スを知ることができました。

● 3つの関連するテキストから

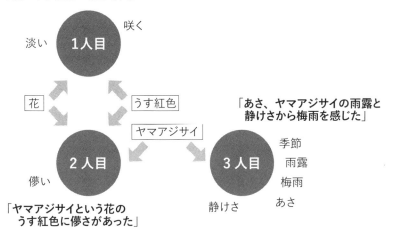

「淡いうす紅色の花が咲く」

淡い　1人目　咲く

花　うす紅色

ヤマアジサイ

2人目　儚い

「ヤマアジサイという花の
　うす紅色に儚さがあった」

「あさ、ヤマアジサイの雨露と
　静けさから梅雨を感じた」

3人目　季節　雨露　梅雨

静けさ　あさ

　テキストアナリティクスは、絵具のパレットのように1つの検索ワード
に対して共起する語彙を連れてくることができ、状況やニュアンスも知る
ことができます。

　そのためには、理由が判明するまで「なぜ」というスタンスを持ち、1
つでも多く関連する語彙を集めることです。そうすればトピックを発見す
るヒントをテキストアナリティクス技術が手助けします。

●大勢の関連するテキストから

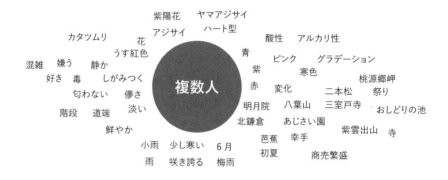

①テキストアナリティクスで分析し感じたことや気付いたこと

- 寂しい、儚い、静けさ、ニュアンスやセンチメントがわかる
- 人によってイメージや情景の違いがある
- 季節や名所場所の情報があるから、例えば有効な観光情報になる
- 「紫陽花の花がしがみつく」という独特な表現を知ることができる
- 「道端」に咲いている。なぜ雑草のように扱われているか調べたくなった
- 紫陽花に虫が付きにくいことと理由がわかった
- 「匂わない花」という独特な花であることがわかった

②観光をテーマにした主題分析

- 時期：6月〜7月（場所による）
- 場所：八葉山、アジサイ園、二本松、幸手、明月院、三室戸寺……
- 詳細：色　ハート型、小雨の日

　これらをコンタクトセンターのテキストメモの分析でも同様にイメージしてみてください。製品や機能によっては表現や方式は異なりますが、分析を依頼する人や分析側のアナライザーが意識しなければいけないのは、多くのテキストメモからノイズをおそれずたくさんの検索式を組んで母集団を作成するための意思と、なぜこんな結果になったのかの理解です。VOCとなる表現を一つひとつが細かく抽出できるようにするテクニックを醸成することが大切なのです。

■辞書

テキストアナリティクスの３つの必需品は、**テキスト・自然言語処理エンジン・辞書**になりますが、辞書を設定しない場合は２つの影響が出ます。１つ目は、分析・分類結果にノイズが多く含まれる、２つ目は多くのテキストから関連するテキストが抽出できない、です。

理由はどちらも同じで有効な母集団や検索式になっていません。つまり、形態素割れ、表記ゆれ、同義語、類義語の基本辞書系の過不足です。専門用語や基本辞書にない語彙は結構多いのでコミュニケーターが多くのテキストメモを作成してくれても一部しか利用できないのです。もしくは関係ないテキストメモまで抽出してしまうため、どんなに賢い自然言語処理エンジンを利用しても、どんなに優秀なアナライザーが分析しても、辞書や製品固有のルール作業が分類・分析テーマ毎に必要になります。

詳しくは、ナレッジツールの解説（342 ～ 343 ページ参照）の中で自然言語処理技術や辞書を記載していますので参考にしてください

🔖 DX 向上のためのテキストアナリティクス

DX（Digital Transformation、デジタルトランスフォーメーション）化によりコンタクトセンターで他社との差別化を図ることができるように感じます。そのためには分析技術を確立し、ツールに支配されることなく、独自の意思と目的を明確化し分析することが重要です。また、分析する感性を磨くことが重要です。

■コンタクトセンターでのテキストアナリティクス活用と展開の方法
〈活用手段として〉
- いつでも分析ができる（データマイニングは項目を予め必要とする）
- 詳細な項目レベルで常に監視が困難である
- 重要度が把握できる
- 言葉にあるニーズが重いので利用価値が高い
- 分類・分析結果を時系列や比較して監視することができる

〈展開方法として〉
①レポート系（VOCの定量的 / 定性的な分析）
- 定期レポート（マンスリー、ウィクリー、ディリー等）
- イベントレポート（新発売、報道リリース、キャンペーン等）

- オンデマンドレポート（関係部署からの依頼）

②報告系
- トピックス分析
- アラート、インシデント報告
- 経営層、CS向上会議、PL法関連やコンプライアンス等の会議報告

③常時監視
- 製品の不具合の発見や影響（問い合わせ件数）調査

④コンタクトセンター内部向け
- 応対品質のチェック
- 称賛の声（ありがとう件数、コミュニケーター個別称賛の抽出）
- 応対傾向の分析（問い合わせランキング）
- 応対履歴CTI問い合わせ項目の代わり

⑤ナレッジツール用分析
- VOCから新規ナレッジコンテンツやFAQ作成
- 問い合わせ頻度におけるコンテンツメンテナンス重視

⑥WEB等のお客様対応
- 問い合わせ傾向によるオフィーシャルホームページの不足案内の示唆
- WEB取扱説明書等の記載修正提案

⑦VOCの可視化
- 分類等の結果をVOCサイトで社内展開

■技術の信頼性欠如

　分析を始めることで、VOCを全文読まなくても新聞やニュースのように整理されていてお客様ニーズの可視化が可能です。それにはテキストアナリティクスで作成した報告物への理解が必要となります。

　テキストアナリティクスに100％を求めてもノイズ（誤分析）が必ずありますが、人には目視できない大量なテキストや、人にはできないたくさんのカテゴリーへの分類、トピックやアラートを知ることができます。

　多くのニーズや理由という宝物を獲得するためには多くのノイズが付きものです。VOCが何件あったのかや分類数、ノイズ率等、数値的なことを意識しないことが大事です。しかし、分析技術や知識の脆弱で信頼性を損なうことがないように、分析の軸やポリシーをしっかり考えましょう。分析途中でもテキストメモにあるVOCの思いや理由に気が付いたら最初

からやり直す努力や技術研鑽を継続してください。それがテキストアナリティクスの技術の信頼性を自他共に維持することになります。

■信頼性維持・向上のためにできること

- 自然言語処理や分析製品への信頼性
- テキストマイニングツールや言語への知識やノウハウの醸成
- 自社のテキストメモに書かれている性質の把握と理解

　この3つの研鑽がコンタクトセンターの付加価値向上につながります。

■分析結果を活かすデザイン（分析モデル）

　分析モデルを検討する中で、何をどうすれば何ができる、ということをセグメントしています。大胆に切り口を体系化する一つのデザインです。

●分析モデルとセグメントに見た傾向

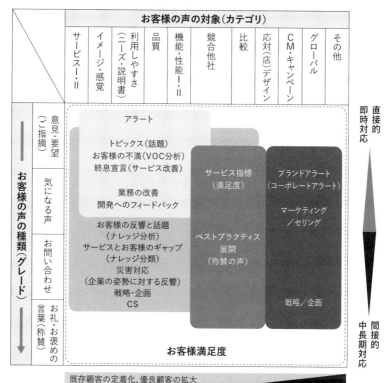

■コンタクトセンターでの分析者の基本姿勢（データを扱う姿勢）

1件でも多くのテキストを拾うことを目指してください。

多くのVOCがあるのですから無駄にするのは勿体ないです。また、トイレに行くのも我慢してVOCをテキスト入力してくれたコミュニケーターの想いも大事にしてください。

良い分析の共通点として、コンピュータの前に長く座り、分析ツールと長くコミュニケーションできるアナライザーは多くの知見を得ています。

諦めてしまうとそれで終わりということもありますが、良い分析とは、分析テーマに沿って「なぜだろう」が継続し、テキストメモから多くの情報を得ることです。

■なぜ分析技量を向上するための感性やチェックが必要か？

個々のアナライザーの感性を活かした方が良い分析ができるのではないか？ 感性を殺す必要も無理をする必要もありませんが、自身にない感性を育てることが大事なのです。なぜかというと次のような理由があります。

- テキストアナリティクスは分析者の先入観や感性に左右されやすい
- VOC分析結果は誰も正しいか正解を知らない
- 1件のVOCでも経営の判断をひっくり返すことができる
- コミュニケーターによってテキスト内容はバラバラ
- テキストアナリティクスは完璧ではない
- 分析には副作用というものが多かれ少なかれある
- ネガティブポイントだけを拾い重箱の隅をつつく行為になりやすい

●現在の課題とこれからの期待

VOC活動でテキストマイニングに不満を持つ企業は以下の不満があります。

❶ メンテナンス（辞書）等に人的な稼働がかかる。
❷ ツールのスキルが必要（多くの企業が派遣社員を利用する）
❸ コールセンターで応対ログ（応対内容のテキスト化）に時間・費用がかかる
❹ 投資対効果やROIが得られない（ツールが高い割に）
⑤ 経営者やビジネス部門へ1か月後に分析結果が伝わる

求められている技術やアイデア（課題 等）

❶❷ 辞書の必要のない技術を活用した、誰でも利用できるツール
　　　⇒**高度な言語処理技術より分析手法の提供**
❸❹ 情報（テキスト分析）の有効活用と社員への共有化
　　　⇒**紙レポート（月報）から「お客様の声ページ」「センチメント」の共有**
⑤　　お客様やサービス現状の見える化の実現
　　　⇒**大容量テキストをリアルタイムに分析**

期待される自然言語処理＋AIの活用

　属性や数値と組み合わせたテキストアナリティクスも、ピュアにテキストメモだけで分析するツールであっても、全体のメリットやデメリットを考慮してフェアに分析していかなければいけません。

■テキストアナリティクスに思うこと

　お客様第一主義と掲げることが大事なのではなく、お客様が嬉しくて笑顔になるサービスや商品を発信し、応対するコミュニケーターの笑顔のコミュニケーションがある企業が、本当の意味での顧客志向だと思います。

　以前、SNSである業種についてイメージを調べていたら、「斬新な機能で売っているけど、ちょっとした故障でも、全て同じ基盤交換で修理代が高い」と書き込まれていました。高いのは理由があるのだと思いますが、こういうネガティブなイメージも誠意を持って理由を伝えて信頼性を取り戻す役割がコンタクトセンターにあります。コミュニケーターが良い対応で頑張ってくれてお客様が納得して終わっただけではVOC活動の意味はありません。

一人のコミュニケーターの辛い思いや応対に努力したエビデンスをテキストアナリティクスで残し、多くの社員に共有し早期に対応できるサイクルがあることで企業全体として最適化されます。

　どこの企業かは忘れましたが、「うちのコールセンターは自社商品を好きになるところから始める」と言われたので、どうやって好きになるんですかと伺うと、「VOCのネガポジからコミュニケーターにどうあるべきかを一人ひとりに考えさせていて、VOCを受け止めたサービスや商品改善を積極的に取り入れている」とのことでした。この話を聞いて一つ思い浮かべたことを伝えてテキストアナリティクスの解説を終わりたいと思います。

　この会社のサービスや商品改善の提案は、コンタクトセンター組織のテキストアナリティクスのアナライザーも提案します。分析を日常で行い変化を見ているアナライザーやコミュニケーターは、お客様も気が付いていない問題点や不満を、大勢のお客様から問い合わせを受けることによって、テキストには書いていないがほぼ間違いのない仮説立てができるのです。

　つまり、顕在性という手法に気が付いているかいないかは別として、時系列の変化やVOCのニュアンス等、感情や状態を製品部門に伝えるアナライザーがコミュニケーターの思いを込めて提案するプロセスのある企業は本質を知る企業なんだと思います。

ナレッジの蓄積がコンタクトセンターを活性化させる

ナレッジシステムがトランスペアレンシーを実現する

　大きなファイルにある紙資料や応対スクリプトの1枚の紙資料は、漏れがないように多くの情報が目いっぱい書き込まれ、少ないスペースには手書きメモもあります。数枚で全てを書かれている平面的な資料の塊です。それらのデジタル化は立体的で必要な情報をコンテンツとして分散させ、リンクや検索することでコミュニケーターは情報を得ることができます。

　コミュニケーターが意識することもなくコンテンツは随時修正され、必要に応じて見やすいコンテンツで応対に役立たせることができます。

　下の図は、生命保険会社のコンタクトセンターをイメージした、コンテンツの多さ、複雑さの中でデジタル化したイメージになります。全てを検索できて関連するコンテンツをつなげるのが理想です。

●デジタル化は 3D ／キューブのようにコンテンツをつなぐ

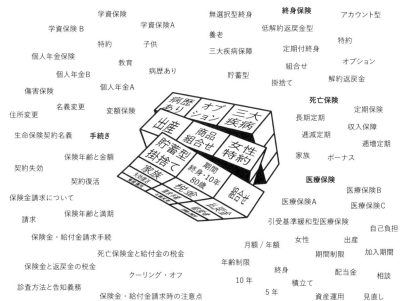

🔔 コンタクトセンターへの問い合わせ内容の高度化

　スマートフォンの進化やWEBサービスでの設定・操作等のITリテラシーを必要とする問い合わせが急激に増加しています。

　例えば、

- ・「料金プランと割引施策」等の複雑な組合せ
- ・「マルチチャネルやアプリ化」によるサービスの多様化
- ・「ハイスペックな製品・サービス」の説明や設定案内

　さらに商品の発売サイクルが早くなる等、お客様へ正しい情報を伝えることが年々難しくなってきています。

■ナレッジ化の目的と効果

　コンタクトセンターにある多くの課題は、どれか一つを改善すれば効果が出るものではありません。

● コンタクトセンターを取り巻く負のスパイラル

- ・多くの資料やツールがバラバラ
- ・ナレッジ共有が図れていない
- ・コミュニケーションツールがない
- ・製品部門との連携が不十分

応対品質と効率の低下

- ・コンテンツ維持管理の稼動が重複して非効率
- ・把握できない情報の増加と情報提供の遅さ
- ・コンテンツの見直しや分析ができない
- ・必要なコンテンツがない

顧客満足度CSの低下

- ・満足な応対ができない
- ・機械的・事務的な応対
- ・応対に時間がかかる
- ・誤案内・誤処理が発生する
- ・保留・転送が多く、たらい回しになる
- ・応対者によってバラバラな応対で回答が違う
- ・一貫性のない顧客応対や間違いの発生

負のスパイラル

応対スキルの低下

- ・入れ替わりが激しくスキルが向上しない
- ・継続的に培ったノウハウが蓄積されない
- ・SVのフォローが多く手が回らない
- ・みなギスギスしている

従業員満足度ESの低下

- ・応対内容の多様化・煩雑化
- ・スキルに応じた業務が割り付けられない
- ・研修で覚えるべき内容が膨大
- ・研修が少ない
- ・ツールの使い勝手が良くない
- ・お客様からのクレームの増加

離職率の増大

- ・複雑な事務処理、業務の繁忙
- ・覚えること超大盛り
- ・土日、深夜のシフト勤務
- ・コミュニケーションが充実していない
- ・私だけクレームを受けることが多い気がする

　次々と難しいことばかりで覚えきれないと、コミュニケーターの不満やスキル不足が生じ応対に影響します。電話したのに求めている回答が得ら

れない、再度、電話すると別のコミュニケーターが違う回答だった、など
です。

　ナレッジの目指すところはボトルネックを解決し負の連鎖を止めるので
はなく、全体に共通する課題を解決していくことで小さくする、ことをお
勧めします。

■紙資料、記憶の応対スタイル

「コンタクトセンター化」とは、問い合わせの高度化にも応対力を持続し
てコストセンターから**脱却する**ことによって、**記憶や紙資料ベースのアナ
ログな応対スタイルから脱却する**ことが課題となります。

　従来のコストセンターの特徴としては、ベテランコミュニケーターらし
い「安定した記憶」と「コミュニケーション能力」で即答できる応対があ
ります。しかし、記憶に依存する応対と資料を見なくても応対できる慣れ
が、誤案内や情報の変更に気が付かない事態につながることがあります。
経験を積んでも次から次へと覚えることが増えていくため、ベテランも新
人コミュニケーターにとっても、コンタクトセンターの応対は重労働環境
と言っても過言ではありません。

●応対するということの難しさ

■記憶と紙資料のメリット・デメリット

①記憶と紙資料を利用した応対のメリット

- ほとんど記憶のスキルで対応できる人が育つ
- コミュニケーション能力が高まる
- リズム良いテンポで応対ができて気持ち良い
- 問診時の切り分けが得意になる

②記憶と紙資料を利用した応対のデメリット

- 資料修正時にコミュニケーターと資料作成者にストレスが発生する
- 場所を覚えているページのみ閲覧し、資料から探すよりSVへ聞く
- 新人であろうと、ベテランであろうと、記憶は色あせる
- 紙が多いとスキルベースになる（記憶型コンタクトセンター化する）
- 覚えることも紙情報管理も限界がある
- 紙資料は文字が多く読み込み時間が発生して見つけにくい
- 複雑な切分け条件を選択し進むことができるディシジョンツリー型（項目木選択型）のフローが利用できない

●紙資料を利用した応対の問題点

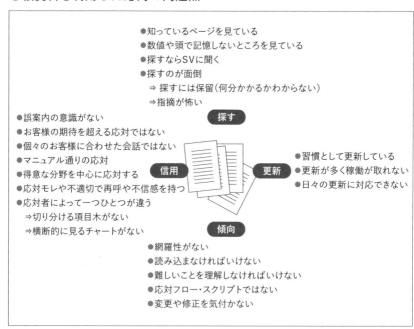

紙資料からデジタル化への効果

　紙資料をExcelでテキスト化するだけでは思ったような効果は出ません。ナレッジ化することの意義や目的を明確化して進めることが必要です。

- 全国均一なお客様応対の実現と質的向上（非対面・対面チャネル）
- お客様満足度向上（CS：Customer Satisfaction）
- システム最適化による投資コスト及び運用コストの削減
- サービス・施策・機能の複雑化・高度化・競争化に対応できるナレッジ
- 離職率を意識しないコンタクトセンター運営
- コミュニケーターの負担軽減によるES（Employee Satisfaction）

■物理的な効果

- 紙の削減（ペーパレス）※印刷費用を含む
- 紙を置くスペース（書庫及びコミュニケーター・SV席）が不要
- 紙資料を管理する稼働の削減

■間接的な効果

- SV稼働のあるべき姿（稼働率向上とセンター活性化を促進）
- コミュニケーターの紙資料の応対準備を削減
- コミュニケーターパフォーマンスの向上
  - ⇒お客様に沿った応対の実現
  - ⇒コミュニケーターの自己応対満足度の向上
  - ⇒ストレスの緩和
- セキュリティの向上
  - ⇒メモ等の個人情報や紙資料への書き込みがセキュリティ事故につながる

ナレッジツールを利用する目的

　コンテンツをデジタル化することが目的ではないです。ツールを導入することも手段です。では、導入を進めるにあたりポイントを解説します。

■ナレッジツール利用を考える前に

　AIのような高い自然言語処理技術を持つナレッジツールを導入しても、今まで記憶や紙資料を利用しているコミュニケーターが、応対の中で使いこなすことは容易ではありません。**これまでの習慣から脱却するため、新**

たなコンテンツを利用した応対スタイルをトレーニングし、ナレッジツールを習熟することで、コミュニケーターが持つ応対力をブラッシュアップさせる必要があります。

　ところで、ナレッジツールを導入したのに、使用感に不満が出て利用されなくなることもあります。コミュニケーターやお客様に喜んでもらいたくて投資をしたのに「ツールが悪い」「コンテンツが悪い」と言われないために、それぞれのコンタクトセンターにある課題対策を意識して導入目的を明確化することが重要です。

■ナレッジツール導入の理由

「製品のデモが良かったから導入した」ということを耳にしたことがあります。そして1年後には「だまされた、デモと違う」と後悔することも少なくありません。

　ナレッジ製品の多くは表面上はシンプルですが、システムの機能や裏側を見ると、とても複雑なことがわかります。導入までの数か月で見極めることは至難なので、グランドデザイン（あるべき姿）を書くことをお勧めします。そこまで作成する時間もないという時は以下のようなチェックリストを作成しコンタクトセンターの状態をチェックしましょう。

■課題と目的の実践チェックリスト

　みなさんのコンタクトセンターの課題を把握し目的を見つけましょう。大きく2つの課題に分別されます。
①応対者のスキルや経験を超える問い合わせが増えている
②情報が多く変化が激しいため、人間が記憶する範囲を超えている

●課題のチェックリスト

□	新人CMのスキル・経験不足を感じることが多い
□	問い合わせ範囲の多い総合受付型のコンタクトセンターである
□	新しいサービスや変更等の情報が多く覚えるのが大変
□	レアな問い合わせに時間を割かれていることが目立つ
□	計算が必要な回答やレートが変更になりやすい数値的な問い合わせがある
□	記憶の片隅にあるけど、資料もなく自信をなくすCMを見ることがある

　目的に合わせたナレッジツール利用による2つの成果として、次のこと

があります。

①コミュニケーターや管理者の目線から「あるべき応対の姿」であった

②終話後に、お客様の目的が達成できることが想像できた

●目的のチェックリスト

□	保留をしたくない・させたくない
□	途中放棄呼や待呼を削減し、電話を早くつなげたい
□	1コールでも多く受け付け、生産性を向上したい
□	バラツキをなくし応対品質を良くしたい
□	誰でも同じように高品質な回答ができる
□	資料等の管理稼働を下げたい
□	新人等の離職者を低下させ、定着性を高くしたい
□	誤案内や案内漏れによる再呼数を減らしたい

■導入効果を予想する

　これらの目的を数値化し、目標を立てて定点的に効果を測定することも重要です。目標設定時に努力目標値（先行指標）を予想することも役に立ちます。予想を上回るように継続していくことが重要です。

　たくさんの目標を設定し、未来へ前進しましょう。

ブレないように導入時の最初に考えること

　ナレッジツールだけではなく、多くのシステム導入前に共通して、「使ってみないとわからない」という受身姿勢の声をよく聞きます。

　それではツールの中で泳がされるコンタクトセンターになり、自分たちの理想のコンタクトセンターにはなりません。

　DXを推進しナレッジ化していくことは、一つのパッケージ製品を買って成し得ることではありません。道具としてツールを考えると業務設計の変更でも利用しやすいことに気が付き、利用価値を高めることが可能です。ツールを使う際には、そもそもの考えとのギャップ分析から軌道修正や対策を追加していかないと、方針やスケジュールがブレブレになります。

■ナレッジツールに期待すること

　ナレッジツールの活用は手段であってうまく利用することがゴールで

す。利用目的によってツールの種類やコンテンツの内容も異なります。

　また、ナレッジツールは紙資料と違いデジタル化することで検索が可能になり、コンテンツ間を紐付けて連携するアイデアで、コンテンツ作成の自由度を高めることが可能です。

■ナレッジは、ミッションクリティカルツール（重要ツール）か？

　コミュニケーターの経験と記憶に依存したコンタクトセンターは、従来からの記憶と一部の紙資料による応対もできるのですから、導入早々は、ちょっと便利なシステムになります。ツールの操作習熟や新しいコンテンツを理解していくことで、コミュニケーターやSVの応対アイテムとしてミッションクリティカルなツールに成長します。

　ナレッジツール利用を成功しているコンタクトセンターの共通点は、機能を理解し有効な利用方法を把握している点と、コンテンツメンテナンスを潤沢に進めることで鮮度の高いコンテンツ化を維持している点です（コミュニケーターが利用して嬉しいコンテンツを、時間をかけてコツコツと量産していける意識や体制が必要です）。

　今、コミュニケーターには、応対中に安心して利用できる信頼性の高いツールが求められています。

■ナレッジの利用シーンと操作習熟プランを考える

　ナレッジツールの導入後、コミュニケーターに対して操作の研修に1時間程度説明したからといって、機能を使いこなせるわけではありません。検索機能だけでもクセや特性があるのでコミュニケーター間のツールに対する理解や操作習熟にはばらつきが出ます。

　そのため閑散期を利用した操作訓練や、SVが問題を出し疑似的な応対シミュレーションをしてみることが有効です。

■コンテンツに慣れる

　ツール操作と同様に、コンテンツに触れることが重要です。ナレッジツールには必要な情報があり、操作をすればコンテンツが出ることを理解できればコミュニケーターの安心感につながります。また、応対にどう利用するのか事前にシュミレーションすることが有効です。

■ナレッジのターゲティングの明確化

　コンテンツ作成を量産化する前に、ターゲティングの明確化を行います。コンタクトセンターの課題や目的を達成するために、誰に、どんなコンテンツが必要かを考えてから、コミュニケータースキルレベル目線と合わせて作成します。ベテランに使わせるコンテンツモデルなのか、新人か、ミドル層のコミュニケーターなのかベースを決め、カテゴリー毎にターゲットを変えても良いですし、コミュニケーターではなく、お客様にターゲットを絞り、誤案内や案内不足が多いコンテンツに力を入れる作成ポリシーも効果があります。まずターゲットを明確にし、余裕や振返りができたら次のターゲットに照準を合わせることをお勧めします。

　コンテンツのばらつきは応対のばらつきにつながります。

🗃 コンテンツの作成を考える

　コンテンツは、文字数が多いコンテンツや複雑な図（イラスト）等、手の込んだコンテンツではなく、メンテナンス（修正）しやすく読みやすいものが基本です。

　文字数が多く読み込まなければ理解できないとコミュニケーターに言われるようなコンテンツは利用されなくなります。綺麗なデザインで内容が充実しているコンテンツより、断捨離して必要な情報だけのコンテンツ、例えばキーワードだけ書かれたもの、コミュニケーターしかわからない暗号のようなコンテンツでも良いのです。

　ちなみに新人のナレッジワーカーにコンテンツを作成してもらうと、とても綺麗なデザインでお節介の多いコンテンツを作るので注意しましょう。

　研修用のマニュアルのように、全てを書く必要はありません。メンテナンスが楽なことが一番利用してもらえるコンテンツのカギとなります。

■コンテンツ作成時のポリシーとメンテナンス

　多くのことが書かれた「マニュアル」のようなコンテンツが良いわけではありません。**応対中にコミュニケーターが利用しやすく、知りたいことが早く正しくコンテンツ化されていることがナレッジツールにとって重要**です。

　良いコンテンツ作りはコミュニケーターの応対の流れを止めないものです。お客様からすればノーホールド、ノーコールバックです。

また、日々の応対から得た経験をコンテンツ化し共有することは、ナレッジを蓄積していくことで信頼性の高いナレッジツールとなり、信頼感が高くなることで利用率も高くなります。

● ナレッジのライフサイクル

コンテンツを作る契機

新商品・サービス
突発的な事象
変更や新たな知見
想定外の問い合わせ増加
急な問い合わせ増加（流行や報道等）
時間がかかる問い合わせ
戦略的な強化
VOC（お客様の声）から

→

コンテンツポリシーを考える

CMやSV等他者の評価（確認）
チェックリストでヌケモレ防止
コンテンツをルール化
回答範囲の応対ガイドラインを考慮
応対シミュレーションをしてみる

コンテンツを修正

内容や情報に変更
間違い訂正やわかりにくい表現
文字が多く応対中に読み込みが必要
失敗や良い経験を残す
SVが調べた初物（初めての内容）

→

ナレッジを蓄積するからできること

公式ホームページのFAQ
メール等WEBシステムの回答文作成
チャットボットの学習用データ
応対業務やバックヤード業務
傾向（マーケティング）
取扱い説明書への追加
IVR自動回答
マルチチャネル化
WEB自動回答
音声認識
AI化

■コンテンツを作成する「きっかけ」はどんな時 !?

いよいよコンテンツ作成ですが、どんなタイミングや情報がトリガーになってコンテンツを作成するのでしょうか？ 新しいサービスが開始される時に最初から完璧なコンテンツを作成することより、今必要な情報がコンテンツとして存在することが重要です。多くのナレッジワーカーは新しい情報に意識が向くようですが、今ある情報の中の新しいことを見つける方がコミュニケーターは嬉しく思うのです。

■コンテンツポリシーを考える

コンテンツ作成は、気分きままにその日の感性や気分で作成するもので

はありません。また、複数人の当番制で書くこともあれば、夏休みの1週間の休暇や転勤等を考慮したコンテンツ作成のためのポリシーも必要で、誰が作成しても、同じような応対ができるコンテンツ作りがポイントです。

コンテンツポリシーは、コミュニケーターがコンテンツ内の重要な部分や目印を瞬時に把握するために重要な役割を果たします。作成後は、コミュニケーターの応対でポリシーが活かされているかを確認しましょう。チェック方法は通話録音や背面調査・ヒヤリングして利用しやすさを確認しましょう。

■良いコンテンツとは

マニュアルの情報過多なコンテンツでは、応対の流れに合っておらず信頼が損なわれます。といって最初から良いコンテンツを作成することは難しいため、頭で考えたコンテンツを作成した後に、応対経験から得た1行を追加し、利用してみたコミュニケーターからの意見を追加して磨いていきましょう。最初に作成したら完成ではなく、みんなの経験がナレッジ化されたコンテンツを目指すことが重要です。

コンテンツは綺麗なデザインより付加価値のある情報であることが大切です。また、コンテンツが信頼されていることも重要です。そのためにはコンテンツ作成がゴールではなく、コンテンツがコミュニケーターにどう利用されているのかを、アクセスログやヒヤリング等の調査をして、コンテンツ利用の定着化まで確認を続けましょう。

コンテンツメンテナンス（コンテンツ管理）

新しくコンテンツを作成することはできても、稼働が取れないという理由でメンテナンスを放置してしまうコンタクトセンターも多いようです。例えば、WEBページにリンクしているページがリンクエラーになることは無駄なアクションとなり信頼されなくなります。早急の修正が必要です。

修正する理由があっても、コンテンツが多過ぎる場合はどこに何が書いてあって、どこを修正するかわからないということがあります。ナレッジワーカーが全てのコンテンツを覚えることは困難です。

メンテナンスの重要性は信頼性につながることから、製品の機能やコンテンツ管理簿を Excel 等に簡単なメモを残す習慣が重要となります。

■コンテンツをメンテナンスする契機

　ナレッジワーカーのコンテンツメンテナンス作業が、新商品やサービスの変更で既存のコンテンツに追記するコンテンツ修正が中心の業務になると、システムの信頼性と販売や契約等のチャンスを逃すことにつながります。利用状況からコンテンツの優劣や重要性に応じて作業することが大事です。

●ナレッジとは考えるのではなく経験を継続してコンテンツ化すること

ナレッジはコツコツ積み上げていくもの

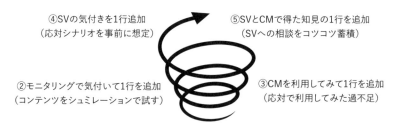

④SVの気付きを1行追加
（応対シナリオを事前に想定）

⑤SVとCMで得た知見の1行を追加
（SVへの相談をコツコツ蓄積）

②モニタリングで気付いて1行を追加
（コンテンツをシュミレーションで試す）

③CMを利用してみて1行を追加
（応対で利用してみた過不足）

①新サービスや新販売・キャンペーン開始でコンテンツ作成（新規作成）

🗂 コンテンツ利用を把握する

　コンタクトセンターとして、どのようにしてコンテンツを利用してもらうかは、最初に考えたポリシー次第です。全ての応対に必ず利用する、新人コミュニケーター以外はSVに聞く前に利用する、等の**利用ポリシー**を掲げて、ナレッジツールの利用率を上げていかなければいけません。コミュニケーター一人ひとり、もしくはコンタクトセンター全体の利用率をログから分析し、コーチングや日々の指導等で根気よく継続していくことで向上します。

　また、新人コミュニケーターは研修時に習熟していくことでベテランより利用率は高くなります。ベテランコミュニケーターに対しては、具体的な応対事例として、「どうコンテンツを利用すると良くなるのか」を伝えて、「利用することが正しい」ということを納得してもらうように伝えていきましょう。

■ナレッジツールを利用しないコミュニケーターの特徴として

　次のような意識を持っている場合が多いです。

- 自分の記憶が正しい
- 誰かに聞くことが早い
- 調べるための保留はご指摘につながりやすい
- 記憶で回答する我流な応対スタイルが楽だ
- 過去に見たことあるコンテンツだけを利用し他のコンテンツを探さない
- 終話後に間違ってなかったか不安になった時だけコンテンツを確認する

■利用しないコミュニケーター対策は？

- モニタリングで、他のコミュニケーターと比較する
- コンテンツをUPしたことをコミュニケーターに周知し印象付ける
- 修正ポイントやコンテンツの特徴を周知し関心を持たせる
- SVへの相談時に「コンテンツをなぜ見ないのか？」と声をかける

■ナレッジツールによって応対の流れは変わる

　ナレッジツールの利用方法によって、問診から回答までのプロセスは変わります。お客様の相談に沿って会話を進めていく応対の流れや、お客様からの話が一息ついたらコミュニケーターから質問を続けることで、お客様の環境や状態、利用製品を明確に把握し、問い合わせた理由（事象）や相談を受け付ける、等の違いがあります。コミュニケーターのキャラクターや個々の応対手法によりますが、ナレッジツールによる違いで応対の流れが異なる傾向が強くなります。

■コミュニケーターとSVの相乗効果を期待したい

　コミュニケーターの応対時間が長い時、手を挙げてSOSサインの時等、困った時にSVにエスカレーションやフォローを求めることはよくある光景です。コミュニケーターがSVの稼働を少しでも減らすことができればSVは、品質を管理したり、有益な情報を共有したり、**本来の業務が可能となります**。SVは、不特定多数のコミュニケーターのフォローを行っており、1人のSVが同時に複数のコミュニケーターのヘルプに回ることも日常茶飯事です。「少しわからない」「調べるのが面倒だから」「自信ないから念の為確認したい」。これらは全てコミュニケーターが悪いわけではありません。自席で容易に確認するナレッジ環境がないからに過ぎません。

●コミュニケーター（CM）と SV のあるべき姿

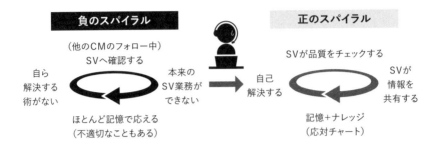

■ナレッジ効果

　コンタクトセンターでコンテンツを作成し続けることで、多くのナレッジが蓄積されていくのは、貴重な財産として多くの利用シーンで役立ちます。

■ナレッジを蓄積するから発展できること

　そのまま利用できるわけではありませんが、コンタクトセンターで作成した一つひとつのコンテンツは、社内の窓口やWEBのチャネルといった新しい取組み等で二次利用することが可能です。

　背景にはテキストアナリティクスの技術の発展が大きく、チャットボットやAIの学習データとして有効活用することが可能です。

ナレッジツール（応対支援システム）とは

　コミュニケーターの応対をフルサポートする「ナレッジツール」は用途によって最適なツールが異なります。わからないことを検索してQ&A形式で利用する「FAQシステム」と、応対スクリプトや自由なコンテンツ形式で利用する「ナレッジシステム」に分別することができます。

　それぞれに技術は革新されていますが、「AI」や「音声認識」と連動するような高度な技術だけでなく、コンテンツモデルの検討やナレッジ化する習慣の質と努力から、ナレッジツールの成功へと導かれています。

　なお、ナレッジツール製品は、基本機能の利用だけでは物足りないものが多く、高機能な付帯オプションが豊富ですが、利用すればするだけコストが高くなる構造になっています。

■ナレッジシステム

応対するために必要な「道具箱」のような存在です。従来の何冊もの大きなファイルに紙資料を綴じたものから、応対スクリプト等を開発したものや、フリーの電子カタログを応用したナレッジシステムまで、幅広く導入されています。

■ FAQ（FAQ システム）

単なるQ&Aの、「Question：質問」＆「Answer：答え」ではありません。FAQは、Frequently Asked Questions（今よくある問い合わせ）という意味で、コミュニケーターの知識の補填として顧客対応力を強化するものです。

「**今よくある**」を意識したコンテンツ作りと「**今必要な**」を抽出する検索エンジンが多くのFAQコンテンツから関連するQ（質問）を探すプロセスから、FAQとネーミングされています。

ナレッジシステムが百科事典ならFAQは単語帳のようなイメージです。

ナレッジシステムがあって良かったこと

自信を持って応対できることは、お客様の笑顔に通じます。コミュニケーターは回答者としての意識から、「メッセンジャーでありコンサルタント」のような意識になれば、モチベーションアップにつながります。

また、コンタクトセンターの業務は決して良いことばかりではないですが、1コールで苦労したコミュニケーターとSVの経験を、全コミュニケーターに共有することで、ナレッジシステムの利用価値が高まります。水平展開する習慣を維持することで信頼性は高くなります。

■ナレッジシステムのある光景

ある海外企業のコンタクトセンターでナレッジシステムについて調査した時の話ですが、ナレッジシステムへの不満が多いセンターでした。1日の応対をヒヤリングすると、応対内容は覚えていたのですが、ナレッジシステムの操作と利用したコンテンツは、ほとんど覚えていませんでした。良いシステムやコンテンツを利用しているコンタクトセンターは、応対内容とコンテンツまでの操作等をロジカルに覚えている傾向があります。そのことはシステムやコンテンツへの信頼感につながります。少し大

げさですが、良いコンテンツを利用すると、応対のリズムが前のめりで心地良くお客様をリードできます。そうした応対スタイルも信頼性の高いシステム利用の共通点です。

　ナレッジシステムは操作性能と信頼性がとても重要です。CRMやSOシステムは必ず利用しなければいけませんが、ナレッジツールは別に利用しなくても、コミュニケーターの知識や記憶だけでも業務は回ります。

　しかし、ミッションクリティカルなツールにするためには、コンテンツの適切なメンテナンスとコンテンツ内容のバランスが重要となります。

　ナレッジツールの高い利用率は、ES（従業員満足度）を高め、コミュニケーターの「今のは良い回答ができた!!」と自信のある応対力（自己応対満足度）につながり、結果的にCS（顧客満足度）を向上させます。それが多くの価値となりツール導入がKPI（重要業績評価指標）の改善・向上に寄与します。

ナレッジシステム（WEBシステム）の特徴

　従来のトークスクリプトや応対スクリプトのような応対シナリオ型のコンテンツ、そして商品・サービスの概要や注意事項等の応対に必要な情報をコンテンツに対応させたシステムです。コンテンツはイラストや写真等を交え、コミュニケーターが理解しやすくSVに相談することなくコミュニケーターが自己完結できるようになっています。

　特徴として、サービスや商品単位でグループ化（タグ・メニュー化）、もしくはグループを階層化したメニューを選択し、コンテンツを閲覧する導線のツールが多いです。

■ナレッジシステムの役割と傾向

　応対範囲が明確な応対ガイドラインでもあり、安心して回答することが可能となります。オールイン・ワン・ツールとして、研修から着台した新人だけでなく、ベテランのコミュニケーター、SVも利用を継続できます。

　多くのナレッジシステムがありますが、紙資料の応対フローをExcel化しても利便性やメンテナンス性が低いためコミュニケーターからの不満が多くなります。デジタル化した特性を活かした検索機能や関連性を意識したコンテンツ設計が信頼性につながり利用率が高くなります。

　また、信頼性を維持するためにコンテンツのメンテナンスが重要なファ

クターになります。

例えば、応対や研修マニュアルのようなイメージで作成していくと、文字数が多くコンテンツ管理に手間がかかり、新規コンテンツを作成することで精一杯になります。そうすると、修正や削除を後回しにして信頼性を失い利用されなくなります。

また、コミュニケーターにとっては、長文を読み込み探して理解するまでに保留がかかっては便利ツールの意味がありません。

色を付けて綺麗にデザインしたり、盛だくさんな情報をコンテンツ化するより、コンテンツメンテナンスしやすく読み込みやすいユーザーエクスペリアンスが必要です。

比較!! 記憶＋紙資料 VS ナレッジシステム

ナレッジツールの利用状況は、多くの業種において新たな業務拡大やサービスの展開が 高速化され、従来の「記憶」「紙資料」から「システム化」への移行が増加しています。

●応対スタイルのメリット・デメリット

	記憶型	紙資料型	FAQ型	スクリプト型
概要	経験で獲得したスキル(知識)で対応	知識にない部分を補完する	知識にない情報によくあるQ&A利用	応対の流れ・回答に必要な情報掲載
メリット	即答できる 柔軟な提案力	詳細に伝えられるメンテナンス性容易	検索エンジン利用先進性を期待	ナレッジ最適化網羅性と展開性
デメリット	記憶の正確性 記憶外対応に苦慮 スキルワーカの配置	修正しにくい(しない)新人の離職が高い応対時間がかかる	検索エンジン依存展開性が乏しいシステム信頼性	コンテンツ管理情報量が多いシステム信頼性
必用なアクション	新たな情報や変更情報を都度覚える	記載場所を把握し都度修正が必要	網羅性/展開性/検索性の要継続	全ての情報を整理しガイドライン化
ナレッジ資源	―	―	Q&A	個々の獲得した新知識を蓄積する
スキル管理	研修	研修	研修 トピック把握	情報の伝達率把握 トピック把握
セキュリティ	―	×	○	○

システム化することで信頼性・性能・検索性が高く、コンテンツを通してナレッジが獲得した「知識」は、個人だけでなく経営資源として活用することができます。

コンタクトセンターのデジタルトランスペアレンシー化

コンタクトセンターでは、1コールでも多くの電話に出て即答したいものです。お客様の問い合わせ内容に答えるだけでなく、役立つ施策を提案する等、お客様の期待以上のコミュニケーションができることを目指しましょう。多くのコミュニケーターやSVはもとより経営者までがコンタクトセンターの理想像としてそのことを目標にしています。

■ナレッジ化によるトランスペアレンシー（応対の平準化と可視化）

お客様からのお問い合わせで、ご指摘（クレーム）やエスカレーションにつながることも少なくありません。これらは、コミュニケーターの応対のばらつきや誤案内等の応対品質に問題があります。

お客様だけでなく、コミュニケーター側も、問い合わせ内容に答えられないストレスが継続することで、モチベーションが低下し離職へつながる要因となります。

これらの背景には、覚えきれない情報を記憶することと、コミュニケーター間の経験の違いがあり、**コミュニケーターのスキルのギャップを平準化するには、応対をデジタルで可視化したナレッジシステムの活用が有効**です。

■一人ひとりのコミュニケーターのキャラクターや特性を活かす

ナレッジシステムによりコミュニケーターの覚えることや探すことの負荷が軽減されたら、是非、検討して欲しいことがあります。

あるコンタクトセンターへ電話した際に「今日も寒くなってきます。外出される時は暖かくしてくださいね」とクロージングがありました。

筆者の住所はコンピュータの画面でわかるでしょうが、1000キロ離れたコンタクトセンターから心地良い思いを受け取ったことを忘れません。

コミュニケーターの個性を活かして、お客様と友だちのような心地良い応対者になってもらうには、経験や時間が必要ですが、余裕を作ることは可能なことです。ナレッジシステムを利用することで余裕ある応対を実現することは、強いコンタクトセンターを実現させます。

FAQ (Frequently Asked Questions)

FAQ が DX (デジタルトランスフォーメーション)を実現する

🦉 FAQ とは !?

FAQはQ&A形式のコンテンツ集になります。検索エンジンを利用してコンテンツを探すため、問い合わせ内容があるQには語彙やマニュアルのような補足説明文は少ないです。これはQの部分が検索対象なため文字が少なめで、Aである回答は検索対象ではないため長文になるケースが多いです。Aも検索対象にしている、コンテンツ数を少なくする等の工夫が必要です。

FAQは、今価値のあるQ&Aを多く作成することを主目的としているため、同じ文字で検索しても月日が経てば結果の並びが異なることが重要です。

■ FAQ システムの役割と傾向

FAQは必要なことが最小限にまとめられているため、コミュニケーターの記憶による自然な会話の流れに沿って、わからないことや数値等の記憶領域外の情報を必要な時に検索し、該当するFAQコンテンツから知識を得ることができます。

新しさや流行や時期的な変化の中で、問い合わせ内容は変わりますが、FAQは、Q&Aが基本であるためコンテンツの歯抜けが目立つことがあります。コンテンツが網羅的に揃っていることが望ましいです。その網羅性を実現するため、多くのコンテンツを見つけやすくするようにテクノロジーを理解しながら、コンテンツや検索の辞書作業が進められています。

■ FAQ の変遷

インターネットが普及した頃、PCの設定やトラブルを中心とした問い合わせが増加し、対応に苦慮したPCメーカーが独自にカスタマーセンター向けFAQを構築しました。当初はQ&Aではなく、複数の質問を出題

してお客様に答えてもらっていくディシジョンツリー型（項目木選択型）のツールで回答を絞り込んでいくものでした。

　FAQが普及したのは、カテゴリー別に掲載できて手軽にコンテンツUPできるFAQ製品の販売がきっかけです。カテゴリー毎に整理され、簡易的な検索エンジンとしてnグラム（文字列検索）による、全文一致や部分一致型のFAQ製品が登場したことで、コンタクトセンターだけでなく、メールコンタクトシステム等でもFAQが併用され、多くの用途で活用され始めました。

　コンタクトセンターでのFAQの大きな普及は、検索エンジンの高度化が後押ししました。形態素解析による長文検索やシソーラス（同義語）といった辞書機能等、テキストマイニングで技術革新した自然言語処理技術の応用で、大量のFAQコンテンツを作成してもヒット率の高い検索が可能となりました。保留時間を削減した即答率や応対品質の向上が期待され、コンタクトセンターでのFAQ利用が増加していきました。

　現在は、検索エンジンのヒット率やレスポンス性能時間の向上を図るだけでなく、高度なマシンラーニング（機械学習）の検索エンジンへの導入や、ディープラーニング（深層学習）やNLP（意図理解型の検索）等の自然言語処理技術の高度化やAI（人工知能化）により、自動化にチャレンジしているコンタクトセンターも増加しています。

■その他、FAQ展望

　FAQの技術革新は、コストセンターからコンタクトセンター化への脱却の手段として提案する製品ベンダーも多く、FAQナレッジの蓄積を継続することで、将来のオムニチャネル化やAI化につなげる目的達成のための先行指標として位置付けられています。

　ナレッジを蓄積することで、チャットボットやメールコンタクトチャネルWeb自動回答等のオムニチャネルにナレッジを活かし、自動化のためのAIの学習精度を高める狙いがあるからです。

FAQの種類とコンテンツに対応した技術

　それでは続いて、コンタクトセンターのFAQの種類、コンテンツモデルを解説します。

■ Q&Aタイプ

　多くのQ&Aから必要なコンテンツをGoogleのように検索して閲覧するものです。コンタクトセンターのFAQの特色として、Webサイトでは、検索結果一覧をスクロールして探し、なければ次ページを探します。3、4、5ページと時間かけることが許容されています。コンタクトセンターでは、お客様の応対中に利用するのでスクロール操作や次ページに遷移する状況が継続することにコミュニケーターは耐えられません。

　Googleの検索エンジンより、コンタクトセンター用検索エンジンが優秀なわけではありません。ニーズや条件に合せ検索が最適化されています。コンタクトセンター向けFAQでは、検索エンジン以外の機能やコンテンツ作成基準化されたコンテンツモデルによる検索されやすいコンテンツ化が大きな検索力につながっていきます。

■主なコンテンツモデル

　FAQは、全てが書かれているナレッジシステムのコンテンツと違い、コンテンツ検索に依存する製品が多く、旬なコンテンツ内容で短い文章のQが特徴的なため問い合わせ傾向や問い合わせ範囲によってコンテンツモデルは異なります。

① 1Q：1A型

　1つの問い合わせ内容に対して基本1つの回答文の1問1答型のコンテンツで、視認性を考慮して文字数を短めに作成します。Q&Aコンテンツ形式です。応対のすべてがナレッジツールに依存するのではなく、記憶や応対スクリプトなどのナレッジマネージメントツールとの併用で、わからない時にワンポイントで知らないことや手順を探る、各50〜200文字ぐらいのQ＆Aです。また、困った時に急ぎ調べるため以下のような検索重視型の傾向があります。

- 問い合わせ種類が少ないと類似したQ&Aが少なく、検索時に同じ語彙の出現がないため検索ノイズが減り、1Q：1A型の検索のヒット率は高くなる。
- FAQは網羅性を優先するとコンテンツ数が多くなり検索性が悪く探しにくくなる。
- 1コールの中で複数の問い合わせがなく、シンプルに1つの質問に回答

し終話する場合は1Q：1A型のコンテンツが向いている。

コミュニケーターがお問い合わせのほとんどでFAQなしでも記憶で回答できますが、あると保留がなくなり便利というコンタクトセンターのコミュニケーター層にも向いています。

［1Q：1A型の利用イメージ例］

お客様からのお問い合わせ

「掛け捨てでない医療保険で貯蓄型の商品はありますか？」

コミュニケーターは医療保険、貯蓄で検索して1Q：1A型コンテンツを確認し回答します。

②1Q：NA型

1問多答型で、1つのQに対してAの回答部分はN個（複数）の関連する回答をコンテンツに掲載するためテキスト文が長くなるが、お客様からの質問が複数であったり複雑な場合に有効なコンテンツモデルです。

1コールで多くの質問がある場合は、1Q：1A型で作成するとコンテンツ数が増えて検索しても結果一覧画面に同じようなタイトルが並び視認性が悪く選択できない可能性が高いです。

1Q：NA型では、検索対象であるQの問い合わせ内容部分のテキスト量を極力減らし、Aの回答部分に関連する複数の回答を書くことで検索性を保ちながら、複数の質問にも1つのFAQコンテンツで柔軟に対応することを得意としています。

［1Q：NA型の利用イメージ例］

お客様からのお問い合わせ

「貯蓄型の医療保険を考えているんですけど、満期までの支払い額と、いくらぐらいもどりますか？」

コミュニケーターは、医療保険、貯蓄、返戻金で検索し、Aの回答部分から加入年齢別保険料と、同じコンテンツの回答部分にある返戻金コメントの注意事項と回答文を確認し回答します。

③1Q：NAW型（ワイドFAQ）

1Q：NAW型は、従来のQ&Aのような概念のコンテンツモデルではなく、索引やリンク集のように製品名や機能・サービス名称がQで広い範囲をタイトル化しています。Q&Aではなく、Q&Q&Aという階層化すること

で求めている回答までたどり着きやすくする発想です。

　FAQでは検索エンジンを利用したコンテンツ探しだけでなくカテゴリーメニューから遷移しコンテンツを見つけることも多く、1コールの中の問い合わせ種類が多く3問4問の質問ごとにFAQコンテンツを探していては保留やコールバックが絶えません。

　このような問い合わせ種類が多くカテゴリーメニューを横断的に探す必要のあるコンテンツを1つのリンク集としてまとめることで探す手間が軽減できるメリットは大きいです。

　［1Q：NAW型の利用イメージ例］

　お客様からのお問い合わせ

「貯蓄型の医療保険で3つ質問があるんですけど、掛け捨てと比べて、月々どれぐらい高くなりますか？ 同じようなことだけど貯蓄型は60歳で保険料を払い終える終身がないみたいだけど80歳までの支払い総額の場合の差額を教えてください。それと、保険に加入して生命保険控除額と所得割を知りたいんだけど」

　コミュニケーターは商品比較の1Q：NAW型のコンテンツの中にある掛け捨て医療保険と貯蓄型医療保険のリンクを開き、月々の支払表と80歳までの支払い表を確認し総額を説明します。3問目も同じコンテンツの中にある税金関連のリンクを押下し控除の部分を説明します。

　これらのコンテンツモデルは機能ではなくコンテンツの整理方法であり組み合わせて利用することができます。

　例えば、1つの質問で電話を切るつもりがコミュニケーターの回答から疑問が浮かび、更問に展開した場合も事前に想定した1Q：NA型のコンテンツ作りでAの回答部分に記載することで保留することなく即答が可能となります。

　スペックや機能、他社サービスとの比較コンテンツは、広範囲の比較を必要としているため1Q:NAW型のワイドFAQが向いています。

　その他、FAQからチャットボットへ展開されているディシジョンツリー型（項目木選択型）のFAQは1Q：1A型を組み合わせたものがシナリオとして活用することが可能です。

コンテンツモデルの説明をしましたが、利用する製品や機能も意識することでさらに検索性が高くなります。事例イメージで解説していきます。

■３つのウェイト＆バランス

製品（技術）の検索力向上とコンテンツの関係は、次の相反する３つに占めるウェイトとバランスが重要です。

- 検索性を高めるためにQ&Aを簡素化（不必要は省略）し作成する
- タイトルやQを一目見て、内容が想像できるわかりやすさを持ちつつ、Q&Aが充実したコンテンツであること
- 問い合わせ傾向やコミュニケーターの習慣を意識したコンテンツモデルであること

これらの３つのウェイト＆バランスが検索力を高めコミュニケーターが利用しやすくメンテナビリティも向上しやすくなります。

■FAQと類似したSNSコミュニティサイトの活用

FAQ製品とは別に、SNSのコミュニティサイトの「教えて…」「知恵を下さい…」といった大勢の知恵者や解決済のユーザーが回答したデータを、コンタクトセンターのQ&Aとして利用しているケースもあります。

ナレッジを管理するナレッジワーカーの稼働がかからないことと、問い合わせ内容が新しくて、バリエーションが豊富になっていくことは経営視点から見ると効率が良く見えます。

デメリットとして、重複した類似Q&Aが多いこと、SNS独自の言い回しで、成型された綺麗なFAQ文章とは違う点があります。

回答内容の正確性をデメリットにするかについてですが、誤回答や適切でないものは、他のユーザーが指摘し正解文を追加していて、良い回答文には「いいね」で評価されています。ナレッジコンテンツの多くはワークフローで承認プロセスを持ち、正確性を厳しく管理します。そのため、コミュニティサイトを応対用のナレッジツールとして積極的には利用しないでしょう。しかし、コンテンツを管理するナレッジワーカーがコンテンツを良くしていくヒントにすることは可能と言えます。

注意点としては、企業で閲覧し利用することはサイトの承諾や契約が必要です。オフィシャルサイトでコミュニティサイトを利用するケースもあ

りa。

検索

　FAQやナレッジシステムには共通した3つの技術が必要です。1つ目は検索エンジンと辞書の基本的な技術、2つ目が検索支援する技術、3つ目は検索を活かす技術、になります。

　良い検索力とは、高度な自然言語処理技術の検索エンジンではなく、3つの技術のバランスが活かされることを指します。テキストマイニングやAIの技術進化から、検索エンジンは大きな恩恵を受けていますが、コンテンツ作成においてWebサイトの作成のように検索されやすい単語を入れること等を考えてコンテンツ作成はできません。

　このようなコンテンツ管理面で人ができないことを技術は担っていかなければいけません。技術は検索されやすさを手助けし、プライオリティの高いコンテンツに重み付けすることも可能です。最低限の辞書設定やコンテンツの導線検証等をコンテンツ作成時のチェックの時に5分でいいので「3つの技術」を意識してもらいましょう。そうすると、コミュニケーターに検索力を感じてもらえることになります。

　3つの技術の1つ目は、コミュニケーターが深く考えることなく思い付きで機種名の一部を検索したら、見たかったコンテンツにヒット。2つ目は、どんな検索ワードを追加したらいいかわからないので、とりあえず「安くしたい」と検索したら、多くの関連のコンテンツが直ぐに表示。3つ目は、1万件のFAQコンテンツの中から検索すると検索結果一覧画面に、いつもベスト5に探していたコンテンツタイトルが表示――。

　コミュニケーターが検索エンジンを利用する瞬間は、知りたいことがコンテンツのどこかに書いているのか、コンテンツはあるのかないのか、とても不安な状態です。コンテンツがあると信じても、もし検索でヒットしなかったらクレームになるかもしれない、どんな検索ワードでヒットするかわからない、と不安なのです。

　不安と焦りの時は、きっと藁をもつかむ思いです。検索ヒットした時のコミュニケーターの表情と話すトーンが安定した様子は、まるで手品のような力を得た気持ちでしょう。信頼される検索エンジンは辞書やコンテンツ作成時の努力で実現できます。

　ヒット率が高い検索力のあるコンタクトセンターは魅力です。コンタク

トセンターに求められている技術は、「早く正確に見つける」に限ります。製品毎に同じ形態素エンジンでも、同じコンテンツを検索すると異なる検索結果になります。それらは導入前にはわからない側面を持ち、多くのコンテンツができていく中で把握していくことになりますが、どの製品であっても良くなるための機能やアイデアは必ずあります。

■ノーマライズ（正規化）

コンテンツが全角で、検索ワードが半角（大文字/小文字）や逆の場合には検索はヒットしません。PDFの検索等と同じです。

コミュニケーターがコンテンツの文字表記を記憶していちいち正確に打ち込むようなことは便利な検索エンジンとは逆行しています。多くの製品では、コンテンツを作成した後に、インデックス処理の中で検索するための準備として正規化という作業で大小文字をどちらかに吸収することが自動で処理されています。

🏮 辞書テクノロジー

検索エンジンの醍醐味はキーワード一つでも数万件あるコンテンツから必要なコンテンツを最上位に表示したり、多くの異なるカテゴリーに属すコンテンツであっても検索キーワードに関連するコンテンツを横断的に集めるといったことが可能です。世の中に一つしかない商品名や業界用語でも検索エンジンが認識し上位に表示してくれるのは辞書による効果です。

■基本辞書（システム辞書）

製品が持つ（一部の製品は持たない）日本語のシステム辞書になります。製品によっては20万語を超える辞書もあり、新聞記事等から蓄積し語彙登録しているので、一般的な会話に出る語彙は登録されています。

基本辞書に追加で登録はできないため、辞書化が必要な場合は、ユーザー辞書や専門辞書で登録することで対応します。コンタクトセンター用語は特に専門的な語彙が多いので、新たに登録しないと検索してもヒットしない可能性があります。

特に重要なのは、コミュニケーターから「コンテンツがあるのに検索でヒットしない」と現場の声が挙がったら調べるより、辞書化して検証してみてください。

■応用辞書

以下の辞書を活用することでより検索性を向上させることができます。

- 表記ゆれ辞書、ユーザー辞書、シソーラス辞書（類義語・同義語）、専門辞書（住所辞書、郵便番号辞書等）

形態素解析と構文解析

インデックス処理によって、コンテンツのテキストで意味がわかる最小の単語レベルを、語彙単位と言います。一つひとつの語彙について名詞や動詞等の品詞分解を形態素解析で行います。

検索ワードと辞書が反映されたインデックスデータは品詞を持つことから「形態素解析」で、長い文脈の中から主語と述語だけを把握する係り受けを「構文解析」と言います。構文解析は、検索ワードではなく、検索欄に長文を入れることで、より正確な検索を可能としています。

前述の辞書の説明は検索の正確性を向上させるものですが、形態素解析の力で構文解析することが可能になりAI化につながっています。

快適な検索テクノロジー

形態素解析で検索した結果にnグラム（文字列による全文検索）の検索結果をつなげることで、辞書設定が漏れていたために検索0件になるところを、nグラムで検索したら10件がヒットするということはよくあることです。辞書は頑張っても100％のヒット率を出すことはできませんが、1％でも多くヒット率を上げたい、という思想から連続して検索を自動化するハイブリッドな検索エンジンです。

但し検索速度性能が落ちます。ハイブリッドまで利用して検索性を高めたいニーズの背景には応対中に利用しているケースが多いためで、高速処理技術を組み合わせる必要があります。

■インデックス（前処理）

外食チェーンの多くは、セントラルキッチンで全店舗分の材料を切っておいて、各店舗ではスタッフが味付けや火を通すだけの調理をしています。そうすることで、注文から短時間で料理を出して回転率を高め、経験の浅い店舗スタッフでも美味しい料理を出すことができます。インデックス処理はセントラルキッチン同様で全ての仕込みを事前にしておくことで

高速で安定した検索を実行することを可能とするものです。

　FAQやナレッジシステムにとって検索エンジンは重要な機能ですが、検索実行時に直接データベースに見に行くとコンテンツ数（容量）が大きいため、応対中に利用するには検索時間がかかり過ぎます。そのためインデックス処理によって、瞬時に検索結果が出てノイズが少ないことを実現しています。

　コンテンツが検索されやすくするために、事前に各種辞書に沿ってラベル（タグ）付けすることで、全文を見なくても各コンテンツのラベルを超高速で目を通して関連性の高いコンテンツを抽出してくれるのです。

　インデックスは前処理とも言われていますが、コンテンツ作成した後だから後処理だろうと質問を受けたことがあります。そんな時は私は「コミュニケーターが検索する前に高速かつ正確に検索するために事前に仕込みをしておくことから前処理です」と説明しています。

■リアルタイムインデックス（高速前処理）

　ほとんどのインデックス処理はバッチ処理で夜間に処理されることが多いですが、コンテンツ量によって異なり、製品によってバッチ処理タイミングは違います。多くの製品ではバッチ処理はデータベースへの書き込みが発生するため、コミュニケーターが検索しようとする時と重なることでシステム矛盾が発生することがあり、処理中は検索を止める仕様になっているケースが多いです。

「リアルタイムインデックス」は、コンテンツ更新や辞書更新があったら直ぐにインデックス処理が走ります。新しいコンテンツを品詞分解し全コンテンツ文と総当たりに処理しておくことで高速な検索を可能とします。作業を即時対応できます。サーバ数の増加やAI化によって培われた比較的新しいプログラムの成果によるものですが、最近は当たり前のテクノロジーになってきました。

FAQを支えるテクノロジー

　どんな優秀な検索エンジンでも1文字で得たい検索結果を得ることはできません。また、意外と検索キーワードを入力しようとしても思い付かないことがあります。検索補助の機能や検索支援技術はアイデアの宝庫で、実用性がある便利な検索をアシストしてくれます。

■サジェスト

検索入力補助機能や種類について解説します。

①入力アシストタイプのサジェスト

検索ワードを全て入力するのは長いから面倒だし、検索ワードがわからない時にコミュニケーターに便利な機能がサジェストです。

検索窓へ"あ"と入力すると"アップル""アマゾン""アルバム"の"あ"で始まるワードが数個表示されるため、最後まで入力しなくても、目的の検索ワードにまでたどり着くことが可能です。英字のサジェストはスペルに自信がないコミュニケーターには喜ばれています。

②検索ボリュームタイプ

検索ワードが全く連想できない、また最初の○○までは思い出すけど、次の文字を思い出せないという時に便利なのが、この1週間や今月の設定した期間に多く検索されているワードを表示するタイプのサジェストです。

応対中に、新サービスの商品名を忘れてコミュニケーターが試行錯誤して検索ワードを思い出す努力をすることはありません。

③任意のワードタイプ

検索窓へ"カメラ"と入力すると、コミュニティを絞り込むための"新モデル""価格""他製品比較"等のコミュニケーターが嬉しくなるサジェストが表示されます。

このタイプはコンタクトセンター向けの製品では、設定や作業にリソースが掛かるためあまり利用されていませんが、シナリオを考えて有効なコンテンツの絞り込みに必要なサジェストワードを設定しておくと便利です。

この機能はタグ・クラウド機能とも言います。他のサジェストと比較すると検索する前からFAQのトップページに表示されているため、検索窓に文字を入力しなくても、表示している任意の検索ワードを選択するだけで自動検索される便利なサジェスト機能です。

④サジェストの不満と今後

検索への不満と利用率低下の対策としてサジェストは成長しています。少ない文字入力で検索しコンテンツを探せることは、Webサイトの検索では当たり前になっていますが、サジェストのデメリットを強く感じているコミュニケーターも多いです。サジェストワードのノイズが多いことが

不満につながっています。サジェストワードが表示されたら確認のため読み込みますが、なければ時間の無駄になります。

　サジェストは検索式入力補助機能であり、数文字を手で入力したら全てのワードが出てくれることはラッキーと考えるべき機能です。

🔊 検索を活かす技術

　検索エンジンや辞書との関係は製品により違いがありますが、ナレッジ製品に共通した悩みとして、重要度が高い優良なコンテンツは利用頻度は高く、辞書等のメンテナンスが重視されていますが、クレーム時には利用頻度が少ないレアなコンテンツを利用することが多く、検索エンジンだけでは対応できません。そのため続けて検索エンジンを補助するアイデア技術について解説します。

■重み付け

　検索エンジンでコンテンツを絞り込んだ結果を、重み付けにより結果一覧を再生成することで、検索エンジンでは不可能だった問い合わせ状態に合わせた結果一覧に並び変えられます。そのことでコミュニケーターニーズに合わせたコンテンツ検索が可能となります。

■重要度

　よく見るコンテンツとあまり利用しないコンテンツに分ける重要度は自動化の技術になりますが、学習型のものといくつかの自然言語処理技術のスコアで設定したものと言えます。

　一例ですが、一定期間の検索からコンテンツをアクセスした回数のランキングの高いコンテンツタイトルが検索毎に上位に表示されます。日々変わるアクセス数に対応することが可能ですが、昨日の100アクセスと1か月前の100アクセスでは、昨日のアクセスの方が重要度が高いため、アクセスランキング技術には忘却係数がセットであることが望ましいです。

■自然言語処理技術を活かす

　ナレッジツールには多くの自然言語処理技術が利用されています。本書では検索エンジンや辞書をはじめアクセスランキングと忘却係数のセット等の重み付けまでのいくつかのテクノロジーを解説しました。

これらは全て検索結果に対して数式化され再計算されることで、検索結果の順列を瞬時に修正し検索結果一覧画面に表示されます。これを「検索アルゴリズム」と言います。

　多くの技術を導入することは検索性を高めることにつながりますが、その反面、コミュニケーターがツール利用時に速度性能が落ちるだけでなく、辞書やシステムの管理が負担になります。そのため、この機能を利用したいとカッコいい面だけを見ないで、この機能を活かすために、しっかりと管理面も意識し全体的に把握することをお勧めします。

FAQ で DX 化（デジタルトランスフォーメーション）

　高機能化したFAQは、従来のQ&AコンテンツだけでなくフローやSVの知識や、OJTの研修に代わる学習用等、アイデア次第で有効に活用できるようになってきました。

　この技術や経験による成長がお客様への有効な提案となり、将来の本格的なAI化に向けた1歩となるようにDX化していくことが大切です。

音声認識
（speech recognition）

進化し続ける音声認識が無限大の効果を産む

　発話をコンピュータが認識し、ディクテーション（発話のテキスト化）するまでを実現する**音声認識**は、多くの場面で活用されています。

　20年程前に市販の音声認識ソフトを自宅PCで利用した時の感動は今も覚えています。筆者の簡単な発話から、鉄腕アトムが音声コマンドで「体操」や「挨拶」をしたり、コミュニケーション機能や簡単な文脈をディクテーションしてくれるものを作ったことがあります。今ほどの認識率と認識速度ではありませんでしたが、未来を期待させる大きな技術の一歩を体感しました。

　生活の中では、Googleの音声アシスタントのAlexaや、携帯電話の留守番メモ、しゃべってコンシェル等が身近で利用されています。

　また、裁判所の公判議事録、生放送のニュース番組のテロップ、消防署への緊急通報の住所の確認等で実用化されるといったように、音声認識技術の向上が進んでいます。

　この音声認識を最も古くから利用し、技術や利用アイデアを成長させてきたのがコンタクトセンター業界です。

　ここ数年のコンタクトセンター自動化・AI化は、メディアに取り上げられ話題です。この音声認識技術はお客様とコミュニケーターとの応対時間の中で活躍しているコアな技術です。

　コミュニケーターの「聞く」という役割をコンピュータが代替できれば、「勝手にナレッジを検索しコンテンツを表示し、それを見てコミュニケーターがお客様へ回答する」。そんな自動化を目指し、多くのコンンタクトセンターで努力の最中です。

　まだまだ問題は山積し実現には遠く、離脱するコンタクトセンターもありますが、理解して進むことで、実用かつ信頼される技術としてソリューションを有効に利用することが可能です。

　筆者は、シンギュラリティを望みコミュニケーターという存在がなくな

ることを良しとは考えていませんが、音声認識の簡単なテクニカル部分から問題点やノウハウを伝え、悩めるコンタクトセンターの期待の一助となり、自動化への一歩へとつなげられるように解説していきたいと思います。

🎙 音声認識とは？

どうやって人の発話がテキストになるのでしょうか？ 音が文字になることはまるで手品のような不思議な感覚になる方も多いです。筆者も講演等を通して音声認識のデモをすると、「おお!! すごい!!」と声をあげる受講者もいるぐらいです。

ネタ明かしをすると、発話の音声（音波）をマイクで拾うと、音声の波形が学習されたモデル（**音響モデル**）がア・カ・サ・タ・ナのように1文字ずつ初期認識されます。そして、テキストアナリティクスの技術を活用した「**言語モデル**」で、カタカナ→ひらがな、そして漢字化を瞬時に成し遂げてくれます。

一言で言うと、音声認識は赤ちゃんと同じです。音を一つずつ聞き分け、そこから語彙や文脈を学習した分だけ文章としてテキスト化されるのです。

これは、音響モデルと言語モデルを学習させることで実現します。

下図は、音声認識の仕組みです。「言語モデル＋音響モデル＋辞書」により音が文章になります。

●ディクテーションの説明

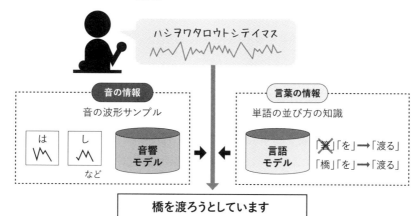

■音響モデル（作成準備とポイント）

　人が発話した音声（音）を音響モデルでテキスト化します。

　音響モデルは、学習した**音声波形**から近い言葉の波形を探すことで正解率を高めます。発話した音声からダイレクトに漢字の入った文章でディクテーション（文書変換）できていると感じますが、実はいくつかのプロセスを経て漢字が表示されます。

①準備

- コンタクトセンターのお問い合わせ音声を非圧縮で録音して音響モデルを構築する作業

②ポイント

- コンタクトセンター独自の発話や、言い回しを登録
- 複数のコミュニケーターの音声波形を利用する。モデルに利用するには、**非圧縮**で録音した応対通話が多い方が認識精度は高くなる
- 隣席等近くのコミュニケーターの会話が入る可能性があるためチューニングを行う
- ノイズや壁等の残響音のチューニングを行う
- 音声データの圧縮レートが高い場合の誤認識対策
- イントネーション等の調整

■言語モデル（作成準備とポイント）

　音響モデルを作成した後に、正確なテキストに生成するための言語モデル（辞書）で漢字や言い回しを修正します。

　音声認識は発話の音声に忠実に認識すると思われていますが、実は言語モデルの方に忠実にテキスト化されます。ですので会話とはニュアンスや意味合いが違うケースもあります。

①準備

- コンタクトセンターのお問い合わせの会話をテキスト化
- 記憶にある問い合わせをテキストに書き起こし文脈化して登録する
  　　注意：言い回しは細かく登録することを心がけておくと良い
- VOC（お客様の声）のテキストを登録する
- 既存コンテンツや周知・回覧情報等のデータを活用し登録する
- 商品や業界用語等お問い合わせ会話に出現する専門用語を登録する

②ポイント

- テキストアナリティクスを活かし前後の係り受け等で精度を高める
（例）「橋を渡る」で「箸を渡る」とはならない

　　※「渡る」がある場合、「箸」にはならない
- 誤認識や、どうしても認識したい単語は、強めの設定で登録する
- 誤認識が修正できない場合で、強制的に認識したい場合に登録する

■製品のデモにみる努力

　製品のデモは、シナリオのセリフが決まっていて、話し言葉がディクテーションされます。

　言語モデルや辞書に登録している発話のテキストのみが認識されるため、何でもディクテーションできるわけではなく、会話の一文字一文字が忠実に再現されるものではありません。

　受電した時の挨拶「お電話ありがとうございます。○○会社コンタクトセンター 担当の市瀬です」も、終話時のお礼の「ありがとうございました」も、言語モデルや辞書に一つひとつ登録が必要になります。

　これらの事前準備により、多くのシーンで音声認識が可能となります。

　企業に出向いてデモをする製品ベンダーも、新聞記事や相手先の言語モデルを構築してから、デモに臨んでいるのです。

音響モデルと言語モデルの今と昔

　音声認識の普及は目覚ましく、多くのコンタクトセンターの期待の技術として導入も進んでいます。

　しかし、導入後に実用的ではないと利用を継続することに苦労しているコンタクトセンターも多いのが実情です。その多くが音声認識技術の特性や言語モデルの設定に苦労していたり、ノイズや副作用の誤認識に悩まされたりしていることをよく相談されます。

　音声認識はとても真面目な性格なので、言語モデルの登録がない場合や、音声が綺麗に受け取れない場合にも、無理矢理なディクテーションを実施します。となると、「コンタククトセンターの言葉をイチから教えるというよりはテキスト化したい言葉だけを教えればいいのではないか？」と思われるかもしれません。

　これも目的によりますが、確かに目的に応じたテキストは取れるかもしれませんが、言葉には**共起**という周りにある多くの言葉が漏れなく付いて

きます。この関係のない言葉を誤認識した時のノイズの多さに目的が耐え
きれるか？ ということです。目的が、問い合わせランキングだけで良い
のであれば問題はありません。今現在、**テクニカル的にも学習精度が向上
したため認識率が高くなっています。**

■ライブ感覚で認識するか？翌日認識するかを選ぶ

　音声認識はリアルタイム性の有無で以下の2つの方式に分かれていま
す。

①リアルタイムの必要性がある

- コミュニケーターの復唱を利用したFAQの自動検索や応対中にお客様
  との会話をテキスト表示させたい時のリアルタイム処理型の音声認識。
- IVR（自動音声応答）の項目選択時に、Alexaのような独り言みたいに、
  お客様に発話させ、双方向の会話認識（フルディクテーション）を行い、
  お客様の要件に適切なコミュニケーターへ転送するリアルタイム型処
  理の音声認識。

②リアルタイムの必要性がない

- 通話録音や終話後にテキスト活用した問い合わせ傾向をテキストアナリ
  ティクスで確認するバッチ処理型の音声認識。

　応対履歴の入力の削減やFAQ検索の補助機能等の効率的な利用手段や、
IVRの選択や個人情報の確認、説明ガイダンス等におけるお客様視点に
立ったシームレス化やセキュリティ対策として、音声認識は活用されてい
ます。
　全てに対しての共通点は、常に新しい言語モデルを登録していくことで
す。
　なお、今日登録した言語モデルは、過去のテキスト化にも対応できます。

音声認識技術の活用と様々なアイデア

　電話機から音声の会話を取得することや通話録音から始まった音声認識
ですが、現在では多くのコンタクトセンターで活用されています。

●音声認識技術の種類

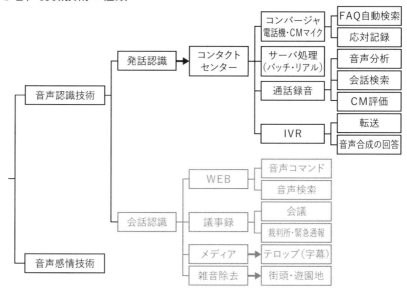

■転送

　製品やサービスが多い企業のコンタクトセンターではIVRメニューを聞いていてもわからないことがあります。多くのメニューに代わり、**IVRの質問に沿って発話**することで適切な案内・手続き等の担当者の**コミュニケーターへ転送**されます。

■回答

　IVRでの自動応対では、住所を確認したり、製品名を認識し回答（説明）する比較的簡単な会話の自動化に利用されています。

音響技術を活用した面白い感情把握（静かな怒り）

　音声波形だけでテキストアナリティクスを活用しないものもあります。
　音声波形の強弱や怒りの波形モデルからクレームを認識したり、会話の中に長い無音が続くことや応対に困り緊張から同じ言葉を繰り返すクレームの習性を波形データから把握し、分析に利用することができます。
　新しい技術ではないですがコールドアンガー（怒鳴らないクレーム）というアイデアは現在でも利用されています。多くがクレーム時には大きな

声で怒鳴るわけではなく、大きな声が全てクレームでもありません。怒りの特徴を捉える音響技術の活用アイデアです。

音声認識の構成と特徴

音声認識するための環境について特徴を説明します

■音の取り方
①コンバージャからサーバ型まで

今はあまり利用されていませんが、数年前までは電話機からお客様の会話音声を取集し、そしてマイクのアナログ方式からコミュニケーターの音声を収集して、双方向の音声認識を行っていました。コミュニケーター席にあるPCに音声認識アプリケーションをインストールしてテキスト化をするというやり方です。しかし、このアナログ音声収集のためコンバージャという小さな機器を取り付けなければならないのと、1台1台コンバージャのチューニングが必要なため、導入のハードルが高く、音声認識のネガティブなポイントでもありました。

最近はサーバ間で会話のデジタルデータを送信できるため、物理的な環境面と音声認識をサーバ側で高速処理でき、コミュニケーター席のPCに負荷をかけることもありません。

「コンバージャ型」と「サーバ型」の音声認識では、音声認識精度の品質に違いがあります。コンバージャ型では、アナログ処理のため認識率は低いです。なお、サーバ型は、大きな投資予算が必要となります。

②通話録音

音声認識の音声データの収集に大きな予算はかけられないし、認識精度が多少低くても良い場合は、通話録音の音声データを活用しても良いかもしれません。音声データを収集・加工登録することは必要ありませんが、通話録音システムの売りでもある音声の圧縮率が気になるところです。通話回線の圧縮と通話録音の圧縮が二重苦となり認識精度が落ちますが、音声認識は1つでもテキスト化されると役に立ちます。

例えば、認識率は悪いし、読み取りづらく、テニヲハはないけど多少の語彙は取れているなら、コミュニケーターのNGワードチェックや未知語監視等を把握することが可能となります。

🚛 コンタクトセンター内の音声認識

　音声認識を利用することは、コンタクトセンター業務を活性化することにもつながります。今までは確認する必要があるので「通録を探して聞く」という業務を、問い合わせ項目のカテゴリー単位で探して聞くことはできましたが、コミュニケーターが発言する語彙毎に選んで聞くようなことはできませんでした。

　通録がテキスト化されれば、「今日お客様にありがとう」と言われたコミュニケーターを探して、「目で通話内容のテキストを見てみよう」ということが実現できるのです。

　なかなか認識率は良くはないかもしれませんが、何となく理解できるレベルにまですることは可能です。

●コンタクトセンターで活用する音声認識

応対支援	評価・管理
自動検索&コンテンツ表示 バーチャルSV CMアシスト(切り分け) 会話メモ	リアルタイムテキストモニタリング コミュニケーター評価・NGワード センター品質評価(ありがとう率) 問い合わせ内容の検索
後処理	分析
問い合わせ項目の自動付与 応対記録	トピック抽出 問い合わせランキング

■音声認識の活用例①　ＣＭ評価

　従来は通録やサンプルでモニタリングしていたお客様との会話から、コミュニケーターを評価をするコンタクトセンターも多いですが、コミュニケーターからすればサンプルで抜かれた問い合わせは運が悪く良い応対ではなかったという話もよく聞きます。音声認識によるテキスト化や数値化により、問い合わせ内容や**評価軸を正確に合わせる**ことで、問題の応対箇所もわかりやすくなり**評価に公平性を持たせる**ことが実現します。

■音声認識の活用例②　音声認識を活用した FAQ

　ナレッジシステムやFAQの検索エンジンに苦労しているコンタクトセンターも多いですが、お客様との会話から、製品名やサービス名の検索ワードが自動的に検索されて知らないうちに回答コンテンツを読むだけ、ということまでの実現はまだ難しいですが、目指しているコンタクトセンターもあります。

　いくつかの製品では、会話を音声認識したテキストから、数個のコンテンツタイトルを自動表示し、押すだけでコンテンツが表示される、という便利なものがあります。課題は多いですが実用している企業も増えてきています。

■音声認識の活用例③　テキスト化した会話情報からのマイニング

　マイニングとして利用するのは主に、発話で獲得した語彙や係り受けテキストが中心となってきます。誤認識したテキストが多いと長文でのテキストアナリティクスは困難なため、語彙や短い文脈までをターゲットにして分析しています。「今日の問い合わせランキング」や「未知語」から少し先に進んだ、コンタクトセンターの可視化への実現を可能としたアイデアです。

■音声認識の活用例④　応対支援のバーチャル SV や切り分け（問診）

　音声認識と、アバターによるバーチャルコンタクト等は、新人コミュニケーターにとってありがたいアイデアです。新人コミュニケーターの多くは問診時間がかかることや、お客様への返す言葉のボキャブラリーの低さで悩みます。経験を経て身につける語彙力をコンピュータが支援してくれるので助けになります。

　例えば、難しい問診や切分けも、会話を認識してシステムが応対フローやシナリオのようにナビゲートしてくれて、案内したい情報が記憶にない場面でもアドバイスをくれるのです。終話後にNGワードの反省会もできます。

　また、テキスト化したお客様との会話は長い行数になりますが、SVへもリアルタイムで共有できれば、忙しいSVも詳細を掴みやすいため喜ばれます。電話音声だけだと、モニタリングは1人のコミュニケーターしかできませんが、**担当するコミュニケーターの応対テキストを、遡って確認**

できることは、コミュニケーターの安心感にもつながり便利です。

コンタクトセンターでの課題と対策

　音声認識は、このような夢のようなテクノロジーですが、まだまだ課題は山積みしています。言語モデル等のメンテナンスをすることで認識率が高くなりますが、実際の対面の会話と違い電話特有の問題があり、実際に耳に聞こえる音声を認識するわけではありません。携帯電話や電話回線は発話をデジタル化し圧縮したものを伝送しています。耳に聞こえる時は、それらしく機械が音声を造って符号化し耳に聞こえてくるのです。要は耳には綺麗に聞こえる発話ですが、実際の音声が送られているわけではなくシステム的な音声であり、それは認識率を阻害します。さらに歩きながら携帯電話から発話すると、後ろの排気音やザーザーした音等のノイズもあり、目の前にいる人の発話とは全く違う、複雑な認識技術と努力で音にしているのです。

　これらは完全な解決策が見えているわけではないですが、今何ができるのかは明確になっているので現状を把握して一歩でも進めてください。

　例えば、後処理の応対記録のテキストメモを、お客様応対をディクテーションしたものを代替手段として考えることは難しいですが、1つレベルを下げて、メモの基として位置付ければ、利用価値が出てきます。

　また、テキストアナリティクスで分析する目的の場合、認識率が悪く綺麗に成形された文章でなくても、語彙がどれだけ正確に収集できるかであれば、音声認識の利用価値は高く、これまでできなかった分析が可能となります。

音声認識利用の問題点と気を付ける点
- 音声認識のメンテナンスの専門性、稼働や費用を意識する
- 言語モデルは汎用的なものは認識率が合格ラインより低く感じる
- 圧縮された音声は認識率が低い
- ノイズが多い（席の周り、反響音、人等のチューニングがしにくい点）
- リアルタイムか？ バッチ処理か？ で費用は大きく異なる

　FAQ等、リアルタイムで処理することは大きな投資が必要です。多少の時間をかけて、翌日に分析するならバッチ処理の方が開発コストは抑えられます。しかし投資対効果も半減します。やはり音声認識は後処理の簡

素化やFAQ等に適応したリアルタイムが映えます。

　音声認識と併用してテキストアナリティクスやシナリオの学習を持つバーチャルSVのような高度な機能は、処理・レスポンスが遅く感じる時があるので利用する前に、その点は注意しましょう。

■リアルタイム音声認識利用時の CM 疲労とスピード感

　音声認識技術の開発研究を通して、あまり知られていない2つの課題に対策が必要だと筆者は感じています。

①音声認識結果をどんなに早く表示しても、コミュニケーターの脳処理速度には追い付かない。音声認識連動の検索やナビゲーションとして利用する場合は人間の脳の方が早いため、表示を待つ時間が違和感となる。検索ワード候補等は瞬時に頭に浮かぶので「待っているなら手入力した方が早くて楽だ」と言うコミュニケーターは多い。

②FAQでリアルタイムの音声認識利用時にコミュニケーターの疲労度が上がるコミュニケーターがいる。勝手に動くディスプレイの認識結果画面を理解しながら応対するようになるため、頭を使う領域や情報量が増えることで、少し疲れる傾向にあると考えられる。

　これらの対策は、音声認識技術の向上と利用率が高くなることを前提とした懸念ですが、認識率の問題よりも深刻と考えています。

■3つの認識率の誤認識
①認識率の解釈の間違い

　認識率は90％が目標です、とコンタクトセンターの方から聞くと、本当に理解しているのだろうか？ と疑いたくなります。

　認識率は、言語モデルやシナリオをベースにした認識の正解率で、実際の会話の認識正解率ではありません。ちなみに80％の認識率という場合だとすると、ディクテーションしたものを目視しても、理解できるものではありません。

②実は電話での会話をテキストで見るとひどく意味不明

　電話で知らない人や滅多に電話しないコンタクトセンターとの会話で緊張した時は、通話録音を手で100％正確に書き起こしても、日本語になっていないことが多いです。

　電話は、人間同士の不思議なコミュニケーションとして成立しているこ

とが多く、コミュニケーターの経験や勘もあります。前後の流れから頭の中で想像し組み立てて理解して、要件の確認をコミュニケーターは行います。仮に100%の認識をしたとしても元の発話が崩れているので意味不明という認識結果になることがあります。

③音声認識ツールの仕様による誤認識

ディクテーション結果は、息継ぎや会話に間があったり、少し咳払いすると段落が変わります。そのため文章の途中でも改行されるようなことが多くあります。

この場合、改行を句読点に変えて、文章をつなげて成型し直すということをやっても、実際にそのテキストを目で見て読み込もうとすると、一段と間違った文章になります。

耳で会話を聞くのと、会話をそのままテキスト化したものを目で読み込むのとでは、理解力が全く異なるのです。

■認識結果の特徴

１コールあたりの認識結果の行数は、かなり多くなります。**10分未満の通話で2000行ぐらいになる**こともあります。
「あぁ」「いや」という意味を持たない発話を「フィラー」と言いますが、このような余計な言葉はノイズと判断し表示から消去していきます。

ちなみに、一部の製品では文を短縮して要約のようなことを実施していますが、正確に捉えたい場合は要点やポイントが正しいか検証することをお勧めします。

■やれば、もっとできる音声認識なんですが…

AIブームも手伝って、音声認識の研究は盛んに行われていて、筆者が顧問を務める電子情報通信学会NLC研究会のテキストアナリティクスシンポジウムでも、AIや音声認識の論文や研究について、新しく便利な知見に触れる機会が増えました。

音声認識は説明の通り、**音響技術とテキストアナリティクスの技術の複合技術**です。テクニカルな説明ですと、両技術が最高の技術を採用すると満足な認識率となり、実用の幅は広がっていきますが、逆に処理に時間がかかることやメンテナンス性が悪くなったりすることから、すぐに利用できるものではありません。また製品開発の都合もあります。

筆者が相談を受ける内容や製品に触れてみる限り、個人の意見ですが、世に出ている**音声認識そのものの技術の大きな進化はなく、周辺技術や利用アイデアが豊富になってきて、開発する有効な関連機能が増えたように**思えます。

　簡単ではないですが、さらなる有効研究の実用化や製品化が進むことと、現在越えられない研究の壁が破られることを期待しています。

🎙 音声認識を検討するなら2つのポイントを意識する

　導入は認識率に踊らされるのではなく**目的が達成される**かが問題です。また、**明日の技術に先行投資する覚悟**で臨んでください。

　持論ではありますが、ナレッジも経験がない状態で、AIチャットボットやAI－FAQに飛び付き「シナリオ作成や学習データ作りが大変だ」とか、「学習データが数千件も必要で準備に苦労している」という導入時の苦労や、長い努力期間があっても「やっと基本的なことを認識し実用化しているレベルです」。このようなギャップが生まれるのは、当初の想像や期待と違っている部分が多いのだと思います。

　本来なら、テキストアナリティクスでVOCを知ることに加え、ナレッジを蓄積していくことで言語モデルや学習データが作りやすくなったのも事実です。

　但しチャレンジされることは個人的には良いと思いますが、いきなり臨むにはハードルがどこまでも高く、本書記載の問題点は理解していただき、自ら臨む覚悟が必要だと思います。

🎙 がっかりする利用モデルか？　ベストなモデルか？

　製品デモ時に、「コミュニケーターはオウム返しで……復唱してください」、と製品ベンダーの方から提案があったことがあります。

　復唱にも10種類以上のパターンがあります。「オウム返し確認」より先に誘導する復唱があり、実際にオウム返しするコミュニケーターは少ないのが現状です。しかし、これを習慣にすることが前提となる音声認識製品の提案があります。

　なぜこのような前提がある提案なのか？　理由としては、コンタクトセンターでの発話は、お客様とコミュニケーターの会話双方向を足して文章として成立する可能性が高いからです。サービス名や商品名の主語の部分

はお客様が「〇〇なんですけどね…」と尋ねると、コミュニケーターは「仕様についてですか？ 故障についてでしょうか？」と〇〇を理解している前提で、先に進むための復唱が多いです。但し音声圧縮やノイズ等により、認識率が低いお客様側が言った製品名を誤認識し「故障について」だけがディクテーションされても意味がありません。

お客様への復唱を徹底しているコンタクトセンターも、オウム返しを徹底しているわけではありませんが、「〇〇の仕様についてですか？ 故障についてでしょうか？」と主語を足して復唱することに慣れてコミュニケーターは習慣化できるようです。

また実は、開発や投資面でもフルディクテーション（お客様とコミュニケーター双方向のテキスト化）は大きく費用が変わってくることも理由です。お客様側の音声もディクテーションさせると、コストがかかります。

音声認識は発展途上ですが、技術の進歩も加速化し大きく期待できる技術でもあります。読者のみなさんのアイデアと努力でさらなる発展につながります。

AI（人工知能）は
コンタクトセンターを変える!?

　第三次人工知能（AI）ブームと言われていますが、コンピュータのプログラムが知的なクイズゲームをクリアしたり、プロの囲碁・将棋棋士に勝ったことで、まるで人間を超えた知能というイメージがメディアを通じて広がりました。

「聞いて理解する」「知識を蓄積する」「情報を探す」「知識を引き出す」「確認して伝える」という、**一連の"人間の考える"という行為を、高度なテキストアナリティクスと学習のテクノロジーによって人間のコミュニケーションに近付ける**ことで、AIはコンタクトセンターをはじめとして、医療や物流等の各分野で画像認識やロボットへと展開されています。

　筆者が顧問を務める電子情報通信学会のNLC研究会でもディープラーニング（深層学習）等AIについて議論する機会が増えています。

AIの種類と現状

　コンタクトセンターのAI（Artificial Intelligenceの略）は、人間が知識を持って判断・行動することをコンピュータで実現させています。コミュニケーターを支援するFAQや後処理やSO作業をRPA等で自動化することを目指しています。

　AIと聞くと、『スターウォーズ』の世界観が実現するというように、ボタン一つ押せば人間にできないことを実現できると思っている方も多いようですが、コンタクトセンターのAI利用は、今利用しているFAQ等の検索エンジンにテキストアナリティクスや学習機能を併用して回答の検索性が向上し正解率が高く便利になる、といったものだと想像してみてください。

■ AIの用途と利用方法について
〈現在利用されているAIソリューション〉

①FAQ・ナレッジとの連携

②ボット（チャットボット）

③AIによる定型的な回答の自動応答（IVR転送から自動回答）

〈これから期待されている AI ソリューション〉

①AIナビゲーション

②高度なテキストアナリティクスによるVOC分析

③デジタルマーケティングによる顧客の属性毎の提案対応

■ AI テクノロジーが目指すもの 「AI の FAQ に何かを尋ねると？」

　AIによる開発投資はFAQとボットに集中しています。今FAQの検索で、「1週間の出張」と入力すると、「準備」や「持ち物」等ダイレクトな結果が検索されます。それがAIのFAQでは、「観葉植物の水やり」「最寄りペットホテルの空き状況と予約」という具体的な多くの情報や聞いていないのに教えてくれる顧客属性を理解した一歩先の検索結果となります。これを実現するためには、AIの核となる技術のNLPというテキストアナリティクス技術と、精度の高い学習が必要になります。

　この技術の展開がAIのチャットボットにも活用されています。ボットは、会話の全てのパターンをディシジョンツリー構造（項目木構造）にあるシナリオとして作成しておき、テキストアナリティクス技術で絞り込むことで次の質問や回答につなげます。

　しかし、項目数やシナリオが不足していることが多いです。そのため、回答できない時のシステム対応がアイデア化されており、同じことを二度聞いてシナリオがない場合は「私の理解不足ですみません」「少し専門的なので…」というように、電話への接続に切り替えたり、関連するWebページを案内します。

■ところで学習とは？

　画像認識の学習の方が伝わりやすいので例を画像にして説明させていただきます。

　学習には**教師あり学習、半教師あり学習、教師なし学習**の3つの学習があります。

「教師」とは、例えばインターネットからネコの画像をたくさんダウンロードし教師として処理すると、「色」「形」「ポーズ」「毛並み」のような

特徴・サイズで、「ネコ」をコンピュータに学習させるということです。もしペルシャ猫の画像を「ネコ」と認識しないことがあれば、コツコツと学習させて精度を高めていく必要があります。

　FAQで扱われるテキストも同様に学習させ、検索した結果、正解が出るように強化していきます。特に音声認識した長文では、NLPによって検索結果から学習データとして正解を絞り出すことで、お客様の問診をしている最中でも、「○○の説明のコンテンツですね」とAIが自動で支援してくれます。

■今のAIって何？

　私たちは、AIテクノロジーが人間のようにコミュニケーションを理解し知識を得て応対することを求めるのではなく、設定したルールや条件が適合（学習する）した時に、無数の問い合わせパターンから必要な情報を教えてくれると考えるべきです。

　AIについては人間に代わるロボットだと思われていたなら、検索して探す手間を省けるだけと思われるかもしれませんが、AIはコミュニケーターの正解率や即答率等の回答率向上を引き上げた自動化とみなすこともできると思います。

● AIはロボットコミュニケーターではありません

　AIとは、クローンを研究開発するのではありません。脳のメカニズムとは異なるものの回答が同じになるように設定されたAIによる疑似的な脳が半自動化を成立させている、というのが現在のAIの自動化と言えます。

コンタクトセンターでは「探せない」「回答がわからない」ということが少なくはありませんが、保留や折り返し電話する等のネガティブな状況をAIが払拭することは、重要で画期的なテクノロジーの進歩です。

　その際、半自動化するための学習は大変で間違いもあるため、ナレッジを蓄積するような多くのデータと稼働が必要です。

　トライ＆エラーを繰り返すことで正解率を高めるだけでなく、常に今は過去になっていくということを意識して蓄積と学習を継続することがAIの範囲の「知識の面積」を広げることになり、今のAIの成長となります。

　遠くない未来に、要件を理解し、コミュニケーターの咀嚼力と要約力を持つAIテクノロジーへと進化することが望まれます。

■ AI-FAQ

　AI-FAQは、技術や製品の違いはありますが、自動化と高度化を代表するものです。お客様との電話中に会話内容からコンピュータの判断で画面に**FAQの問い合わせと回答候補（質問内容）が複数表示される便利なテクノロジー**です。

　従来のFAQは、コミュニケーターが問い合わせ内容を問診して理解することに時間がかかり、検索したいのに適切な検索キーワードがわからなかったり、検索結果が多すぎて、どれがコンテンツかわからないことが起きます。さらに、問い合わせの内容は1問では終わらないことが多いので、コミュニケーターの回答から更問につながり、再度、検索しなければいけない、といったことも起きています。

　次ページのようにAI - FAQは、音声認識とFAQ（学習機能付き）の製品をイメージする方が多いと思います。このソリューションは、音声認識とFAQ検索エンジンの2つではなく学習エンジンを加えた3つの技術（製品）、が組み合わせられたものです。

　3つのそれぞれのメンテナンスや辞書・学習作業は多大な時間と費用がかかります。ただ稼働をかければ良いということではなく、事例や検討することが多く、日本語やコミュニケーションの複雑さを強く感じる作業になります。

（注意：音声認識については9章5を参考にしてください）

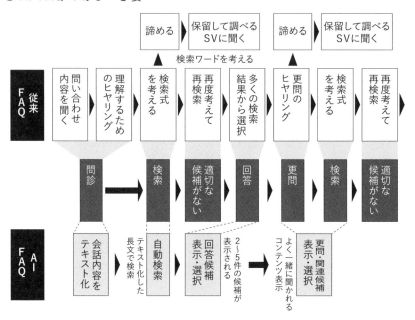

● AI-FAQ のあるべき姿

■学習させる意味とは？

　学習することは品質を向上させることです。正解率をUPすることを指しますが、どんな時にどのように学習させるのでしょうか。AI - FAQの事例で考えてみます。

・音声認識でディクテーションしたテキスト全てで検索すると、コミュニケーターが次から次へと表示され追い付かない。
→コンテンツにあるテキストに関連するFAQだけを表示する
→学習させることで正しさを増し絞り込むことができる

・FAQコンテンツの全てが重要ではない。差別化したい。
→今重要なものを学習させる

　人それぞれ言い回しが異なり、コンピュータには負担が大きいので、ディクテーションして類似の内容を学習させることで適切なコンテンツ候補を表示させます。また、関連している（つながりのある）コンテンツ間

を紐付けます。

　筆者独自の確認手段ですが、要は、考えて文字を入力する行為を止めクリックだけの文化をコンタクトセンターに提供するのです。そうすると大幅に時間を削減し信頼されるセンターとなり、多くのスキルを持つことを求められるコミュニケーターのストレス等も削減できます。お客様応対の信頼性にもつながり、「電話して良かった」と期待に応えることができます。

複合技術や学習が AI ではありませんが…

　学習があればAIというわけではありません。昨今のAIブームによって、製品が売れるか売れないかが、AI搭載かどうかで明確に分かれてきています。

　例えば、講演でもよく聞かれるのですが、
「音声認識＋FAQ検索エンジン等の高度なテキストアナリティクスを利用したものはAIですか？」
「マシンラーニング（機械学習）技術を利用したFAQはAIですか？」
「昔のディープラーニング（深層学習）技術はAIですか？」

　これらがAIなのかどうか、何がAIなのか、については認定された技術や基準があるわけではありません。

　しかし、昨日まで売られていた製品が、急にAI製品として売られていることや、10年前からある機械学習を利用してAIと名乗っている製品もあるのも事実です。

　仲の良い製品メーカーの営業担当者と話をした際に、「これはAI？」とよく聞かれるということを話したら、「今はAIと言わないと話を聞いてくれなくて先に進まない」という本音を言われたのが印象的でした。また、AI技術とは名乗らずにコグニティブ技術というメーカーもいて、多くの製品ベンダーが苦労されているようです。

　売る側も買う側も、目的や実績よりも「AI」という言葉に期待し過ぎているように感じます。AIが便利にしてくれる、AIが悩みを解決してくれる近道である、と考えることはわかりますが、具体的な課題解決のための導入や目的を明確にしてください。また、わからなくても無数の質問を投げかけ1分でも多く触れてみる機会を大事にしていただきたいと思いま

す。

　ブーム当初はAIであるかないかを筆者も自分なりに定義していました。多くが名ばかりのAI製品を否定し正義感ぶっていた頃もありましたが、最近はよほど嘯いた技術以外は、人間のような行動や役割をこなすテクノロジーはAIと呼んでもいいのかな、と思うようになりました。筆者が認可するわけではないのですが仲間内でも変化があるように思います。

■ AIの問題点

　AIは完全ではありません。テクニカル的なことを熟知する人はまだ少ないので成功事例よりも挑戦継続中の事例が多いです。

　また、未完全の状態で流行というわけではなく、現在のテクノロジーとアイデア＋努力で可能なことをデモや広告しているのだと思いますが、AIの売り手も買い手も、それぞれに想いやイメージがあるため、成果にコミットさせるより、一緒に努力する気持ちを持って進むことで責任転嫁することなく成功事例になっていく、と筆者は考えています。

　以下は、参考までに講演時等でAIについてよく耳にする不満です。

- 基本的な問い合わせ内容に応えられるようなよくある質問はコミュニケーターが記憶していることが多い
- 想像していたより学習作業が大変
- 思っていたより使えない
- 学習作業のゴールが見えない。何が正解なのかもわからない

■ AIって何？

　ある程度、ブームが定着すると、質問の内容も変化がありました。「市瀬さん、学習するデータはどれぐらいあるといいのでしょうか？ やはり3000件ぐらいですか？」。唐突な相談でしたが結構多い質問です。

　AI製品を導入したコンタクトセンター向けのイベントでディスカッション形式のアドバイザーをした際にも同様の話題となり、学習数を競い合っているように感じて違和感を覚えたことがあります。

　学習数は数えるものではなく、適用範囲×目標品質（正解率）と説明することにしています。

　製品にもよりますが、当該コンタクトセンターの業務範囲や問い合わせ規模等により学習は異なります。

また、どこまでAIに依存したいのか? によって目標値まで修正が必要になります。毎週、新製品や新サービスを出している会社があるとしたら日々のメンテナンスをしなければいけません。業種による違いもありますし、どこまでAIの有用性が高ければ満足できるのかという**目標値により学習規模や学習内容は異なります**。

　わかりやすさが必要なんだと思います。導入したけれどAIがどこまで役に立っているのか? 自らの目標やゴールが正しいのか? 正解がわからないので、異業種であっても他のコンタクトセンターの状況を確認しましょう。また、努力の規模を表現することができないため、自分たちの苦労や努力のロードマップがあれば良いと考える方が多いようですが、それには共通の物差しが必要となり、学習数等で共通の表現が求められます。

　例えば、先の見えない学習作業に一定のマイルストーンを計画して、先行指標的に、ここまでを確認しつつ進めること等をして、遠すぎるゴールにモチベーションを下げないようにします。

■それでもAIは前に進む

　チャットであれ、FAQであれ、AI製品導入に共通して導入前のイメージと導入後の利用範囲（現実）に乖離があり、当初の想定より期間や人的なリソースも増えていきます。

　しかし、事前に想定することは困難です。問い合わせの流れとパターンや応対の会話の中で出現する語彙や文脈を把握し、コンタクトセンターの多くのテキストデータやサンプルイメージやシナリオがないと、導入後の計画やサイジングはできません。

　その他の問題として、少しPOC（トライアル）をやったぐらいで準備や学習等のメンテナンスの規模は見積もれません。理由としては詳細な目標が明確に持てないためです。グランドデザイン等でも現状把握と計画をデザインすることは難しいのです。

　多くのコンタクトセンターがAIを利用し始めていますが、音声認識やAIはテキストアナリティクスなどと比較すると、まだまだ事例も少ないです。技術の課題も多い中でスタートしているので、製品や技術ができることの中でゴールを目指し修正していくことになります。

　あまり深く考えない方がいいでしょう。正確に学習を進めることも立派ですが、ベストエフォート（状況に応じて効率良く）に思い付いたことや、

身の回りのテキストから得られる日々の知見は、財産になり明日のAIに役立つことになります。考えるよりは通録を聞くことや、コミュニケーターやSVから雑談レベルでも良いので会話の流れを把握してデータを集めることです。AIを利用してみた不満や課題を知ることです。

　では、どうやって実用性を高めていくのか。コンタクトセンターは実験台ではないので100点とは言わないですが合格点が出るまで利用できないということもあれば、成長過程で不正確ではあるけれど実用しながら進めるということもあります。コンタクトセンターの考え方によって進め方は異なります。

　どちらが良いというものではありませんが、関わる人数は1人よりは複数の方が進めやすいように思います。

　今のAIと共存するためには、分析手法の因数分解や関連する属性を利用したメタデータ手法を複数人で考えることをお勧めします。

🛢 AIってどうなるの？

　既存のテクノロジーを使いこなせばできることを、あえてAIを利用して苦労している感じもしています。AIも準備や努力が必要なことを述べてきましたが、コンピュータが人を超えるシンギュラリティが来る、AIでコミュニケーターは最初に失業する職種になる等、メディアが報道しています。

　AIの時代とは、豊富な知識（ナレッジ）と厳格なルールや構造化データが多い職種から入りやすいと筆者は考えています。クイズや将棋もそうですよね。明確なルールがあります。クイズについて言うと聞き終えてからボタンを押して回答するとコンピュータも参戦できます。ルールはフェアに戦うためのもので、知識がなければクイズは勝つことができません。知識とルールがデータとして存在することがAIの進歩していく分野になります。例えば弁護士であれば「判例」というナレッジがあり、「公判や判決結果」というルールと構造化されたデータが蓄積されていくことになります。

　コンタクトセンターは、テキストは多いですが整理されたテキストでもなく、ナレッジが豊富に蓄積されているわけでもありません。

　コンタクトセンターのAI化に関する報道では、自動化の最先端として早くにコミュニケーターが削減されるという有識者コメントを見ます。し

かし、AIのコアな技術である**テキストアナリティクス**が進んでいる業種ですので、人を支える役割までは早い段階で来ると思いますが、大幅な人員削減はコンタクトセンターではまだ時間がかかると考えられます。

　余談や感情は人間にしかできなくてAIは苦手と話す方も多いですが、感情や感性を表現し対応することはAIの方が得意です。

　例えば、「情緒」というものを学習させ、シチュエーションを学ばせれば良いのです。「おめでとうございます」「大変だったでしょう」等の共感や、気が付かない、とっさにコメントできない、ということにも対応は可能になるのです。

　コンタクトセンターでのAIブームが継続されることを筆者は望んでいますが、理由はナレッジやデータを継続して蓄積していく努力の現状が将来の投資になり、さらに高度なテクノロジーになるだけでなく、AIやテキストアナリティクスを理解していくことで努力のゴールや適切な学習計画や対応の経験が増すからです。

　AIは多くの分野で活用されています。冒頭で説明したCOVID-19対策でも役立っています。宇宙開発、医療、輸送、マーケティング等で活用して得た知見や経験が、**新しいAIテクノロジーとしてコンタクトセンターにもフィードバックされ次世代コンタクトセンターが構築できる日が来る**ことが楽しみです。

　AIをおそれる必要はありません。AIに人間以上の何かを求めるのではなく共存することから始めましょう。クイズでも将棋でもAIは必ず勝てるわけではないのです。AIがラッキーだったことも勝因としてありますが、**AIライクな知識抽出とパターンの認識（学習）**という、とても大きな努力による人間の知識の積み重ねと努力がAIを勝たせたのです。

　今は大きなデータの扱い方を理解できるようになったところです。多くの研究で様々な自動化や高度な学習も進んでいます。人の稼働や削減目的ではなく、次世代コンタクトセンターは**AIとの共存**で新たな収益や価値を見出すことができるはずです。そうすればコンタクトセンターの存在価値も高まります。

　現在、コンタクトセンターにAIを導入することだけが目的になっている？　AIを活用したが技術に満足感が足りないコンタクトセンターになっている？　という状況であっても、本格的なAIコンタクトセンター時代の

到来に活躍するためには事前のストレッチと助走が有効です。
　どんな時代も AI は簡単に動きません。早めに理解と努力する経験が今後のコンタクトセンターの差となると予感します。

10 / 章

コンタクトセンターの
将来展望を考える

Contact Center

３年後、５年後にはどんな コンタクトセンターを目指すか？

目標に向かってマイルストーンを設定しよう！

🗣 コンタクトセンター業務のタイプ

　コンタクトセンターの業務には大きく分けて２つのタイプがあります。①**顧客からのコンタクトが増加した方がハッピーな業務／センター**（主に、製品・サービスの受注・予約・購入前の相談や通信販売等の受注系の業務）、逆に、②**顧客からのコンタクトが減少して究極的には限りなく少なくなった方がハッピーな業務／センター**（主に、製品・サービス購入後の使い方等に関する問い合わせや、変更・返品・クレームの受付等の業務）です。

　企業として／ビジネスとして考えれば、①は、**いかにして顧客からのコンタクトを喚起してコンタクトを増やすか**が本質的に重要な課題であり、②は、**いかにして顧客からのコンタクトの動機となる要因を根源から改善する**ことでコンタクトの必要性をなくしていくかが本質的な課題です。

　企業／ビジネスとしてのこのような本質的な課題の改善・解決に対して、コンタクトセンターが今後一層の貢献をしていくことが求められます。

🗣 コンタクトセンターの将来展望を考えよう！

　コンタクトセンターでは、顧客からのコンタクト動機はともかく、来るものは拒まずという姿勢で、顧客からのコンタクトに確実に対処していくことが基本事項として必須です。

　そのためには、本書で説明したようなことを着実に進めて、誰がいつ応対しても、均質で品質の良い、効率的な応対を実施できる体制をさらに磨きをかけて整えていくことです。

　人が応対すべきこと／自動応対でできること／顧客のセルフサービスでできることを、顧客に選択の余地を残して切り分け、運用面／システム面（AI等の新技術も含め）から、これを実現できる環境を整えていくことが、今後のコンタクトセンターの重要な課題の一つです。

　また、人材難の時代、**働きがいのある人材活用や従業員満足度／ES向**

上という視点での対処も欠かせません。

　さらに、感染症の蔓延、洪水や地震等の大規模災害等に対する BCP を十分に考慮し、クラウドサービスの活用やネットワークセンター／分散センター／在宅センター等、**BCPを意識したコンタクトセンターインフラ構築と運用体制の確立**も欠かせません。

　一方、顧客からのコンタクトに確実に対処していく過程で、顧客との応対内容や意見・要望を的確に蓄積・分析することにより、**顧客からのコンタクトの喚起や、コンタクト要因の根本的な改善・解決につながるような付加価値情報を自社企業内に発信しフィードバックしていくこと**もコンタクトセンターの重要な役割です。

●コンタクトセンターの将来展望

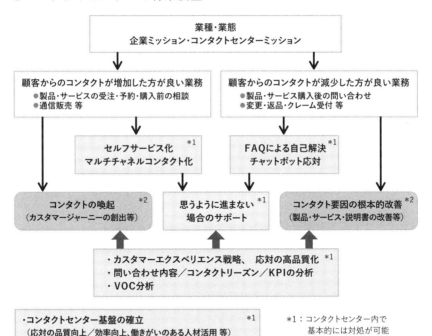

　この手段として、密度の高い応対履歴の蓄積、コンタクトリーズン分析、必要なKPI分析を定常的に実施していくと共に、各種のマネジメント手法やソリューション、音声認識・テキストアナリティクス／テキストマイニ

ング・AI等の新しいサービス／技術を、目的を明確に絞り込んで活用していくことも有効です。

　3年後、5年後、さらに10年後には皆様のコンタクトセンターをどのようなセンターにしていきたいですか？ どのようなセンターを目指しますか？ その目標と段階的なマイルストーンを設定して、一歩一歩、着実に進めていきましょう。

🚃 コンタクトセンター改善・高度化のポイント 5 か条

(1) 人とシステムのバランスと協調を図る！

　人（コミュニケーターやSV等）がやるべきところ、システム（コミュニケーターやSV等）に任せた方が良いところを適切に切り分けましょう。

(2) 目的意識を明確に持って行動する！

　目的を明確に絞り込むことにより、一般論では難しかったことが具体化できることがあります。

(3) 立場が変わる／視点を変えると新しい発見がある！

　企業視点／顧客視点、経営者視点／マネジメント視点／運用者視点／顧客視点／クライアント視点等、立場を置き換えて考えてみると、新たに気付けることが変わります。

(4) たゆまざる分析と改善の努力を継続する

　コンタクトセンターは生き物です。常に変化し、良くも悪くもなります。

(5) 応対履歴／通話録音／ VOC は宝の山！

　そこから何を読み取りたいかを意識して目的に沿ったVOCを見つけ出し、課題改善や新規サービスに活かしましょう。

おわりに

　本書では、コンタクトセンターを立ち上げる際に熟慮すべきこと、コンタクトセンターを運用する中での課題を改善したりさらに高度化するために考えるべきことを手順に沿ってご説明しました。

　本書で述べたことを確実に丁寧に実施していけば、一通り整ったコンタクトセンターを構築することができ、基本的には品質の良い効率的な運用を安定的に実現できるはずです。
　しかし、企業／ビジネスの成熟度合い、業種・業態の差異、コンタクトセンターのミッション、企業内での位置付け、コンタクトセンターが構築されてからの成熟度合い、社会的な環境、サービスや技術の環境は、日々、変化し成長し続けています。
　他社のコンタクトセンターで成功した手法や事例をお手本として、自社のコンタクトセンターで同様な施策や対処を現時点で行っても、必ずしも同じように成功するとは限りません。
　同じ命題／課題に対しても、その時々で選ぶべき最適な方法／答えも変わりますから、コンタクトセンターの構築時に決めたことも含め、一旦、出した答えも、常に新たな視点で見直していくことが大切です。

　本書に掲載した31件の事例は、2020年2月〜5月の時点に取材してまとめた内容であり、それぞれ最も関係が深い項目のところに記載しましたが、他のいくつかの項目とも関係が深い事例もありますので、様々な視点から読者のみなさまのコンタクトセンターの現状に当てはめてご参考にしていただけたらと思います。
　事例の掲載に際し、取材に快くご協力いただきました企業・コンタクトセンターのご関係者各位には、この場を借りて厚く御礼申し上げます。
　また、本来は事例として取り上げたい内容ではありましたが、企業ポリシー等により取材できなかったものもあることをご容赦ください。

みなさまのコンタクトセンターの構築・運用と課題改善や高度化要望の具体化に際し、本書から何らかのヒントを得ていただけたら光栄に存じます。

　2021年2月吉日

　　　　　　　　　　　　著者代表
　　　　　　　　　　　　アドバンス・コンサルティング株式会社
　　　　　　　　　　　　　　代表取締役　有山裕孝

■（参考）業界用語について

　本書の中で使用した各種の業界用語については、本文中で基本的な説明を加えましたが、必要に応じて、一般社団法人 日本コールセンター協会／CCAJ [1] のホームページに、コールセンター用語集 [2] が掲載されていますので、そちらをご参照ください。

＊１：https://ccaj.or.jp/
＊２：https://ccaj.or.jp/glossary.html

　この用語集は、筆者（有山、仲江）も委員を務める同協会 人材育成委員会が編集・作成したものであり、コンタクトセンター業界でよく使われる関連用語が約 300 語、収録されています。インターネットで検索すれば必要な用語説明がすぐ見つけられます。

■ 主な参考文献
- 『研修開発入門　会社で「教える」、競争優位を「つくる」』
　　　中原 淳・著、ダイヤモンド社
- 『働き方の哲学　360 度の視点で仕事を考える』
　　　村山 昇・著、若田紗希・絵、ディスカヴァー・トゥエンティワン
- 『コールセンターマネジメント 戦略的顧客応対 [理論と実践]』
　　　ブラッド・クリーブランド・著、CCA・訳、ファーストプレス

索　引

■（参考）索引の用語と参照ページに関する補足説明

[索引用語の抽出方法]

（1）一般的な索引の利用方法と特に異なるところはありませんが、基本的には一般用語は抽出せず、コンタクトセンターに関連する業界用語を中心に抽出しました。

（2）同義語 A、B は、A ／ B、及び、B ／ A　でまとめて索引用語としました。

　　（例）ACD ／着信呼均等分配、着信呼均等分配／ ACD

　　　　　⇒ ACD ／着信均等分配どちらの用語からでも探しやすくするため

　　（例）シフト／要員配置スケジュール、要員配置スケジュール／シフト

（3）A + B、A の用語は、基本的には、A を抽出しました。

　　（例）通話録音、通話録音システム→通話録音を索引用語

（4）A + B、B の用語は、A + B、B それぞれを抽出しました。

　　（例）トークスクリプト、スクリプト→それぞれを索引用語

（5）略称と正式名称は、略称（正式名称）でまとめました。

　　（例）ACD(Automatic Call Distribution)

　　　⇒「Automatic Call Distribution」で探す人は、A の所を探せば自ずと「ACD」も目に入り、両者の対応も理解できる

（6）日本語表記、英語表記、言い換え用語等は、A ／ B ／…として関連付けて索引用語としました。

　　（例）シフト／要員配置スケジュール／ WFM ／ワークフォースマネジメント

[該当ページの表記方法]

（1）索引用語が A ／ B の場合、A または B に関する記述、及び、A または B に深く関係する記述がなされているページを列記しました。

（2）ページは、a、b…のような単一ページ、または、c-d のような連続するページ範囲で列記しました。

（3）a-c の連続ページであっても、a-b、b-c で話題が変わっている場合には、a-b、b-c と分割して表記しました。

　　（例）a-b は説明文、b-c は事例等

サ 行

タ 行

ワ 行

ヤ 行

ラ 行

有山裕孝（ありやま ひろたか）

アドバンス・コンサルティング株式会社代表取締役。日本電信電話公社（現NTT）通信研究所入社後、NTTテレマーケティング（現ネクシア）、NTTアドバンステクノロジ、岩崎通信機等を経て、2004年9月にアドバンス・コンサルティングを設立。1980年より携わってきたコンタクトセンター業界経験を基に、通信業／通販業／金融業／製造業／アウトソーサー他の大規模コンタクトセンターの構築・運用、業務改善、アセスメント、グランドデザイン等のコンサルティングを推進。

仲江洋美（なかえ ひろみ）

ビーウィズ株式会社執行役員CQO。コールセンター・BPOサービスのアウトソーサーであるビーウィズ株式会社に同社創業の2000年に入社。コミュニケーターの採用、応対品質管理、SV教育に携わる。SV業務に特化した講座（約20講座）の企画・開発を指揮・監修し、日本コールセンター協会主催のCCAJスクールにて、「育成スキル向上講座」「スクリプト・FAQ作成講座」の講師を務める。

市瀬　眞（いちせ まこと）

分析家（AI&テキストアナリティクス）。電子情報通信学会NLC（言語理解とコミュニケーション研究会）顧問。大手通信会社においてコンタクトチャネルのナレッジやテキストアナリティクス等のシステム開発のプロジェクトマネージャーとして長い間従事する。テキスト分析において国内外での講演をはじめ海外メディアからの評価も高く、2016年から立命館大学情報理工学部で毎年講師依頼があり講演を実施する等自然言語処理技術や人工知能技術の発展にも寄与する。

図解でわかるコンタクトセンターの作り方・運用の仕方

2021年 3 月 1 日	初版発行
2024年 9 月10日	第4刷発行

著　者	有山裕孝 ©H.Ariyama 2021
	仲江洋美 ©H.Nakae 2021
	市瀬　眞 ©M.Ichise 2021
発行者	杉本淳一

発行所　株式会社 日本実業出版社　東京都新宿区市谷本村町3-29 〒162-0845

編集部 ☎03-3268-5651　振　替 00170-1-25349
営業部 ☎03-3268-5161　https://www.njg.co.jp/

印刷・製本／中央精版印刷

ISBN 978-4-534-05838-6　Printed in JAPAN

売上につながる「顧客ロイヤルティ戦略」入門

なぜ顧客満足は「お題目」で終わるのか？　顧客の行動心理を定量・定性データで分析し、顧客満足が売上に直結するアクションを導く方法論を徹底解説。「顧客価値の最大化」が「売上の最大化」に自然につながるように経営を変革する時に役立つ一冊。

遠藤直紀・著
武井由紀子
定価 本体1800円（税別）

この1冊ですべてわかる 人材マネジメントの基本

基本シリーズの1冊。人材マネジメントとは組織が個人の能力を最大限に発揮するようにすること。基本、導入方法から最新トピック（キャリアの複線化、テレワーク、女性、外国人、外部人材、IT、ＡＩ、副業、再雇用、1on1、KPI、OKR…）まで網羅！

HRインスティテュート・著
三坂　健・編著
定価 本体2000円（税別）

ビジネスで使いこなす「定量・定性分析」大全

本書は数値データに基づく「定量分析」、論理思考やシステム思考などのフレームワークによる「定性分析」の両方を紹介し、様々な視点で問題解決を行う手法を解説。それぞれの分析の使い分けや組み合わせを豊富な事例で解説した使える一冊！

中村　力・著
定価 本体2700円（税別）

定価変更の場合はご了承ください。